W0070342

Vorwort

Wir alle haben Probleme, Sorgen und Ängste, die uns das Leben manchmal ganz schön schwermachen. Da wünschen wir uns ein „Wundermittel", das uns stark macht, damit wir den Alltag meistern. Es gibt solche Mittel: Es sind verborgene, geheimnisvolle Kräfte. Unsere Vorväter kannten sie, weil sie mit der Natur vertraut waren. In unserem technischen Zeitalter ist alles auf Profit ausgerichtet, alles muß schnell gehen. Und dabei blieb das ursprüngliche Leben auf der Strecke.

Dieses Buch, das Sie in Ihren Händen halten, soll Ihnen helfen, die geheimnisvollen Kräfte wieder zu entdecken, für sich zu nutzen. Sie werden einen Einblick in die moderne praktische Magie bekommen. Dafür brauchen Sie kein Fachwissen. Alles ist so einfach erklärt und beschrieben, daß Sie Übungen schnell nachmachen, Analysen leicht erstellen können.

Sie müssen sich allerdings ein wenig Zeit nehmen. Wenn Sie nur ein paar Minuten täglich opfern, werden Sie den Erfolg spüren. Sie sind ausgeglichener, Ihre Nerven stärker, Sie haben mehr Kraft – kurzum: Sie fühlen sich wohler, gesünder.

Am Anfang des Buches erfahren Sie etwas über Talismane. Jeder von uns hat schon mal einen Talisman oder Glücksbringer gehabt. Die Talismane, die ich in diesem Buch beschreibe, haben etwas mit Ihnen selbst zu tun. Sie sollen Sie schützen, gesund erhalten, Ihnen Glück und Kraft schenken. Das können Sie nur, wenn sie auf Sie bezogen sind. Auch über die Macht der Edelsteine finden Sie ein Kapitel in diesem Buch. Edelsteine sind viel mehr als Schmuckstücke. Unsere Vorfahren haben mit ihrer Kraft Krankheiten geheilt.

Astrologie ist jedem von uns ein Begriff. Es gibt keinen Menschen, der nicht weiß, unter welchem Tierkreiszeichen er geboren wurde. Ich habe Ihnen genau zusammengestellt, was Sie über die einzelnen Zeichen wissen sollten. Sie erfahren astrologische Analogien und Prinzipien, wie sie tatsächlich sind. Dadurch lernen Sie sich und andere Menschen besser kennen.

Einen großen Umfang nehmen in diesem Buch die Runenkräfte und vor allem die Ur-Kaballa ein. Sie haben ausgesprochen positive Wirkungen. Eine starke Magie, wie man sie sonst mit so wenig Zeitaufwand nie erreichen würde. Der Mensch muß sie nur kennen, dann kann er sie sich zunutze machen.

Die Ur-Kaballa, die das Geheimnis der Buchstaben, des Alphabets erklärt, basiert auf Schwingungsübungen. Das klingt sehr wissenschaftlich, ist aber sehr einfach zu erklären: Alles auf unserer Erde, auf der Welt basiert auf Schwingungen. Jeder Stein, jeder Baum, alles um uns herum hat eine andere Schwingung. Deshalb unterscheidet sich jeder Stoff voneinander. Deshalb gleicht kein Mensch dem anderen.

Die Kräfte, über die ich in diesem Buch spreche, sind göttlichen Ursprungs. Sie sind aber an keine Religion gebunden. Jeder Mensch – egal welchen Glaubens – kann diese Kräfte nutzen.

Ein Wort noch zu den Religionen. Ich selbst bin Christ, doch ich erkenne jede andere Religion an. Ob ein Mensch nun Hindu, Moslem, Buddhist oder Christ ist, durch alle Religionen zieht sich ein „roter Faden". Sie gleichen einander in den Gesetzen der Menschlichkeit. Es ist unwürdig, über einen Gott zu streiten. Gott hat alle Menschen erschaffen, liebt sie gleichermaßen.

Am Schluß des Buches finden Sie einen Test. Er wird von mir „Die 10-Minuten-Astrologie" genannt – und ist ein einfaches Hilfsmittel, hinter die Fassade eines fremden Menschen zu blicken. Menschenkenntnis ist heute ganz wichtig. Jeder Personalchef wird auf diesem Gebiet geschult. Auch für jeden von uns ist es nützlich, mehr über den Kollegen, den Chef, den Verhandlungs-Partner zu wissen.

ALEXANDER MORIN

DIE GEHEIMEN KRÄFTE UNSERES LEBENS

ASTROLOGIE
TALISMANE
RUNEN
KABBALA

BILD-Gruppe Sonderproduktionen
Axel Springer Verlag AG
Kaiser-Wilhelm-Straße 6, 2000 Hamburg 36
Telefon (040) 347-42 00

Menschen, denen wir näherkommen, gewähren uns einen Einblick in ihr Innerstes. Die anderen müssen wir einschätzen. Mit meiner „10-Minuten-Astrologie" können Sie Ihre Mitmenschen besser kennenlernen. Dafür brauchen Sie nur das Geburtsdatum der betreffenden Person. Sie erfahren mehr über den Charakter, über die Berufschancen, wissen, wann sich dieser Mensch verändern möchte.

Auch in Ihrem privaten Bereich hilft Ihnen so ein Test. Sie können feststellen, ob Sie mit Ihrem Partner harmonieren. Für Sie selbst kann die „10-Minuten-Astrologie" eine Lebenshilfe sein. Sie erfahren, wo Ihre Stärken, Ihre Schwächen liegen.

Mit einem individuellen Geburtshoroskop hat so ein Schnelltest natürlich nichts zu tun. Das kann Ihnen nur ein erfahrener Astrologe erstellen. Hier geht es nur um grundsätzliche Tendenzen, die aber sehr aussagekräftig sind.

Wir stehen an der Schwelle zum Wassermann-Zeitalter. Das Sternzeichen des Fisches wird vom Wassermann abgelöst. Er wird die Menschen die nächsten zwei Jahrtausende regieren. Es ist der Aufbruch zu einer neuen Spiritualität, die sich schon jetzt bemerkbar macht.

In diesem Buch möchte ich Ihnen, lieber Leser, ursprüngliches Wissen wieder zugänglich machen. Es ist ein geistiger Schatz, der Ihnen hilft, Ihr Schicksal positiv zu beeinflussen. Schicksal ist nicht unabänderlich.

Jeder von uns hat es in der Hand, es zu verändern, zu entwickeln, zu gestalten.

INHALT

Das Wassermann-Zeitalter 9

Astrologie

Die königliche Wissenschaft – früher und heute 11
Große Männer der Geschichte,
die an die Astrologie glaubten 13
Astrologie – Hilfe für jeden Menschen 16
Es gibt keine Zufälle 19
Deutung nach den Elementen 20
Deutung nach den Planeten 23
Deutung nach den Tierkreiszeichen 27
Widder 29
Stier 33
Zwillinge 37
Krebs 41
Löwe 45
Jungfrau 49
Waage 53
Skorpion 58
Schütze 62
Steinbock 66
Wassermann 70
Fische 75

Magie der Talismane

Glücksbringer aus dem Altertum und ihre Bedeutung . . . 79
Was versteht man unter Talismanen 81
Talismane – helfen sie wirklich? 82
Talismane und Religion 84
Talismane – sie wenden Böses zum Guten 85
Die Herstellung eines Talismans 86
Bestimmung der magischen Stunden 87
Talismane gehören nicht in fremde Hände 89
Planeten-Talismane 92

Leitspruch Ihres Talismans nach Sternkreiszeichen 99

Magie der Edelsteine

So entstanden Edelsteine 101
Berühmte Edelsteine der Geschichte 103
Die Macht der Edelsteine 108
Welches ist Ihr Schutzstein? 110

Magie der Runen

Die Geschichte der Runen 119
Runen – der phantastische Weg zum Erfolg 123
Runenübungen 125

Kabbala – Magie der Buchstaben

Geschichte der Kabbala und ihre Lehre 151
Die drei Seelen-Körper des Menschen 154
Der Sefirot-Baum – Schlüssel zum Aufbau des Lebens .. 155
Einführung in die praktische Kabbala 164
Buchstaben-Übungen 167
Die Formeln der Ur-Kabbala 181
Die Reinigungsformel 184
Formeln für Beruf, Erfolg, Geld, Besitz 185
Formeln für Ehe, Liebe, Erotik, Anziehungskraft 188
Formeln für Gesundheit 190
Formeln für künstlerische Begabung, Genialität, Intuition 195
Formeln für religiöses Empfinden 195
Formeln für Frieden und Harmonie 196
Spezialformeln für den durchdringenden Blick 196
Formeln gegen schwarzmagische Angriffe
und geistige Beeinflussung 197
Suggestions-Formel 197
Gruppenübung für den Frieden auf der Welt 198

Magie der Zahlen

Zahlen als Wegweiser 199
Die Charakterzahl – der magische Schlüssel
zu uns selbst und anderen 200
Die Zehn-Minuten-Astrologie 207
Schnellprognose nach dem Geburtsdatum 207
Errechnen des Wochentages 207
Errechnen des Planetenjahres 209
Errechnen der Schicksalszahl ...., 209
Wann gibt es Veränderungen im Leben? 211
Wer paßt zu wem? 212
Kleine Prominenten-Studie 212

Magische Wunscherfüllung

Der einfache Weg für Erfolg, Liebe und Gesundheit 217
Werden Sie sich über Ihre Wünsche klar 218
Wünschen Sie sich nicht nur Materielles 219
Wege aus dem Unterbewußtsein 221
Wünsche erfüllen sich in jedem Alter 222
Werden Sie egoistischer 222

Das Wassermann-Zeitalter

Wir stehen vor dem Beginn eines neuen kosmischen Zeitalters – ähnlich wie das Römische Reich um Christi Geburt. Da ging die Widder-Zeit der Assyrer und Juden, der Griechen und Römer zu Ende, wurde von der „Fische-Zeit" abgelöst. Die christliche Lebensauffassung setzte sich durch. Das frühe Christentum hatte als Geheim- und Erkennungszeichen den Fisch.

Das Fische-Zeitalter ging von 200 v. Chr. bis 1945 und wurde vom Wassermann-Zeitalter abgelöst. Dies dauert 2150 Jahre, also bis 4105. Bei Zyklen von solchen Dimensionen wäre es jedoch absurd, den Phasenwechsel auf das Jahr genau festzulegen. Jeder Übergangsperiode rechnet man eine kritische Phase von 72 Jahren zu. Wir befinden uns in dieser kritischen Phase, die 2017 abgeschlossen ist.

„Das Wassermann-Zeitalter dämmert herauf", war einer der populärsten Schlager aus dem Musical „Hair", das in den sechziger Jahren Furore machte.

Was bedeutet das Wassermann-Zeitalter für uns Menschen? Wir spüren, daß eine neue Zeit beginnt. Sie wird von Esoterikern, Astrologen und auch Pop-Musikern als „New-Age-Zeitalter" beschrieben. Es ist ein Zeitalter des Umdenkens.

Das Fische-Zeitalter war das Zeitalter der Industrialisierung, der Wissenschaft, des ganzheitlichen Denkens, des Christentums. Im Wassermann-Zeitalter besinnt sich der Mensch auf die Natur. Umweltschutz ist für uns heute ein ganz wichtiges Thema.

Seit einigen Jahren ist das Interesse für Religion und Magie immer größer geworden. Die Menschen kommen verstärkt zu der Erkenntnis, daß Essen, Trinken, Schlafen, Sex und Arbeit nicht allein der Sinn des Lebens sein kann. Sie sind auf der Suche nach sich selbst, nach ihrem Weg, ihrer Bestimmung, nach Zärtlichkeit, Ruhe, Geborgenheit, nach Frieden.

Sie fragen: Hat die Wissenschaft die Menschheit glücklicher gemacht? Kann die Wissenschaft dem Menschen bei der Lösung seiner Probleme helfen? Kann sie ihm seine innersten Fragen beantworten?

Wohl kaum. Den Sinn des Lebens kann jeder Mensch nur in sich selbst finden. Viele befassen sich heute mit Esoterik. Dieser Begriff ist weitgehend identisch mit Okkultismus, Geheimlehre. Hilfsmittel sind die esoterischen Techniken z. B. Astrologie, Magie, Meditation, Kabbala, Runen. Die Esoterik fragt nicht nach dem „Wie" sondern nach dem „Warum".

Die Menschen besinnen sich wieder auf das Ursprüngliche. Sie nutzen die Kräfte des Kosmos für sich.

Im Fische-Zeitalter, dem Zeitalter der Wissenschaft war für Geheimlehren und Okkultismus kein Platz. Obwohl sich die Naturwissenschaften aus den Geheimlehren entwickelten. Die Alchimie führte zur Chemie. Die Astrologie zur Astronomie. Das Wassermann-Zeitalter ist ein Zeitalter des Umdenkens. Zum Beispiel: Ein Mensch, der die Gabe hat, durch Handauflegen zu heilen, wird nicht mehr als Scharlatan verschrien. Man erkennt seine Kräfte an. Es ist eine Methode des Energiespendens. Ein Astrologe, der Horoskope erstellt, den Menschen hilft, ihr Schicksal zu erkennen, wird im Zeitalter des Wassermanns ein angesehener Wissenschaftler sein.

Wir erleben gerade, daß das Mystische und Magische immer populärer wird. Menschen meditieren, machen Joga. Der Glaube an Magie, an Hexenkunst, an natürliche Heilmittel – wie Akupunktur – und Lebensweise nimmt zu. Bei jungen Menschen ist die „Schwarze Magie" sehr verbreitet. Leider eine negative Auswirkung des „New-Age-Zeitalters".

Sie sollten keine Angst davor haben, ihr eigenes Ich zu erforschen, ihre Fähigkeiten kennenzulernen. Die Tiefen der Seele führen zu Höhen des Geistes. Das Wassermann-Zeitalter macht die Menschen reicher, weil sie sich auf die wirklichen Werte des Lebens besinnen.

Astrologie

Die königliche Wissenschaft –
früher und heute

Die Astrologie ist eine der ältesten Wissenschaften überhaupt. Durch die stete Beobachtung der Gestirne ist sie gewachsen. Die ersten astrologischen Voraussagungen etwa 4000 vor Christus sollen von den Chaldäern in Mesopotamien stammen. Sie stellten in ihren großen Sternwarte-Pyramiden fest, daß der Lauf der Sonne, des Mondes und der fünf im Altertum bekannten Planeten (Merkur, Jupiter, Mars, Venus und Saturn) nicht nur eine gewisse Regelmäßigkeit aufwiesen, sondern auch auf das Wetter einen starken Einfluß haben.

Durch genaues Beobachten von Mondphasen, Gestirnkonstellationen und sonstigen Himmelsvorgängen konnten sie Wetterveränderungen und Naturkatastrophen ziemlich präzise voraussagen.

Durch ihre Beobachtungen kamen sie zu der Überzeugung, daß alles, was am Himmel passiert, periodisch verläuft. Die Priester der Chaldäer, Perser, Ägypter und Araber setzten diese Erkenntnis ein. Sie versuchten zum Beispiel den Ausgang von Kriegen aus den Sternen herauszulesen. Die damaligen Könige hatten einen göttlichen Status. Sie verehrten das Wissen um die Kunst, Gestirne zu deuten. Kein Herrscher, der etwas auf sich hielt, war ohne Astrologen. Im 5. Jahrhundert vor Christus arbeiteten die Astrologen aus Griechenland und Mesopotamien schon eng zusammen. Im Jahre 409 vor Christus erstellte man in Mesopotamien das erste Individualhoroskop. Um 270 vor Christus wurde eine Astrologenschule auf der Insel Kos gegründet durch den Priester Berossos aus Babylon.

In alten Zeiten gehörte es zu der Aufgabe der Priester, die Qualität der Zeit zu ermitteln. Auf eine Frage hin blickten die Priester „in die Stunde", um die Qualität zu erfahren. Davon kommt das Wort „Horoskop". Denn „horoskopieren" heißt übersetzt in die Stunde blicken. Ein Horoskop ist demnach nichts anderes als die Momentaufnahme des Himmels zu einem bestimmten Zeitpunkt. Damals wurde solch ein Horoskop wie gesagt mehr auf wichtige Unternehmungen wie Kriegsbeginn, Vertragsabschlüsse bezogen. Die Geburtshoroskopie, also die Erstellung eines Horoskops auf die Geburtsminute eines Menschen, ist eine recht junge Entwicklung.

Im Laufe der Jahrtausende wurde die Astrologie von allen Völkern, die mit ihr in Berührung kamen, weiter ausgebaut, verändert und verfeinert. Am Ende glaubte man sogar, daß der menschliche Körper und jedes einzelne Glied astrologischen Einflüssen unterliege. Jedem der damals bekannten Himmelskörper wurde ein besonderer Einfluß auf den Menschen zugeschrieben. Und für jeden Planeten gab es eine Tagesstunde, in der dieser Einfluß am wirksamsten war.

Diese Lehren waren eine Folgerung der damals geltenden physikalischen Gesetze. Die Grundeigenschaften, die nach Aristoteles (384 – 322 v. Chr.) jeder Körper besaß, wie zum Beispiel Wärme, Trockenheit, Kälte, Feuchtigkeit, wurden den einzelnen Planeten zugeordnet. Logisch, daß diese Eigenschaften auch die Erde beeinflußten, wenn sie von dem entsprechenden Planeten bestrahlt wurde.

Die heutige Astrologie profitiert sehr von der damaligen Zeit. Die exakten Beziehungen der Planeten und Fixsterne stellte zum erstenmal der Astrologe, Astronom und Mathematiker Ptolemäus (200 – 160 v. Chr.) im alten Alexandrien auf. Dieses von ihm verbreitete, geniale astrologische System beeinflußte das gesamte Mittelalter und besitzt heute noch Gültigkeit.

Erstaunlich: Ptolemäus vertrat damals noch die Ansicht, daß die Erde der Mittelpunkt des Weltalls sei, um den sich alle Gestirne drehen. Kopernikus (1473 – 1543) stellte erst 1500 Jahre später fest, daß die Sonne der ruhende Pol im

Sonnensystem ist, und die Erde sich um ihre eigene Achse dreht. Diese umwerfende neue Erkenntnis konnte die feststehenden Regeln der Astrologie kaum mehr verändern. Und selbst als sich im 18. Jahrhundert durch die Kenntnis von anderen Sonnensystemen wieder ein anderes Weltbild durchsetzte, hielt die Astrologie an Ptolemäus fest.

Alle Astrologen erkannten, daß am Himmel alles Wissen der Welt enthalten ist. Das göttlich-mythologisch-religiöse ebenso wie das wissenschaftliche und alltägliche.

In einem Horoskop kann man tatsächlich alles erkennen: die hochgeistigen Fähigkeiten und Interessen, genauso wie triviale Ereignisse, die im Alltag geschehen.

Große Männer der Geschichte, die an die Astrologie glaubten

Viele große Geister der Geschichte waren von der Wahrheit und Glaubwürdigkeit der Astrologie überzeugt. Astrologie ist nicht der Glaube an die Beeinflussung des Menschen durch Gestirne. Astrologie ist vielmehr ein Abbildungssystem der Wirklichkeit. Schon der Naturforscher Johannes Kepler (1571 – 1630) verfaßte ein Buch mit dem Titel: „Warnung an die Gegner der Astrologie". In die Geschichte eingegangen ist das Horoskop, das Kepler für Albrecht von Wallenstein erstellte, ohne den Namen des Auftraggebers zu kennen. Er sagte das Schicksal des Herzogs mit erstaunlicher Treffsicherheit voraus.

Der Arzt, Naturforscher und Philosoph Paracelsus (1493 – 1541) vertrat die Meinung, daß kein Kranker ohne Berücksichtigung der Gestirnstellungen erfolgreich behandelt werden kann.

Der Philosoph Boll dazu: „Es hieße, auf geschichtliches Verständnis verzichten, wollte man eine Lehre, die Jahrhundert um Jahrhundert die ernstesten Köpfe in ihren Bann gezogen hat, lediglich als eine törichte Verirrung abtun." Unser großer Dichter Friedrich von Schiller (1759 – 1805) sagte: „Wo du auch wandelst im Raum, es knüpft dein Zenit und Nadir an den Himmel dich an, dich an die Achse der

Welt." In „Wilhelm Tell" spricht er in der Rütli-Szene von
„den ewigen Rechten, die droben hangen, unveräußerlich
und unzerbrechlich, wie die Sterne selbst".
Der Philosoph Lessing (1729 – 1781) sagt: „So spricht das
Sternengericht: Die Tat ist frei, die Folge nicht."
Der deutsche Humanist, Mathematiker und Astrologe Me-
lanchton (1497 -1560) hielt an der Universität in Wittenberg
Vorlesungen über das Thema Astrologie. Sein erbitterter
Gegner war der Reformator Martin Luther (1483 – 1546).
Er spottete über die astrologischen Lehren des Melanchton.
Aber für Luther war auch Kopernikus ein Narr.
Der dänische Astronom Tycho de Brahe (1546 – 1601)
widmete sein ganzes Leben der Erforschung der Astrologie.
Er ist der Erfinder des Fernrohrs. Sein Schüler war Johan-
nes Kepler (1571 - 1630).
Der griechische Arzt Hippokrates (460 – 375 v. Chr.), der
Ziehvater der Ärzte, auf den sie heute noch ihren Eid
schwören, pflegte zu sagen: „Der Mann, der unbekannt mit
der Astrologie ist, verdient eher den Namen eines Toren, als
den eines Arztes."
Auch der geniale Feldherr Napoleon (1769 – 1821) äußerte
sich zum Thema Astrologie: „Glauben Sie mir, es gibt eine
Kraft, die alles lenkt und leitet. Ich bin nur ihr Werkzeug.
Mit meinem Stern bin ich aufgestiegen und mit meinem
Stern gehe ich wieder unter." Tatsächlich sah man zur
Geburt Napoleons einen Kometen, und ein solcher erschien
auch kurz vor seinem Tod.
Überzeugte Astrologen waren auch: Der italienische Mathematiker und Philosoph Galilei (1564 – 1642). Er entdeckte
den Sternenreichtum der Milchstraße, die vier größten
Monde des Jupiters. Der englische Physiker und Mathematiker Newton (1643 – 1721). Er entdeckte das Gravitations-
gesetz. Der französische Mathematiker und Astronom La-
place. Er ist Mitbegründer der Kant-Laplaceschen Urwelt-
theorie. Der schottische Mathematiker Lord Napier
(1550 – 1617). Er ist der Erfinder der Logarithmen. Der
englische Astronom Flamsteed (1646 – 1719). Er schuf das
erste moderne Fixstern-Verzeichnis und errechnete das
Stundenhoroskop für den Bau der Sternwarte in Greenwich

(auf ihren Meridian sind sämtliche moderne Landkarten, Messungen und Tabellen bezogen). Der italienische Astronom Schiaparelli (1835 – 1910). Er entdeckte die Marskanäle. Der Philosoph Graf Keyserling (1880 – 1946). Er entwickelte die Philosophie, die auf das Überwinden der Gegensätze zwischen Geist und Leben zielte und gründete die „Schule der Weisheit" in Darmstadt. Der Philosoph Hans Driesch (1867 – 1941). Er ist Mitbegründer des Neovitalismus.

Natürlich kann ich hier nicht alle Großen der Geschichte aufführen, die sich mit Astrologie beschäftigten. Ich möchte zum Schluß noch den Gelehrten Goethe (1746 – 1832) zitieren. Es gibt kein Werk Goethes ohne Sternenweistum. Sein eigenes Horoskop beschreibt er in „Dichtung und Wahrheit".

„Wie an dem Tag, der dich der Welt verliehen
die Sonne stand zum Gruße der Planeten,
bist allsobald und fort und fort gediehen,
nach dem Gesetz, nach dem du angetreten.
So mußt du sein, dir kannst du nicht entfliehen,
so sagen schon Sybillen, so Propheten,
und keine Zeit und Macht zerstückelt
geprägte Formen, die lebend sich entwickeln."

(aus Urworte Orphisch)

Wir sehen also, daß die Astrologie schon immer einen hohen Rang hatte.

Der Niedergang der Astrologie setzte im 18. Jahrhundert mit der rationalistischen Aufklärung ein, die alles ablehnte, was nicht streng verstandesmäßig zu begründen oder experimentell exakt nachzuweisen war. Man setzte Astrologie mit Okkultismus und Magie gleich und bemühte sich, sie unglaubwürdig zu machen. Ganz gelang das nicht.

Mit den neu aufkommenden Naturwissenschaften und der Technik, (die alles begründete, alles errechnete) breitete sich auch der Glaube an den materiellen Fortschritt aus. Damit nahm die Astrologie ihr Ende. Sie durfte nicht mehr an den Universitäten gelehrt werden.

Der letzte Lehrstuhl für Astrologie an einer deutschen

Universität (Würzburg) wurde 1817 aufgehoben. Nur in Großbritannien setzten sich auch weiterhin angesehene Gelehrte für die verfemte Astrologie ein und arbeiteten an einer Erneuerung ihrer Grundlagen.

Beachtung und Anerkennung über die Grenzen des Landes hinaus fand an der Schwelle zum 20. Jahrhundert Alan Leo (1860 – 1917) mit seinen in vielen Sprachen übersetzten Schriften, die den bedeutsamsten Anstoß für eine Neubelebung der Astrologie zunächst in den Niederlanden und in Frankreich und dann auch in Deutschland gaben.

Auf historische Studien folgte eine Erweiterung der Deutungs- und Prognosenmethoden. Neue Entdeckungen und Erkenntnisse der Biologie, der Genetik, der Astrophysik, und der Psychologie warfen ein neues Licht auf uralte Aussagen der Astrologie, gaben diesem, in Jahrtausenden gesammelten Erfahrungswissen der Menschheit ein neues Gewicht.

Man erkannte, daß vieles, was zuvor als „astrologischer Unsinn" abgetan wurde, sich auch nach strenger wissenschaftlicher Prüfung als wahr erwies. Und damit die Theorie erhärtet wurde: Glaube ist die wichtigste Voraussetzung, um Wissen zu erlangen. Glauben heißt grundsätzlich: Für möglich halten. Ohne ein für möglich halten ist die Erfahrung niemals erreichbar.

Astrologie – Hilfe für jeden Menschen

Die Astrologie bedient sich göttlicher Kräfte. Sie kennt keine Konfessionen. Planeten und Gestirne wurden von Gott erschaffen. In der Astrologie gibt es keinen Unterschied zwischen einem Christen, Buddhisten, Mohammedaner oder Hinduisten. Alle Menschen sind vor Gott gleich. Die Ansicht von Menschen mit starren religiösen Grundsätzen, die behaupten, Astrologie sei Teufelswerk, ist meiner Meinung nach geradezu absurd. Nicht grundlos nannte man in früherer Zeit die Astrologie „königliche Wissenschaft". Sich mit unserem Schicksal, unserer Zukunft, zu beschäftigen, sollte für uns alle eine selbstverständliche Angelegenheit werden. Die Astrologie macht nicht abhängig. Sie nennt uns Konstellationen (Astrologen verstehen darunter die Stellung der Gestirne, das Zusammentreffen von Umständen und die sich daraus ergebende Lage). Gleich einem Stadtplan ist das Horoskop ein Wegweiser durch unser Leben. Wenn uns Konfrontationen bevorstehen, können wir sie mit unserem freien Willen beeinflussen.

Allerdings je nach Intensität der Ereignisse, die auf uns zukommen, kann unser freier Wille mal mehr, mal weniger ausrichten.

Jeder Mensch, der geboren wird, hat eine Vorbestimmung aus seinem vorangegangenen Leben. Durch seine guten oder schlechten Taten, die er in seinem früheren Leben begangen hat, wird er in dem neuen Leben belohnt oder bestraft. Der Volksmund sagt: „Jeder ist seines Glückes Schmied." Oder auch: „Was du säst, das wirst du ernten."

Gott hat mit unserem Schicksal nicht das mindeste zu tun. Ihn für unsere Schicksalsschläge verantwortlich zu machen, ist unsinnig. Er gibt uns die Möglichkeit, uns dem Guten und Positiven zuzuwenden, unseren geistigen Horizont zu erweitern, unsere Entwicklung voranzutreiben. Wenn wir diese Möglichkeit nicht wahrnehmen, sind wir selbst schuld.

Ohne im Speziellen auf die Wiedergeburtslehre, an die ich fest glaube, eingehen zu wollen, muß sie erwähnt werden. Sie ist die einzige Erklärung für das unterschiedliche Schicksal der Menschen.

Kein Mensch kann in ca. 60 – 80 Jahren durch stofflich-chemische Zusammensetzung, von Chromosomen und Genen und einer Handvoll Mineralien, eine derartige Entwicklung nehmen, wenn ihm nicht der Geist durch ein höheres Gesetz eingegeben wurde. Das bezeichnen wir als Geist und Seele.

Unser Geist wohnt nur in unserem Körper. Es ist der größte Fehler, den ein Mensch begehen kann, sich mit seinem Körper zu identifizieren. Wichtig sind allein die Seele oder der Geist, der in uns wohnt. Das macht unsere Persönlichkeit aus.

Unsere Entwicklung, die wir von Leben zu Leben erfahren,

kann man mit dem Schulalltag eines Kindes vergleichen. Jeden Tag lernt es etwas dazu. Nie könnte es den gesamten Lehrstoff an einem Schultag aufnehmen. Genauso ist es mit unserem Leben. So wie sich die Entwicklung eines Schülers allmählich vollzieht, müssen auch wir uns hocharbeiten – von einem Leben zum anderen. Und wer seine Lektion nicht lernt, der bleibt sitzen. Er muß dieselben Erfahrungen noch einmal machen, um eine höhere Entwicklungstufe zu erreichen.

Lernt der Mensch, daß alles, was ist, gut ist, weil es ist, so kehrt immer mehr Ruhe und Frieden in ihm ein. Erst in dieser Ruhe lernt er die Dinge zu betrachten, und sie werden ihm ihren Sinn offenbaren. Man löst sich allmählich von der fixen Idee, für oder gegen etwas kämpfen zu müssen. Wahre Aktivität entsteht erst durch Ruhe. Es ist ein Zeichen der Reife, wenn ein Mensch etwas geschehen lassen kann.

Dies ist der geistige Hintergrund der Astrologie, Mythik und Kabbala. Wir sehen also, daß die Astrologie mit finsterem Aberglauben nichts zu tun hat. Sie ist wahr, ebenso wie ihre Berechnungsgrundlage, die Planeten und ihre Bahnen wahrhaftig sind.

Natürlich hatte die Astrologie immer Gegner. Einige fragen zum Beispiel, warum die Stellung der Gestirne gerade im Augenblick seiner Geburt so wichtig für die Zukunft des Menschen ist. Seine Eigenschaften – auch die, die über sein Schicksal entscheiden, müßten doch schon im Augenblick der Zeugung festliegen. Aber nach astrologischen Vorstellungen wird der Mensch im Augenblick seiner Geburt zum erstenmal mit den Kräften des Kosmos als selbständiges Wesen konfrontiert. Deshalb ist die Gesamtkonstellation der Sterne erst zu diesem Zeitpunkt für sein Schicksal entscheidend.

Ebenfalls wird der Astrologie zum Vorwurf gemacht, daß sie die Kraftfelder der drei erst später entdeckten Planeten Uranus (1781), Neptun (1846) und Pluto (1930) nicht eigenständig behandelt, sondern einfach anderen Planeten zugeordnet hätte.

Gegner haben es jedenfalls nie geschafft, die Astrologie,

diese faszinierende Grenzwissenschaft, zu widerlegen. Aber wie schon gesagt: Glaube ist die wichtigste Voraussetzung, um Wissen zu erlangen.

Es gibt keine Zufälle

Im Leben eines Menschen gibt es keinen Zufall. Die Lehre der Astrologie ist mit der Lehre von der Wiedergeburt (Reinkarnation) verbunden. Ohne Bezug auf die Reinkarnation ist die Astrologie ein unhaltbarer Nonsens. Denn kein Astrologe kann, wenn er nicht an die Wiedergeburt glaubt, eine befriedigende Antwort auf die Frage geben, warum der eine Mensch dieses und der andere Mensch jenes Horoskop habe. Das Horoskop ist etwas, das sich jeder Mensch selbst erarbeitet hat.

Ein erfahrener Astrologe kann nur helfen, daß ein Mensch sein Schicksal erkennt, sich damit auseinandersetzt.

Leider gibt es gerade auf dem Gebiet der Astrologie viele, die nur ein Halbwissen haben. Die ihre Arbeit nicht ernst nehmen und einfach nur viel Geld verdienen wollen.

Astrologie ist eine Wissenschaft. Das empirische Wissen, das die Astrologie aus in Jahrtausenden gesammelten Erfahrungen gewonnen hat, ist weder Humbug noch Aberglaube. Diese Wissenschaft muß man studieren. Das habe ich über eine lange Zeit getan. Anzunehmen, daß man nun alles in zehn Minuten weiß, wozu andere Jahre brauchen, das geht nicht.

Ein Individual-Horoskop kann nur ein Fachmann erstellen. Die Aussagen eines Individualhoroskops betreffen nicht nur das Wesen, die Anlagen, Fähigkeiten und Grenzen eines Menschen, wie sie durch die kosmische Prägung im Augenblick der Geburt gegeben sind, sondern auch in bestimmten Grenzen seinen Lebensweg, sein Schicksal. Astrologen sind Helfer und Berater, deren Möglichkeiten durch die Grenzen der Astrologie abgesteckt sind.

Manche Menschen erwarten von ihnen, daß sie Wunder vollbringen. Sie wollen keine Beratung, sondern ein Orakel, das sie jeder eigenen Entscheidung und Verantwortung enthebt. Das aber will und kann die seriöse Astrologie nicht bieten. Ihre Aufgabe ist die praktische Hilfe in den verschiedensten Lebensbereichen. Je nachdem wie stark die Tendenzen sind, kann der Mensch sein Schicksal beeinflussen. Stellen Sie sich vor, Sie schwimmen in einem Fluß. Plötzlich wird die Strömung stärker und stärker. Ein schlechter Schwimmer wird mitgerissen und geht unter. Ein guter Schwimmer wird versuchen, das Ufer zu erreichen. So ist es auch mit dem Schicksal. Es gibt extrem starke Strömungen, Schicksalsschläge, die man in einem individuellen Horoskop sehen kann. Gegen die sind wir machtlos. Es gibt aber mittlere Tendenzen, an denen können wir etwas ändern, weil wir – wie ich erklärte – ja einen freien Willen haben. Wenn wir den trainieren, können wir viel ausrichten.

Meine „10-Minuten-Astrologie" ist natürlich kein so hilfreiches, ausführliches Horoskop, in dem alle Tendenzen stehen. Damit können Sie nur Grundcharaktereigenschaften, Veränderungen, Stärken eines Menschen ermitteln. Aber die helfen Ihnen im Alltag, andere Menschen und sich selbst mehr zu verstehen. Und dafür reicht es, wenn Sie das Geburtsdatum eines Menschen kennen. Denn wie gesagt: Nichts ist Zufall – auch nicht die Stunde der Geburt, sie zeigt uns das individuelle Schicksal.

Deutung nach den Elementen

Die Astrologie ist nicht nur eine seherische Wissenschaft. Sie hat auch eine umfassende Vorstellung von den Beziehungen zwischen Mensch und Natur. Der Mensch ist ein Teil der Natur, der Schöpfung. Deshalb hat man die Tierkreiszeichen den vier Elementen zugeordnet: Erde, Wasser, Luft und Feuer. Innerhalb des Jahres unterscheidet die Astrologie drei Feuerperioden, drei Erdperioden, drei Luftperioden und drei Wasserperioden. Jedes Element wird noch einmal in drei Kategorien unterteilt: kardinale, feste und veränderliche (oder doppelte) Zeichen. Ein Mensch, der im Herbst geboren wird, wo die Natur eine Ruhepause einlegt, wird nie so sein, wie ein Mensch, der im Frühling zur Welt kommt.

Die Erde

Die Erde ist die schwerste, die dichteste, massivste Materie. Sie ist das Element, in das man sät, das man formt, das man besitzt und das aufnimmt. Zu ihr gehört Ackerbau, Reichtum, Macht. Denn wer viel Land besitzt, ist vermögend, hat Einfluß. Macht, Stabilität, das ist die Bedeutung des Mythos von Antäus, dem antiken Riesen, der nur in der Berührung mit der Erde seine erschöpften Kräfte erneuert. Das Erd-Element ist die Energie der physischen Sinneswahrnehmungen. Es ist praktisch-stabil, kristallisierend-versorgend, zurückhaltend-konservierend. Erde-Menschen sind sehr solide, kraftvoll und stark. Sie lieben ihren Besitz und hängen daran. Sie halten an Althergebrachtem fest, mögen keine Veränderungen. Der Steinbock ist das kardinale Erdzeichen. Mit ihm zieht der Winter ein. Er ist das Zeichen für die kahle, gefrorene Erde. Steinbock-Menschen sind introvertiert, wollen ihr Innerstes schützen – wie die Erde ihre Früchte vor der Kälte schützt. Der Stier ist das feste Erdzeichen. Er ist der Höhepunkt des Frühlings. Alles wächst, wird grün. Stiere sind Genußmenschen, die das Schöne lieben und voller Lebensfreude sind. Die Jungfrau ist das veränderliche Erdzeichen. Mit ihr geht der Sommer zu Ende, die Kraft der Natur läßt nach. Jungfrauen sind sparsam, pünktlich, ordentlich.

Das Wasser

Das Wasser, oder das Flüssige, ist ein Element der Mischung, der Vermengung, der Gemeinsamkeit, der Fäulnis, aber auch der Auflösung. Wasser ist Urkraft, Geheimnis. Ohne Wasser könnte nichts existieren. Das Wasser ist die gefühlsmäßige, intuitive Energie. Sie ist sensitiv empfänglich, passiv-introvertiert, zyklisch-rhythmisch. Der Krebs ist das kardinale Wasserzeichen und kündigt den Beginn des Sommers an. Es ist das Zeichen der Mütterlichkeit, Fruchtbarkeit. Denn der Sommer bringt Früchte hervor. Krebse mögen ihr trautes Heim, träumen gern, sind sehr gefühlvoll, aktiv, schöpferisch, unternehmerisch. Der Skorpion gehört

21

zu den festen Wasserzeichen. Der Herbst kommt, das Laub fällt, modert, alles löst sich auf. Skorpione sind unruhig, gerissen, zerstören, haben eine intensive Kraft. Der Fisch gehört zu den veränderlichen Wasserzeichen. Der Winter ist fast vorbei, das Eis schmilzt, alles verflüssigt sich. Ein neuer Zeitabschnitt beginnt. Fische sind schwankend, unstet, mal himmelhochjauchzend, mal zu Tode betrübt.

Die Luft

Die Luft ist das Element der Leichtigkeit, Geschwindigkeit, Beweglichkeit. Luft kann man nicht greifen, nicht sehen. Und doch brauchen wir sie zum Leben. Luft wirkt ausgleichend auf Feuer, Wasser, Erde. Luftmassen bestimmen unser Wetter. Das Luft-Element verkörpert die geistig-interaktive Energie. Es ist kommunikativ-verbindend, austragend, verbreitend, ein zündender Funke für intellektuelle Bewegung. Die Waage ist das kardinale Luftzeichen. Ihr Zeichen leitet den Herbst ein. Die Luft ist aber noch mild, denken wir an den „goldenen Oktober". Waage-Menschen wählen immer den goldenen Mittelweg, sind tolerant und diplomatisch. Der Wassermann ist das feste Luftzeichen. Er hat über den Winter triumphiert, sich gegen tobende Winde und Stürme, lange Nächte aufgelehnt. Wassermann-Menschen wollen umstürzen, sich gegen etwas auflehnen. Es sind geborene Revolutionäre. Zwillinge sind das veränderliche Luftzeichen. Ihr Zeichen kündigt den Sommer an, alles ist grün, die Natur geht verschwenderisch mit ihrer Kraft um. Zwillinge sind lebhaft, faszinieren durch ihren Schwung, ihre Leichtigkeit.

Das Feuer

Das Feuer ist Energie. Es verwandelt das Feste in Flüssiges und das Flüssige in Gasförmiges. Feuer ist Sonne, Wärme und auch Licht. Feuer wurde schon immer mit dem Schöpfer gleichgesetzt: Die heilige Flamme Persiens und Roms, der Blitze schleudernde Zeus Griechenlands, der brennende Busch des Moses, Sonnengötter Ägyptens, Indiens,

Kolumbiens, das olympische Feuer. Das Feuer-Element ist die spirituell-inspirative Energie. Es ist energisch, dynamisch-aktiv, kreativ, selbstsicher. Der Widder ist das kardinale Feuerzeichen. Es ist Frühling, der Kampf über das Eis ist gewonnen, es wird wärmer, heller. Widder sind Kämpfer. Sie handeln spontan. Der Löwe ist das feste Feuerzeichen. Es ist Sommer, die Sonne steht im Zenit, im vollen Glanz ihres Lichts, ihrer verzehrenden Hitze. Löwe-Menschen wollen strahlen, Mittelpunkt sein, herrschen, erobern. Der Schütze gehört zu den veränderlichen Feuerzeichen. Der Herbst geht zu Ende und damit die letzten warmen Strahlen, die Tage werden kürzer, dunkler, die Natur zieht sich zurück. Schütze-Menschen sind Denker, Ideologen. Sie sehen alles aus einer anderen Perspektive.

Deutung nach den Planeten

Zu den sogenannten Planeten zählt man in der Astrologie auch das Zentralgestirn Sonne und den Erdtrabanten Mond. Die acht Planeten der Astronomie heißen: Merkur, Venus, Mars, Jupiter, Saturn, Uranus, Neptun und Pluto. Früher kannte man nur sieben Planeten: Sonne, Mond, Merkur, Venus, Mars, Jupiter, Saturn. Sie teilten sich die 12 Tierkreiszeichen vor der Entdeckung von Uranus (1781)), Neptun (1846) und Pluto (1930). Für unsere Vorfahren beschränkte sich das sichtbare Universum auf jene Erscheinungen, die dem bloßen menschlichen Auge zugänglich sind. Sie hatten keine Röntgen, Infrarot- oder Ultraviolettfotografie, keine Teleskope oder Computer, sondern nur jenen kleinen Teil des elektronischen Spektrums zur Verfügung, den wir „sichtbares Licht" nennen. In diesem Bereich des sichtbaren Lichts kann das bloße Auge kaum mehr als 7000 Sterne sehen, dazu kommen noch Sonne, Mond und die fünf Planeten Merkur, Venus, Mars, Jupiter und Saturn. Unsere heutige Definition von Stern, Planet und Satellit waren noch unbekannt. Es ist verständlich, daß Astrologen, Kabbalisten und Astronomen von „sieben Planeten" sprechen. Saturn beherrschte den Steinbock und Wassermann. Mars den Widder und Skorpion, Jupiter den Schützen und die Fische, Venus den Stier und die Waage, Merkur die Jungfrau und die Zwillinge. Der neu entdeckte Uranus wurde dem Wassermann, der Neptun den Fischen, Pluto dem Skorpion zugeordnet. Heute fehlen noch zwei Planeten, um Jungfrau, Zwilling, Stier und Waage neu zu ordnen.

Die Sonne

Sie ist das Zentralgestirn, welches unser gesamtes System beherrscht. Spender von Licht, Wärme, Ordnung und Leben. Sie steht für das, was erhebt, veredelt, was Kraft schenkt. Sonne bedeutet Glück. Den griechischen Sonnengott Helios stellten sich die Menschen damals als einen kraftvollen und strahlenden Gott vor, der täglich den Sonnenwagen über den Himmel lenkte. Die Sonne wählt ihr Domizil im Löwen. Löwe-Menschen müssen strahlen, wollen Macht, eine Rolle in der Gesellschaft spielen. Sie sehen in sich einen kleinen „Gott", sind sehr egoistisch.

Der Mond

Die Königin der Nacht regiert das Universum des Schlafes, des vegetativen Lebens, des Unterbewußten: Also die Welt des Traumes, der Einbildung. Die römische Mondgöttin Luna wurde verehrt, sie war die Schutzpatronin der Liebenden. Ihr Haupttempel steht auf dem Aventin. In Liebesliedern wird heute noch der Mond besungen. Er steht für Gefühl, Melancholie. Der Mond wählt sein Domizil im Krebs. Krebse sind Träumer, sehr sensibel und gefühlvoll. Von einer Minute auf die andere können sie in eine andere Stimmung verfallen.

Der Merkur

Als rascher Planet verkörpert Merkur das Prinzip des Wechsels, der Dualität. Merkur hat sein Domizil bei den Zwillingen und der Jungfrau. Sie sind beweglich, geistig rege, praktisch. Aber sie können auch unbeständig und zerstreut sein.

Die Venus

Verführung, Harmonie, Gemeinschaft, Gefühl, Herzlichkeit, das sind die wesentlichen Attribute der Venus, der Göttin des Liebreizes, des sinnlichen Begehrens. Sie hat ihr Domizil im Stier und in der Waage. Solche Menschen lieben alles Schöne, sind friedlich, sehnen sich nach Harmonie. Sie sind auf der Suche nach der Liebe, nach dem Vergnügen und dem Genuß.

Der Mars

Leidenschaftlich, heftig, kämpferisch, impulsiv, so ist der Krieger Mars. Er ist glücklich über Spannungen und Konfrontationen. Er lenkt alle Kräfte des Zorns: erobert, beherrscht, rächt, kämpft – um anzugreifen wie um zu verteidigen. Mars wählt sein Domizil im Widder und Skorpion. Diese Menschen sind beherzt und angriffslustig, sie kämpfen bis aufs Blut, um Schwierigkeiten zu beseitigen, Feinde aus dem Weg zu räumen. Aber sie sind dabei sehr gerecht.

Der Jupiter

Autorität, Majestät, Organisation, das ist Jupiter, der König der Götter. Er ist das großmütige, optimistische, selbstsichere Streben, die geistige Entfaltung, des Schutzes. Jupiter wählt sein Domizil im Schützen und den Fischen. Beide Zeichen sind menschenfreundlich, hilfsbereit, setzen sich für Schwächere ein.

Der Saturn

Der traurige, langsame, hagere, giftige, kalte und ernste Saturn hat keinen guten Ruf. Angesichts seiner Sanduhr und Sichel, den Symbolen der Zeit und des Todes, kann man kaum sagen, daß er sehr viel Gutes verheißt. In Wirklichkeit ist Saturn jener geheime und heilsame Meister, der zu Prüfungen schickt, die zu Weisheit und Erkenntnis verhelfen. Saturn wählt sein Domizil im Steinbock und im

Wassermann. Beide Zeichen sind leicht frustriert, geizig, neidisch, unproduktiv. Doch in der zweiten Hälfte ihres Lebens werden sie aufgeschlossener, nehmen das Leben leichter, haben dann auch Erfolg.

Der Uranus

Uranus repräsentiert den Individualisten. Leidenschaftliche entfesselte, herausfordernde Triebe. Er verkörpert Schnelligkeit, Rekorde, Modernisierung auf allen Gebieten. Uranus wählt sein Domizil im Wassermann. Der Wassermann will verändern und das möglichst schnell. Er ist rastlos, leidenschaftlich, möchte Unmögliches möglich machen.

Der Neptun

Neptun der römische Gott des fließenden Wassers, ist empfindsam für alle Strömungen, Schwingungen, Atmosphäre. Er läßt sich mitreißen, schwimmt selten gegen den Strom. Er ist der intuitive, mediale Planet. Neptun wählt sein Domizil im Zeichen der Fische. Diese Menschen sind hypersensibel, intuitiv, allem und jedem zugänglich, können Stimmungen und Strömungen sofort aufnehmen.

Der Pluto

An den äußeren Grenzen des Sonnensystems in fast völliger Dunkelheit kreist Pluto, der letzte (bekannte) Planet. Sein Reich, die Unterwelt der alten Mythologie, ist die große Urmacht des Unterbewußten. Pluto wählt sein Domizil im Skorpion. Diese Menschen geben ihr wahres Wesen nie preis. Und sie versuchen, hinter jedes Geheimnis zu kommen.

Deutung nach Tierkreiszeichen

Im 5. Jahrhundert vor Christus erdachten sich Astrologen aus Mesopotamien und Griechenland folgendes: Sie teilten einen Kreis in zwölf gleich große Segmente ein. Die entsprachen in etwa den zwölf Monaten eines Sonnenjahres.

Die einzelnen Abschnitte bekamen ihren Namen nach dem Sternbild, das zu einer bestimmten Zeit innerhalb dieses Segments war. Die willkürlichen Namen, die man diesen Sternbildern nach alten Legenden gab, wurden später Tierkreiszeichen genannt.

Wichtig für ein Geburtshoroskop ist der am Ort der Geburt gerade aufsteigende Planet, der sogenannte Aszendent. Von ihm aus wird der Tierkreis eingeteilt, so daß die zwölf Häuser je nach Aszendent eine unterschiedliche Wirkung haben. Bestimmte Winkel (Aspekte), unter denen die Planeten geozentrisch (das heißt auf die Erde als Mittelpunkt bezogen) zueinander erscheinen, verursachen eine Verstärkung. Jedes Tierkreiszeichen hat darüber hinaus noch eine Eigenwirkung. Sie beeinflußt den Planeten. Die Bedeutung der einzelnen Häuser:

Das 1. Haus (Vita): Körper und Leben der Person. Ihre Erscheinung, ihr Verhalten, Charakter, Temperament, ihre Möglichkeiten, ihre Gesundheit, ihre Vitalität, ihre psychische und geistige Struktur.

Das 2. Haus (Lucrum): Die materiellen und geistigen Errungenschaften. Das Geld, der Besitz, die Güter, das Vermögen. Was man dank einer persönlichen Anstrengung erlangt.

Das 3. Haus (Fratres): Brüder und Schwestern, Verwandte. Die praktische Intelligenz, die Ausbildung, Ortsveränderungen, Wechsel.

Das 4. Haus (Genitor): Die erblichen Einflüsse. Das Heim, die Einrichtung zu Hause, das Familienleben.

Das 5. Haus (Filii): das Schöpferische des Menschen. Kunst, Kinder, Liebe, Vergnügen, Mode, Empfindungen, Lebensschwung, Wünsche.

Das 6. Haus (Valetud): Die Pflicht. Die tägliche Arbeit, der Dienst. Alles, was zur Disziplin nötig ist. Hygiene, Körperpflege, Ernährung, Diät. Die Abhängigkeit, Gesundheit und kleine Krankheiten.

Das 7. Haus (Uxor): Der andere, die anderen. Ehe, Verbindung, Verträge, Feinde, Außenwelt, Prozesse. Alles, was das Ich mit den anderen verbindet oder von ihnen trennt.

Das 8. Haus (Mores): Tod und Verwandlung. Das Okkulte, das Jenseits. Sexualität und Leidenschaften. Alles, was den Menschen vom „normalen" Leben entfernt.

Das 9. Haus (Peregrinationes): Das Ideal, die Flucht. Große Reisen des Körpers oder des Geistes. Alles, was uns entgeht, was fern ist.

Das 10. Haus (Regnum): Die gesellschaftliche Situation. Das Ziel, Ehrgeiz, Ehrungen, Erfolg und Berühmtheit.

Das 11. Haus (Amici): Die Wahl der Freunde. Protektionen, Bindungen, Hoffnungen, Projekte, Objektivität, Ausgeglichenheit.

Das 12. Haus (Inimici): Alles, was größer ist, als man selbst. Große Prüfungen, Krankheiten, Gefängnisse, Krankenhäuser, Einsamkeit.

Die zwölf Tierkreiszeichen und die Planeten haben ihren bestimmten Platz innerhalb des Kreises. Dazu kommen noch die zwölf Häuser, die gegenläufig zum Uhrzeigersinn gezählt werden.

Es ist kompliziert und schwierig, das Horoskop eines Menschen zu erstellen.

Aber wir wollen in diesem Buch ja Astrologie für den Alltag betreiben. Anhand des Tierkreiszeichens, in dem ein Mensch geboren wurde, kann man schon eine kleine Charakteranaylse machen. Ein Vorurteil möchte ich noch ausräumen: Es gibt weder gute noch schlechte Zeichen. Der Löwe ist nicht besser als der Steinbock. Die Jungfrau nicht schlechter als der Widder. Das wäre so, als würde man sagen: Weil Herr X klein ist, krumme Beine, einen großen Mund und eine lange Nase hat, wird er nie Erfolg bei den Frauen haben.

Was man sagen kann: Der kleine Krummbeinige mit der langen Nase wird nicht den gleichen Verführungsstil haben wie der große Blonde mit dem spitzen Kinn. Also: Der

Löwe wird Frauen anders verführen als der Steinbock oder der Krebs. Und eben diese Eigenschaften sind es, die wir mit Hilfe der Tierkreiszeichen global deuten können.

Widder

(21. März bis 20. April)

Planet: Mars

Wochentag: Dienstag

Zahl: 9

Edelsteine: Rubin, Jaspis, Amethyst

Farbe: Rot

Metalle: Eisen, Stahl

Berufe: Männlich: Alles, was mit Feuer und Stahl zu tun hat, Schmied, Chirurg, Schlachter, technische Berufe wie Ingenieur, Techniker, Schweißer, Maschinist, Dolmetscher, Werbekaufmann, Schlosser, Elektriker, Mechaniker, Jurist, Pilot, Computerfachmann. Weiblich: Lehrerin, Kindergärtnerin, Juristin, Soziologin, Psychologin, Bibliothekarin, Ärztin, Bankkauffrau

Partner: Zwilling, Löwe, Schütze, Waage

Berühmte Widder: Leonardo da Vinci, Vincent van Gogh, Joseph Haydn, Johann Sebastian Bach, Wilhelm Busch, Simone Signoret, O. W. Fischer, W. C. Röntgen, Tennessee Williams, Emile Zola, Bette Davies, Charlie Chaplin, Otto von Bismarck, Edgar Wallace, W. I. Lenin, Herbert von Karajan, Peter Ustinov

Krankheiten: Kopf, Gehirn, Augen, Muskeln, rote Blutkörperchen, Galle, männliche Geschlechtsorgane, das linke Ohr, Brandwunden, Verletzungen durch scharfe Gegenstände, Operationen. Infolge der Eigenhitze große Widerstandsfähigkeit gegen Kälte.

Positive Eigenschaften: Dynamik, Tatkraft, Mut, Entschlossenheit, Zielstrebigkeit, Gradlinigkeit, Offenheit, Freiheitsliebe, Selbständigkeit, Unternehmungslust, Ehrgeiz, Selbstsicherheit.

Schwer verträgt der Marsbeeinflußte Abhängigkeit und Vorschriften. Widder können sich nicht unterordnen. Sie haben ein scharfes Auge für den Wert anderer, lassen sich nicht täuschen. Die Praxis steht über der Theorie. Widder wissen, was sie wollen. Sie steuern ihre Ziele gradlinig und dynamisch an. Hindernisse werden ausgeräumt. Durch voreiliges, unüberlegtes und impulsives Handeln verursachen sie Unfälle und bringen sich immer wieder in Schwierigkeiten.

Widder sind geistig aufgeschlossen, denken rasch und scharf. Sie sind sehr ichbezogen. Ihr wacher Verstand braucht viele Anregungen und immer neue Betätigungsfelder. Nichts ödet sie mehr an als Routine, eine langweilige Umgebung. Sie sind praktisch veranlagt, stehen mit beiden Beinen auf der Erde. Widder brauchen Berufe, die Abwechslung bringen, in denen sie Eigeninitiative entfalten können. Sie sind keine Teamarbeiter, lassen oft nur ihren Willen gelten.

Der Widder ist ein guter Kumpel. Er wählt seine Freunde kritisch aus, setzt sich für sie ein. Als Seelenmasseur eignet sich kein Widder. In der Liebe kommt er schnell zur Sache. Zärtlichkeit ist für ihn Zeitverschwendung. Dafür ist er leidenschaftlich, will den Partner befriedigen und beglücken. In einer Bindung sucht der Widder weniger Geborgenheit, sondern mehr Anregung und vielfältige Impulse. Ein Langweiler wird keinen Widder halten.

Negative Eigenschaften: Draufgängertum, Aggressivität, Starrköpfigkeit, Streitsucht, Taktlosigkeit, Überheblichkeit, Gewalttätigkeit, Strebertum, Rücksichtslosigkeit.

Widder-Mann: Geborgenheit und Zärtlichkeit wird man sicher nicht bei ihm finden. Das sind Eigenschaften, die ihn langweilen. Er liebt die Aufregung. Widder-Männer sind

sehr leidenschaftlich. Mögen bei der Liebe kein großes
Vorspiel. Wenn seine Angebetete ihn verletzt, kann er so
kalt wie der Nordpol werden. Er ist der Herr im Haus. Die
Frau, die das mißachtet, wird mit Verachtung gestraft. Er
will immer an erster Stelle stehen. Wehe, sie flirtet mal mit
einem anderen. Haben Widder ihre große Liebe gefunden,
sind sie treu. Er ist viel zu ehrlich, um seine Partnerin zu
hintergehen. Wenn allerdings sein Feuer erlöscht, kann
nichts auf der Welt ihn mehr halten.

Widder-Frau: Sie kann leichter ohne Mann auskommen als
jede andere Frau. Denn alles, was ein Mann kann, kann sie
viel besser. Sie braucht allerdings immer den Helden ihrer
Träume, nach dem sich ihr Herz sehnt. Die Widder-Frau
will keinen herrschsüchtigen Mann. Aber sie begeistert sich
auch für keinen, der bewundernd zu ihren Füßen sitzt. Sie
besteht auf restloser Freiheit. Das heißt nicht, daß sie
untreu ist. Sie könnte gar nicht zwei Männer zur gleichen
Zeit lieben. Widder-Frauen sind häufig Karrierefrauen.
Auch als Ehefrau wird sie kein Heimchen am Herd. Sie
braucht einfach Interessen, die außerhalb des Hauses liegen. Eine Widder-Frau kann große Szenen machen, wenn
man sie kränkt oder mit ihrem Mann flirtet.

Widder-Chef: Er wird bei faulen Angestellten nicht beliebt
sein. Schlampige Arbeit und mangelnde Begeisterung kann
er nicht ausstehen. Ein Widder-Chef erwartet, daß sich
seine Leute für die Firma einsetzen und genauso wie er für
Umsatz sorgen. Überstunden findet er normal. Dafür ist er
nicht pingelig. Man kann ruhig mal zu spät kommen. Er legt
großen Wert darauf, daß seine Angestellten ihn schätzen,
von seinen Fähigkeiten überzeugt sind. Angestellte, die
Ideen haben, fördert er. Zeugnisse interessieren ihn nicht,
für ihn zählt einzig und allein die Leistung.

Widder-Angestellter: Er arbeitet in erster Linie nicht fürs
Geld. Ihn müssen seine Aufgaben interessieren, dann gibt
er sein Bestes. Routineposten sind nichts für ihn. Und
Arbeiten unter Aufsicht anderer auch nicht. Er will Erfolg
haben. Wenn er nicht anerkannt wird, geht er. Chefs, die
seine Arbeit würdigen, schätzen, ihn loben, ihm mehr

Gehalt geben, müssen sich nie über ihn beschweren. Er ist der tüchtigste, arbeitsamste und auch treueste Angestellte.

Widder in der Elternrolle: Widder-Väter lassen ihren Kindern große Freiheiten. Sie sind nicht ängstlich. Das Kind soll früh selbst Erfahrungen machen und sich zu einem lebenstüchtigen Menschen entwickeln. Da sie selbst nie erwachsen werden, erfinden sie herrliche Spiele für die Kinder. Auf seelische Bedürfnisse kann ein Widder-Vater kaum eingehen. Seiner Meinung nach zeigt sich Zuwendung eher durch Taten als durch Gefühle. Geduld ist nicht gerade seine starke Seite. Er reagiert gereizt, aufbrausend, wenn seine Sprößlinge etwas nicht gleich kapieren oder immer wieder dasselbe fragen.

Widder-Mütter haben fortschrittliche Vorstellungen von der Erziehung ihrer Kinder. Sie gängeln sie nicht. Das Kind soll ruhig auf die Nase fallen, sich die Finger verbrennen. Durch Erfahrung wird es klug. Widder-Mütter fördern Selbständigkeit, Entschlußfreude, schaffen ihren Sprößlingen eine Welt voller Phantasie. Auch der Widder-Mutter fällt es schwer, in die Seele ihres Kindes reinzusehen, seine Sehnsüchte zu erkennen und ihrem Kind gegenüber Gefühl zu zeigen.

Widder-Kinder: Sie sind sehr lebhaft, entwickeln sich sehr schnell. Diese Kinder brauchen viel Bewegung, sonst werden sie reizbar. Immer haben sie Schrammen, Beulen, blaue Flecke. Es wäre gut, frühzeitig eine Haftpflichtversicherung abzuschließen. Wenn einem Widder-Kind das Temperament durchgeht, geht auch manches zu Bruch. Dem Widder-Kind fällt es schwer, sich zu konzentrieren. Beherrscht es eine Aufgabe, langweilt sie es. Dann strengt es sich nicht mehr an. Es wird im Lesealter alle Bücher verschlingen. Widder-Kinder reagieren auf Verbote trotzig. Sie möchten sich nicht bevormunden lassen, alles auf eigene Faust erkunden. Die Eltern sollten darauf achten, daß das Kind genug Schlaf bekommt, um all die verbrauchte Energie wieder ersetzen zu können.

Widder-Tier: Es ist der David unter den Tieren, nimmt jede Rauferei auf. So ein Tier braucht viel Bewegungsfreiheit, ist unternehmungslustig, erfindungsreich, lernt schnell. Man braucht Geduld, muß ihm trotzen, wenn es trotzt. Widder-Tiere sind wachsam, intuitiv und scharfsinnig.

Stier
(21. April bis 21. Mai)

Planet: Venus

Wochentag: Freitag

Zahl: 6

Edelsteine: hellblauer Saphir, Lapislazuli, Koralle

Farben: Hellblau, Rosa, Hellgrün

Metall: Kupfer

Berufe: Männlich: alle Berufe, die mit Kunst, Luxus und Vergnügen in Verbindung stehen, Künstler aller Art, mehr die produktiven, Gärtner, Koch, Schmuckarbeiter, Parfümeur, Friseur, Modebranche, Reisender, Journalist, Schauspieler, Zeichner, Touristikkaufmann, Werbefachmann, Entertainer. Weiblich: Reisende, Psychologin, Dolmetscherin, Touristikkauffrau, Floristin, Goldschmiedin, Psychologin, Berufssportlerin, Sängerin, Stewardeß, Kosmetikerin

Partner: Krebs, Jungfrau, Skorpion, Steinbock

Berühmte Stiere: Johannes Brahms, Sigmund Freud, Karl Marx, Peter Tschaikowski, Max Planck, Immanuel Kant, Yehudi Menuhin, William Shakespeare, Barbra Streisand, Ruth Leuwerik, Juliana von Holland, Shirley McLane, Alfred Krupp, Senta Berger, H. J. Kulenkampff, Axel Springer, Bernhard Grzimek, Königin Elisabeth II., Salvador Dali, Gary Cooper, Honoré de Balzac, Maria Theresia

Krankheiten: innerer und äußerer Geschlechtsbereich, Gesäß, Brüste, Nieren, Lenden, Kehle und Nase. Diabetes

Positive Eigenschaften: Sachlichkeit, praktisches Denken und Handeln, Ausdauer, Zuverlässigkeit, Strebsamkeit, Geschäftstüchtigkeit, Willenskraft, Konzentration, Schönheitssinn, Warmherzigkeit.

Stiere sind seßhaft, stabil, eigenwillig, arbeitsam und zäh. Sie handeln nicht impulsiv. Es fällt schwer, sie zu überzeugen, noch schwerer, sie zu überreden. Wenn sie sich im Recht glauben, dulden sie keinen Widerspruch. Stiere können sehr nachtragend sein.

Sie sind tiefer Gefühle fähig. Wenn sie jemanden ins Herz geschlossen haben, möchten sie ihn besitzen. Sie reagieren sehr eifersüchtig. In der Liebe sind sie wahre Künstler. Sie nehmen sich Zeit, sind zärtlich und einfühlsam. Als echtem Genießer liegt einem Stier nichts am raschen Verzehr. Er will auskosten. Ein Stier braucht Zeit, bis er Gefühle zeigt. Hat er seine Wahl getroffen, möchte er den Partner auf ewig an sich binden. Dann ist er treu und verlangt Treue.

Stiere lieben die Annehmlichkeiten und Schönheiten des Lebens, sorgen für ein schönes Heim, ein großes Bankkonto. Stark ausgeprägt ist ihr Selbstwertgefühl.

Stiere verschwenden ihre Kraft nicht, sondern setzen sie zielgerichtet ein. Wehe, wenn sie zornig sind. Doch dazu kommt es nur, wenn man sie übermäßig reizt. Sonst sind sie warmherzig, freundlich, lassen andere gern an den Annehmlichkeiten teilhaben, die sie sich erarbeitet haben.

Stiere haben einen sicheren Geschmack, was man in ihrer Wohnung und an ihrer Kleidung sieht. Sie sind gastfreundlich, umgänglich, liebevoll und treu. Doch wenn sie sich ausgenutzt, getäuscht oder eingeengt fühlen, brechen sie die Beziehung ohne lange Diskussionen ab.

Negative Eigenschaften: Nüchternheit, Materialismus, Sturheit, mangelnde Anpassungsfähigkeit, Schwerfälligkeit, Fanatismus, Trägheit, Egoismus, Konservatismus, Habgier, Genußsucht.

Stier-Mann: Er stürzt sich nicht kopfüber in ein Abenteuer. Wenn er eine Partnerin gefunden hat, ist er zärtlich, sanft, beschützend, romantisch und treu. Der Stier-Mann plant sorgfältig und genau. Mit einer dominierenden Frau kann er nichts anfangen. Sie muß gescheit sein und ihm seine Freiheiten lassen. Er liebt das Land, Fußball, Angeln, Camping, Blumen, Spaziergänge, Gartenarbeit und Hausmannskost. Der Stier-Mann wird seine Partnerin großzügig mit Geschenken überhäufen, wird sie in die besten Restaurants führen und nie den Hochzeitstag vergessen. Er legt Wert darauf, daß seine Auserwählte immer hübsch aussieht. Er mag keine Frauen, die sich gehenlassen, die jammern. Das tut er auch nicht.

Stier-Frau: Die Stier-Frau ist offen und ehrlich. Sie hat ihre eigene Meinung, will sie auch durchsetzen. Von ihrem Partner erwartet sie unerschütterliche Treue. Sie ist nicht eifersüchtig. Ihr Partner kann ruhig andere Frauen bewundern, mit ihnen flirten, aber dann ist Schluß. Eine Stier-Frau wird immer ihren kühlen Kopf behalten. Sie ist ausgesprochen sinnlich, hat ein heiteres Wesen. Alles Künstliche mag sie nicht. Sie kleidet sich geschmackvoll, liebt warme Bäder mit duftenden Essenzen. Stier-Frauen sind niemals feige. Sie verabscheuen Schwäche und Faulheit. Für sie kommt nur ein richtiger Mann in Frage. An dem werden sie nie herumnörgeln, ihn so nehmen, wie er ist.

Stier-Chef: Die Geduld eines Stier-Chefs sollte nie auf eine zu harte Probe gestellt werden. Dann ist er nachsichtig, friedlich, ausgeglichen, reizend. Aber er registriert jede Schlampigkeit, jeden Fehler. Beim ersten Mal sagt er nichts, vielleicht auch noch nicht beim zweiten oder dritten Mal. Aber dann gibt's ein Donnerwetter. Er versucht jedem gerecht zu werden, gibt allen eine Chance. Immer sagt er, was er meint. Langes Herumreden liegt ihm nicht. Er möchte, daß alles so gemacht wird, wie er es will. Stier-Chefs sind Arbeitstiere, und sie erwarten auch von ihren Angestellten viel.

Stier-Angestellte: Sie setzen sich ganz für eine Sache ein, arbeiten zwar manchmal ein bißchen langsam, aber genau. Sie sehnen sich nach Verantwortung und einem leitenden Posten. Der Stier-Angestellte wird gehen, wenn er seine Ziele nicht erreicht. Ohne große Vorwarnung. Wenn er einmal seine Entscheidung getroffen hat, kann ihn nichts

mehr aufhalten. Er sehnt sich nach Macht, Reichtum und
Freiheit. Stiere sind keine Angestellten, die sich herum-
kommandieren lassen. Sie ordnen sich nicht gern unter.
Ihren Vorgesetzten müssen sie akzeptieren und schätzen,
sonst können sie nur schlecht Anweisungen von ihm entge-
gennehmen.

Stier in der Elternrolle: Stier-Väter sehnen sich nach einem
Sohn, damit der Familienname nicht ausstirbt. Sie sind
liebevoll, gütig, warm und verständnisvoll. Sie verlangen
viel von ihren Kindern, erwarten, daß sie Eigentum und
Besitz achten. Sie sind sehr geduldig, verwöhnen, aber sie
achten auf Disziplin. Eine Scheidung wird es nie geben,
wenn die Kinder noch im Haus sind.
Für Stier-Mütter werden die Kinder immer Mittelpunkt der
Familie sein. Sie wollen, daß ihre Sprößlinge glücklich sind.
Eine Stier-Mutter ist bereit, zum Wohl ihres Kindes große
Belastungen auf sich zu nehmen. Die Kinder wachsen in
einer gefühlswarmen, wohlgeordneten Atmosphäre auf.
Die Erziehungsmethoden sind konservativ. Ungehorsam,
Trotz, Faulheit und Schlamperei wird keine Stier-Mutter
dulden. Sie wird böse, wenn man sich ihrer Autorität
widersetzt. Wenn die Kinder älter werden, wird sie zur
besten Freundin ihrer Kinder. Geduldig hört sie sich Probleme an, hilft sie zu lösen.

Stier-Kinder: Sie sind sehr liebebedürftig, brauchen viel
Herzenswärme und Zärtlichkeit, suchen Körperkontakt.
Wenn das Stier-Kind Liebesbeweise entbehren muß, kapselt es sich ab, wird kühl und gleichgültig. Stier-Kinder
neigen dazu, ihre Fähigkeiten zu unterschätzen. Sie brauchen viel Lob und Ermutigung, dann wird ihr Ehrgeiz
angestachelt. In der Schule sind sie nicht gerade sehr
lernfreudig. Eltern sollten versuchen, ihnen Abstraktes
anschaulich zu machen. Hat das Stier-Kind Zusammenhänge erkannt, etwas aufgenommen, sitzt es für alle Zeiten.
Stier-Kinder brauchen viel Kontakt zu anderen. Wird er
ihnen verwehrt, versuchen sie auf anderen Gebieten einen
Ausgleich zu schaffen, werden naschsüchtig. Wenn einem
Stier-Kind etwas gegen den Strich geht, wird es bockig. Vor

allem auf Kritik und Ermahnungen reagiert es trotzig. Mit Gewalt werden die Eltern nichts erreichen.

Stier-Tiere: Sie sind vorsichtig, geschickt, verläßlich, geduldig, verantwortungsbewußt und entschlossen. Allerdings auch sehr bequem, mögen alles nur vom Feinsten. Stier-Tiere machen den Besitzern durch ihren Eigensinn ganz schön zu schaffen.

Zwillinge

(22. Mai bis 21. Juni)

Planet: Merkur

Wochentag: Mittwoch

Zahl: 5

Edelsteine: Topas, Carneol, Achat

Farben: Hellgelb, Hellgrau

Metall: Messing

Berufe: Männlich: Alle wissenschaftlichen Berufe, die mit abstraktem Denken, mit Rechnen, Registrieren zu tun haben. Diplomat, Handelsvertreter, Redakteur, Journalist, Kunstkritiker, Redner, Rechtsanwalt, Politiker, Vermittlungsbüro, Wechselstuben, Kriminalist, Optiker, Reisender, Fotograf. Weiblich: Designerin, Journalistin, Kriminalistin, Kosmetikerin, Sekretärin, Schriftstellerin, Handelskauffrau, Touristikkauffrau

Partner: Löwe, Widder, Wassermann, auch: Schütze und Waage

Berühmte Zwillinge: Paul Gauguin, Thomas Mann, Jean Paul Sartre, Robert Schumann, Richard Wagner, Albrecht Dürer, Marilyn Monroe, Françoise Sagan, Charles Aznavour, John Wayne, Igor Strawinsky, John F. Kennedy

Krankheiten: Gehirn, Zunge, Hände, Finger, Galle, Schenkel, Nervensystem, Neuralgie, Geistesstörungen, Sprachhemmungen, Gedächtnisschwund, Kleptomanie

Positive Eigenschaften: rasche Auffassungsgabe, Wendigkeit, Anpassungsfähigkeit, Kontaktfreude, Vielseitigkeit, Spontaneität, Scharfsinn, Logik, Diplomatie, Gesellligkeit. Zwillinge lassen sich eher vom Verstand als vom Gefühl leiten, können stark von Stimmungen beeinflußt werden. Sie halten nicht viel von festgefahrenen Gleisen und ausgefahrenen Bahnen, von strenger Methodik und eisernen Prinzipien. Es fällt ihnen schwer, sich für längere Zeit zu konzentrieren. Sie sind vielseitig, brauchen die Abwechslung. Sobald ihr Interesse erlahmt, erlahmen auch ihre Kräfte. Deshalb fangen sie viel an, aber bringen nur wenig zu Ende. Aber sie haben die Fähigkeit, mehrere Dinge auf einmal zu tun. Jegliche Bevormundung und Einengung vertragen sie nicht. Diese Menschen kämpfen auch nicht gern, gehen den Weg des geringsten Widerstandes. Es besteht die Gefahr, daß sie sich verzetteln, zu viel anfangen, das kann sie am beruflichen Aufstieg hindern.
Durch ihre fröhliche, gesellige Art fällt es ihnen nicht schwer, neue Menschen kennenzulernen. Sie schließen schnell Freundschaft, führen stundenlange Gespräche und sind auch schnell verliebt. Tiefgang ist nicht ihre Stärke. Sobald sie sich langweilen, sehen sie sich nach etwas Neuem um. Wer sich den Zwilling angeln will, muß so etwas wie ein Alleinunterhalter sein mit viel Phantasie, Ideen, und vor allem darf er nicht eifersüchtig sein. Ein Zwilling konzentriert sich immer auf mehrere Menschen und flirtet gern. Auf andere wirkt er oft selbstsicher, gelassen, jeder Situation gewachsen. Oft verbirgt sich dahinter Unsicherheit. Starke Nervenanspannungen können zu einem körperlichen und seelischen Zusammenbruch führen.

Negative Eigenschaften: Oberflächlichkeit, Unrast, Labilität, Berechnung, Unzuverlässigkeit, Geschwätzigkeit, Unbesonnenheit, Unehrlichkeit.

Zwillinge-Mann: Dieser Mann ist unberechenbar und ruhelos. Er liebt keine schönen Stunden zu zweit, sondern ist lieber in Gesellschaft. Seine tiefsten Gefühle wird er keiner Partnerin verraten. Er mag keine leidenschaftlichen Personen und vor allem keine Langweiler. Seine Partnerin sollte klug sein, er möchte sich mit ihr über alles unterhalten können. Liebe ist für ihn keine körperliche Sache. Er haßt es, allein zu sein. Untreu wird er nur, wenn er sich mit seiner Partnerin langweilt, mit ihr keine geistige Harmonie mehr hat. Ein Zwillings-Mann läßt sich nicht an die Kette legen. Auch in der Ehe wird er sein Eigenleben führen und nicht allzuoft zu Hause sein.

Zwillinge-Frau: Wenn sie jung ist, ist die Liebe für sie ein Spiel. Sie experimentiert, ist unberechenbar. Es ist schwer für sie, sich auf einen Menschen einzustellen. Sie sucht ruhelos nach dem einen, der alle Eigenschaften in sich vereint, die sie zum Glück braucht. Da das schwer ist, heiraten viele nicht. Die Zwillings-Frau ist fröhlich und lebhaft, gescheit und witzig und in der Liebe sehr phantasievoll. Auch wenn sie in festen Händen ist, wird sie gern flirten. Die Hausarbeit langweilt sie, aber ihr Partner kann mit ihr bis tief in die Nacht eine interessante Unterhaltung führen. Manchmal wird sie zu einem empfindsamen Nervenbündel, das nur aus Tränen und Ängsten besteht. Sie sucht Veränderungen, hat keine Geduld und Ausdauer.

Zwillinge-Chef: Er wird launisch sein. Über das, worüber er sich an einem Tag aufregt, wird er am nächsten Tag lachen. Eigentlich ist er keine Führungsperson. Es fällt ihm schwer, sich auf eine Aufgabe zu konzentrieren, lange Zeit auf einem Stuhl zu sitzen. Präsident Kennedy, einer der wenigen Zwillinge, die ganz nach oben kamen, löste das Problem, indem er auf einem Schaukelstuhl wippte. So ein Chef liebt Veränderungen. Er ist kein Einzelgänger, mag Menschen um sich herum, hat Humor. Er kann geschickt argumentieren, erkennt sofort den Kern eines Problems, betrachtet es von allen Seiten. Ein Zwillinge-Chef löst alle Schwierigkeiten, ist ein guter Redner, ein guter Gesellschafter und reist viel.

Zwillinge-Angestellter: Er ist schnell im Denken, Sprechen, Bewegen. Aber es mangelt ihm an Energie und Bereitschaft. Angekettet an einen Schreibtisch fühlt er sich todunglücklich. Er mag keine Routinearbeit, will neue Pläne entwickeln. Zwillinge bringen Betriebsamkeit und Heiterkeit ins Büro. Sie wollen am liebsten gleich alles verändern. Am besten sind sie als Verkäufer, Vertreter. Ihrer Redekunst widersteht kaum einer. Zwillinge-Angestellte brauchen viel Freiheit. Eine Stechuhr bereitet ihnen Magenschmerzen, denn Pünktlichkeit ist nicht ihre Stärke. Aber sie machen Überstunden, wenn Not am Mann ist.

Zwillinge in der Elternrolle: Der Zwillinge-Vater fühlt sich oft in seiner Rolle nicht wohl. Sein Kind soll sein Leben nicht verändern, und er möchte sich auch nicht nach ihm richten. Zärtlichkeit und Herzlichkeit wird ein Zwillinge-Vater seinen Kindern nicht geben. Er kann nun mal seine natürliche Kühle nicht überwinden. Aber er wird ihre geistige Entwicklung fördern, ihnen ein guter Kamerad sein. Allerdings: Viel Zeit darf ihn das nicht kosten. Lieber bleibt er länger im Büro oder geht in die Kneipe als mit seinen Kindern zu spielen. Er wird seine Sprößlinge nicht nach Regeln erziehen, sondern ihnen einen großen Freiraum einräumen.

Die Zwillinge-Mutter wird sich nicht nur auf ihren Nachwuchs konzentrieren. Sie braucht den Kontakt zur Umwelt, möchte weiterhin ihren Beruf ausüben. Ihre Kinder werden früh zur Selbständigkeit erzogen. Viel Wärme gibt sie ihnen nicht, aber sie wird ihnen phantasievolle Geschichten erzählen, mit ihnen reden. Sie schafft ein gemütliches Zuhause, aber nimmt sich wenig Zeit für ihre Kinder. Ihr ist es am liebsten, wenn sie sich selbst beschäftigen.

Zwillinge-Kind: Es sehnt sich nicht nach Zärtlichkeiten und wird auch den Eltern selten zeigen, daß es sie liebhat. Alles weckt die Neugier dieses Kindes, ob das nun Menschen oder Dinge sind. Mit seinem wachen Verstand will es alles ergreifen, begreifen, stellt ständig Fragen. Das kann den Eltern ganz schön auf die Nerven gehen. In der Schule lernt es rasch. Es fehlt ihm allerdings an Gründlichkeit und Konzentration. Deshalb wird das Erlernte rasch wieder vergessen. Die Phantasie kleiner Zwillinge-Kinder ist stark entwickelt. Sie lesen gern, neigen zu Übertreibungen, schmücken jede Begebenheit aus. Wirklichkeit und Einbildung können sie manchmal nicht mehr auseinanderhalten. In der Zeit vor dem Schlafengehen sollte das Kind keine aufregenden Filme im Fernsehen sehen. Es kann danach nicht einschlafen. Zwillinge-Kinder neigen zur Nervosität.

Zwillinge-Tiere: Diese Tiere werden immer ihren Charme einsetzen. Es ist schwer, ihnen zu widerstehen. Sie brauchen viel Ruhe, weil sie ständig in Bewegung sind. Und vor allem Gesellschaft, und Unterhaltung. Kein Tag soll wie der andere ablaufen. Kleine Wohnungen, kleine Käfige sind nichts für Zwillinge-Tiere.

Krebs
(22. Juni bis 22. Juli)

Planet: Mond

Wochentag: Montag

Zahl: 2 und 7

Edelsteine: Perle, Smaragd, Mondstein, Aquamarin

Farben: Silberweiß, Hellgrün

Metall: Silber

Berufe: Männlich: alle Berufe, die mit Publikum, Öffentlichkeit in Verbindung stehen. Reisender, Matrose, Psychologe, Historiker, Touristikkaufmann, Verwalter, Mathematiker, Computerfachmann, Arzt. Weiblich: Kindergärtnerin, Psychologin, Konditorin, Dolmetscherin, Köchin, Handelskauffrau

Partner: Stier, Jungfrau, Fische, Steinbock, auch Skorpion

Berühmte Krebse: Peter Alexander, Ingmar Bergman, Ernest Hemingway, Hermann Hesse, Paul Hubschmid, Jean

Cocteau, Louis Armstrong, Yul Brynner, Julius Cäsar, Käthe Kollwitz, Peter Paul Rubens, Herzog von Windsor, Ringo Starr, John D. Rockefeller, Marcel Proust, E. Ferd. Sauerbruch, Soraya

Krankheiten: Probleme und Störungen des Kleinhirns, Magen, Bauch, Brüste, die gesamte linke Körperhälfte, Harnblase, Geschlechtsorgane der Frau, Lymphsystem, Psychosen, Epilepsie, Leukämie, Wassersucht

Positive Eigenschaften: Feinfühligkeit, Freundlichkeit, Phantasie, Mitgefühl, Vorsicht, Ausdauer, Klugheit, Häuslichkeit, ein ausgeprägter Beschützerinstinkt, ein reiches Gefühlsleben.
Krebse sind eher gefühls- als verstandesorientiert. Ihre empfindsame Seele versuchen sie hinter einem harten Panzer zu verbergen. Da ihre Stimmungen sehr schwanken, wirken sie launisch. Man weiß nie so recht, woran man mit ihnen ist. Und auch sie erschweren sich durch ihre Unbeständigkeit das Leben. Krebse sind leicht erregbar, reagieren impulsiv, aber ihr Zorn verraucht schnell. Sie lassen sich leicht beeinflussen, aber das heißt nicht, daß sie sich bedingungslos unterordnen.
Krebse sind ehrgeizig, strebsam, leistungswillig. Sie stecken sich hohe Ziele, haben aber oft nicht die Ausdauer, sie zu erreichen. Lob und Anerkennung spornen sie an. Ihre Leistungen sind wie ihre Gefühle ständigen Schwankungen unterworfen. Wichtig für sie ist, daß ihnen ihre Arbeit Spaß macht und daß das Arbeitsklima gut ist. Sonst fühlen sie sich unglücklich.
Krebse sind häuslich, sehnen sich nach Geborgenheit, möchten andere umsorgen. Sie lassen sich gern bemuttern. Für Freunde ist ein Krebs immer da, hört ihnen geduldig zu, hilft, wenn sie in Not sind. Auseinandersetzungen geht er aus dem Weg. Wenn er liebt, dann ist das für immer. Er kann recht eifersüchtig sein. Aber er braucht seinen Freiraum. Es würde ihn kränken, wenn man ihm Vorschriften macht, herumnörgelt, kritisiert. Dann zieht er sich in seine Schale zurück. Und es ist schwer, ihn da wieder herauszuholen.

Negative Eigenschaften: Überempfindlichkeit, Launenhaftigkeit, Sentimentalität, Wankelmut, Beeinflußbarkeit, Trägheit, Habgier gegenüber Dingen und Menschen, eine Neigung zum Selbstmitleid.

Krebs-Mann: Er ist ein Träumer, sehr romantisch und doch vernünftig und praktisch. Dieser Mann liebt Geld und Sicherheit. Eine Frau braucht Geduld, um ihn kennenzulernen. Selten sagt er, was in ihm vorgeht. Er hat Sinn für Humor, ist sehr familienbewußt, liebt seine Mutter über alles. Für seine Partnerin wird sie immer eine Konkurrenz sein. Der Krebs-Mann ist sehr zurückhaltend und schüchtern. Wenn er Feuer gefangen hat, wird er zum zähesten Verehrer. Meist hat er ein Hobby, fotografiert gern oder sammelt alte Sachen. Er braucht seine Freiheit, ist eifersüchtig und launisch. Aber der Frau, die er liebt, ist er treu, wird sie mit Geschenken und Komplimenten überhäufen.

Krebs-Frau: Ihre Stimmungsschwankungen können dem Partner ganz schön zusetzen. Mal ist sie zärtlich und fröhlich und dann melancholisch und schwermütig. Sie hat viel Phantasie und ist sparsam. Wenn sie einen Mann liebt, kann sie sämtliche Tricks anwenden, um ihn zu erobern. Sie mag keine Kritik, ist leicht zu verletzen und wird immer von irgendwelchen Ängsten geplagt. Sei es, daß sie sich für nicht schön genug, zu alt oder untalentiert hält. Sie sehnt sich nach Komplimenten, Bestätigung. Wenn sie einen Mann liebt, gibt es für sie nur noch ihn. Sie liebt mit Hingabe, Ergebenheit, möchte das Gefühl haben, daß der Partner nicht ohne sie leben kann.

Krebs-Chef: Der ernsthafte, schwer arbeitende Krebs-Chef hat keinen Sinn für ausgelassene Feiern oder Müßiggang während der Arbeit. Er ist zwar humorvoll, aber erst nach Feierabend. Sein Motto lautet: Je mehr man arbeitet, desto mehr verdient man. Und er will viel verdienen. Er hat ein gutes Gedächtnis, merkt sich, wenn seine Angestellten zu spät kommen, aber auch wenn sie Überstunden machen. Ein Krebs-Chef ist sehr gerecht, hat großes Einfühlungsvermögen. Er wird zwar immer seine Interessen wahren, aber nie jemand übers Ohr hauen. Durch den Erfolg hat er seine inneren Ängste überwunden. Wenn etwas nicht nach seinem Willen verläuft oder jemand ihn verletzt hat, zieht er sich in sein Büro zurück und ist stundenlang für niemanden zu sprechen.

Krebs-Angestellter: Wer ihn eingestellt hat, bereut es nicht. Der Krebs-Angestellte ist außerordentlich tüchtig, arbeitet wie besessen für seine Selbstsicherheit, für sein Gehalt. Für gute Leistungen erwartet er auch eine Gehaltserhöhung. Kommt sie nicht, geht er. Er ist zuverlässig, ausdauernd. Und er braucht ein gutes Betriebsklima, muß wissen, daß man ihn mag. Krebs-Angestellte nehmen ihre Arbeit ernst und sich selbst noch mehr. Wenn sie Probleme haben, vor allem Liebeskummer, verbreiten sie schlechte Laune.

Krebs in der Elternrolle: Der Krebs-Mann ist ein verständnisvoller, treusorgender, zartfühlender Vater. Er wird sehr viel Geduld mit seinen Sprößlingen haben, wird sich um jedes Wehwehchen, jedes zerbrochene Spielzeug kümmern. Dieser Mann spielt mit den Kleinen, widmet ihnen viel Zeit. Wenn sie allerdings größer sind, ihre eigenen Wege gehen möchten, dann wird ein Krebs-Vater grantig. Er möchte seine Kinder am liebsten immer um sich haben. Vor allem Töchter werden unter seiner Strenge leiden, denn er ist eifersüchtig.

Krebs-Frauen sind die besten Mütter, die man sich vorstellen kann. Ihre Kinder kommen immer an erster Stelle noch vor dem Partner. Die Kleinen finden eine große Stütze in ihr. Sie wird immer helfen, für sie alles geradebügeln. Ängstlich bewachen Krebs-Frauen ihre Kinder. Am liebsten würden sie sie gar nicht von ihrer Hand lassen, damit ihnen nichts passiert. Die Folge: Kinder von Krebs-Müttern sind oft unselbständig und abhängig. Sie wohnen lange zu Hause, weil es dort so warm und gemütlich ist. Wenn die Kinder mal aus dem Haus gehen, bricht einer Krebs-Mutter fast das Herz.

Krebs-Kinder: Krebs-Kinder brauchen sehr viel Liebe, Zuwendung und Geborgenheit. Sie müssen eine Bezugsperson haben, der sie ihre Liebe schenken, sich anklammern können. Ein Krebs-Kind ist auf jedes Geschwisterchen eifersüchtig, weil es ihm Liebe und Zeit der Mutter oder des Vaters stiehlt. Es ist innerlich unsicher, kann sich wenig durchsetzen und fürchtet sich vor allem. Dunkelheit macht ihm angst, Fremde, schnelle Autos und große Tiere. Ständig muß es getröstet werden. Neckereien von anderen Kindern treffen es tief. Es empfiehlt sich, einem Krebs-Kind früh Taschengeld zu geben. Das wird sich erstaunlich schnell vermehren. In der Schule werden Krebs-Kinder nicht besonders glänzen. Sie bemühen sich, es dem Lehrer recht zu machen, nicht aufzufallen. Was sie mit den Sinnen ergreifen können, das begreifen sie auch gedanklich. Sie sind manchmal dickköpfig, träumerisch, aber künstlerisch sehr begabt. Sie malen gern oder lesen oder lieben Musik.

Krebs-Tier: Ein Krebs-Tier muß spüren, daß es zur Familie gehört, daß es geliebt wird. Es wird launisch sein. Von einer Minute zur anderen kann es plötzlich den Kopf hängen lassen, sich zurückziehen. Es braucht eine Bezugsperson, der wird es gehorchen. Ein Krebs-Tier ist eifersüchtig und sehr ängstlich.

Löwe
(23. Juli bis 23. August)

Planet: Sonne

Wochentag: Sonntag

Zahlen: 1 und 4

Edelsteine: Rubin, Diamant, Chrysolith

Farben: Orange, Gold

Metall: Gold

Berufe: Männlich: Staatsbeamte, Manager, Goldschmied, Politiker, Offizier, Tierarzt, Jurist, Makler, Werbefachmann, Journalist, Designer, Steuerberater. Weiblich: Journalistin, Psychologin, Apothekerin, Sekretärin, Schauspielerin, Gärtnerin, Telefonistin

Partner: Widder, Zwilling, Schütze, auch ganz gut: Wassermann, Waage

Berühmte Löwen: Alexandre Dumas, Napoleon I., Jacqueline Kennedy, Marianne Koch, Mata Hari, Alfred Krupp, Adele Sandrock, Hans Moser, Guy de Maupassant, Alfred Hitchcock, Henry Ford, Fidel Castro

Krankheiten: Probleme oder Erkrankungen mit Herz, Arterien, die rechte Körperseite, Nerven, Wirbelsäule

Positive Eigenschaften: Kreativität, Organisationstalent, Großzügigkeit, Begeisterungsfähigkeit, viel Fleiß, Selbstsicherheit, Offenheit, Zielstrebigkeit, Tatendrang und Optimismus.

Der Löwe fühlt sich zum Herrschen geboren. Er will immer im Mittelpunkt stehen, braucht Beachtung und Anerkennung. Löwen leisten viel, setzen ihre ganzen Kräfte ein, um ihr Ziel zu erreichen. Kein Risiko ist ihnen zu groß. Sie sind selbständig, unabhängig. Befehle entgegenzunehmen, fällt ihnen unheimlich schwer. Sie streben nach Erfolg, Macht und Anerkennung. Und um dies zu bekommen, ist ihnen jedes Mittel recht – auch die Ellenbogen. Wer sie richtig zu nehmen und zu loben versteht, kann bei ihnen viel erreichen. Wenn ein Löwe bewundert wird, trübt sich sein Blick. Er verabscheut für sich und andere alles Kleinkarierte. Ihm liegt die große Tat. Löwen streben nach Luxus. Am wohlsten fühlen sie sich, wenn sie aus dem vollen schöpfen können.

Von vielen Löwe-Geborenen geht eine starke erotische Ausstrahlung aus, die es ihnen leichtmacht, Kontakt zum anderen Geschlecht zu finden. Auch wenn der Löwe gebunden ist, braucht er die Bestätigung, daß er begehrt wird. Er ist leidenschaftlich, gibt einem Partner Sicherheit und Geborgenheit. Dafür muß sich der Partner aber auch völlig unterordnen und ihn ständig bewundern. Löwen brauchen ihren Freiraum, aber dem Partner gestehen sie ihn nicht zu. Da erwarten sie absolute Treue. Ein Löwe ist stets der Gebende, macht Geschenke. Löwen haben viele Freunde.

Da sie sich leicht blenden lassen, wenn sie jemand bewundert, geraten sie oft an die Falschen und werden ausgenutzt.

Negative Eigenschaften: Triebhaftigkeit, Herrschsucht, Verschwendungs- und Vergnügungssucht, Selbstüberschätzung bis zum Größenwahn, Rücksichtslosigkeit, krasser Egoismus.

Löwe-Mann: Ein Löwe-Mann braucht Bewunderer. Er wird sich schnell in ein Liebesabenteuer stürzen, denn einer Frau, die ihm schmeichelt, ihn respektiert, kann er selten widerstehen. Sie befehlen, die Frau hat zu gehorchen. Sie sind unheimlich eifersüchtig, eine Frau ist ihr Besitz mit Haut und Haaren. Ein Löwe-Mann wird seiner Partnerin vorschreiben, wie sie sich zu kleiden und zu frisieren hat. Er will alles von der Frau, die er liebt, wissen, verlangt immer Rechenschaft. Löwe-Männer werden nie eine Karriere-Frau haben wollen, denn für die Karriere sind sie zuständig. Was ihn bei einer Frau fasziniert ist Schönheit. Er will sich mit ihr schmücken. Löwe-Männer geben das Geld mit vollen Händen für sich aus, bei anderen sind sie nicht so großzügig.

Löwe-Frau: Sie ist sentimental, und sie wird sich nur schwer unterordnen. Minderwertigkeitskomplexe kennt sie nicht. Sie ist selbstbewußt, davon überzeugt, daß sie schön ist. Selbst wenn die Natur sie nicht mit allzu großen Vorzügen ausgestattet hat. Diese Frau hört Komplimente für ihr Leben gern, mit Schmeichelei kann man fast alles bei ihr erreichen. Sie liebt eine luxuriöse Umgebung, ist sehr eitel und sehr weiblich. Eine Löwe-Frau wird ihren Beruf nicht so schnell aufgeben. Nur-Hausfrau, das würde sie langweilen. Sie wird jede Möglichkeit zu einem Flirt wahrnehmen, da sie das Gefühl braucht, begehrt zu sein. Sie selbst ist unheimlich eifersüchtig. Eine Löwe-Frau will Beweise haben, daß sie bei dem Partner die Nummer eins ist. Sie läßt sich bedienen, beschenken. Manchmal unterdrückt sie den Mann ihrer Liebe.

Löwe-Chef: Löwen gehören nicht gerade zu den fleißigsten, aber sie haben viel Kraft. Ein Löwe-Chef wird es sich in seinem Sessel gemütlich machen und die Arbeit auf seine

Angestellten abwälzen. Er läßt seinen Untergebenen viel
Freiheit, greift ihre Pläne und Ideen auf. Aber er wird alles
als sein Werk hinstellen. Er schafft in seiner Firma eine
luxuriöse Atmosphäre, mag es, wenn schöne und gepflegte
Menschen um ihn sind. Seinen Angestellten wird er immer
helfen, für ihre Probleme ein offenes Ohr haben. Der Löwe-
Chef möchte von allen anerkannt, bewundert werden.

Löwe-Angestellter: Er ist nicht zu übersehen oder zu über-
hören. Er wird ständig mit seinen Erfolgen prahlen. Dieser
Angestellte strebt nach einem hohen Posten, nach Macht.
Er möchte immer Mittelpunkt sein, nie gibt er sich damit
zufrieden, im Hinterzimmer irgendwelche Zahlen aufzuad-
dieren. Ein Löwe-Angestellter braucht einen schönen Rahmen zum Arbeiten. Er ist fleißig und tüchtig, aber er kann
auch unheimlich faul sein. Festen Regeln wird er sich
widersetzen, er braucht seinen Freiraum. Ältere Löwe-
Angestellte haben ein großes Verantwortungsbewußtsein.
Aber nur, wenn sie sich anerkannt fühlen. Bekommt er kein
Lob, keine Bewunderung, wird nicht befördert, geht er oder
zerbricht.

Löwe in der Elternrolle: Viele Löwe-Männer haben keine
Kinder, obwohl sie warmherzige und gute Väter sind. Sie
halten ihren Kindern lange Vorträge, stellen sich selbst als
gutes Beispiel hin. Wenn die Kinder sie bewundern, bekommen sie alles, was sie haben möchten. Löwe-Väter wollen
stolz auf ihre Kinder sein. Sie möchten, daß der Sohn der
beste Fußballspieler ist, die Tochter die Schönste unter den
Mädchen. Die Kinder müssen sich unterordnen, seine
Befehle akzeptieren. Löwe-Mütter überschütten ihr Kind
mit viel Liebe. Aber sie möchten geachtet und respektiert
werden. Ungehorsam werden sie nicht dulden, auch kein
schlechtes Benehmen. Wenn diese Mutter das Gefühl hat,
daß man ihr Kind falsch beurteilt, kämpft sie. Sie wird ihre
Kinder nicht unterdrücken. Da sie noch ihr eigenes Leben
führt, meist auch einen Beruf hat.

Löwe-Kinder: Diese Kinder sind sehr lebhaft, wagemutig
und tatendurstig. Sie lieben Geselligkeit, versammeln immer viele Kinder um sich herum. Wenn man nicht aufpaßt,

kann das Löwe-Kind zu einem kleinen Tyrannen werden. Es kommandiert gern, will immer seinen Willen haben. Mechanisches Lernen liegt dem Löwe-Kind nicht. Es muß alles begreifen, fragt viel. Und dann kommt wieder die typische Löwe-Faulheit. Da interessiert es gar nichts mehr. Zwang ist Zeitverschwendung. Am besten kommt man mit Lob weiter oder wenn man an ihre Eitelkeit appelliert. Ein Löwe-Kind braucht viel Freiheit. Strenge Befehle verletzen seinen Stolz und seine Würde. Es braucht Disziplin, Liebe und Zuneigung.

Löwe-Tiere: Das Feinste ist für diese Tiere gerade gut genug. Sie brauchen viel Freiheit, Bewunderung, Liebe und wollen immer an erster Stelle stehen. Es hat keinen Sinn, Befehle zu brüllen. Löwe-Tiere werden sich nicht daran halten. Schmeicheln sie, bitten sie, dann wird dieses Tier alle Kunststücke vollbringen.

Jungfrau
(24. August bis 23. September)

Planet: Merkur
Wochentag: Mittwoch
Zahl: 5
Edelsteine: Topas, Carneol, Achat
Farben: Hellgrau, Hellgelb
Metall: Messing
Berufe: Männlich: Psychologe, Soziologe, Konditor, Metzger, Dirigent, Lehrer, alle wissenschaftlichen Berufe, die mit abstraktem Denken und solche, die sich mit Rechnen und Registrieren befassen. Diplomaten, Handelsvertreter, Journalisten, Redakteure, Kunstkritiker, Redner, Rechtsanwälte, Politiker, Vermittlungsbüros, Wechselstuben. Weiblich: Med. techn. Assistentin, Goldschmiedin, Bild-

hauerin, Fotografin, Sozialarbeiterin, Buchhalterin

Partner: Stier, Krebs, Steinbock

Berühmte Jungfrauen: Johann Wolfgang von Goethe, Leo Tolstoi, Ludwig II. v. Bayern, Theodor Storm, Leonard Bernstein, Peter Sellers, Hans Albers, Hermann Löns, Aristoteles Onassis, Sophia Loren, Romy Schneider, Ingrid Bergman, Petra Schürmann, Raquel Welch, Wallenstein, Franz Josef Strauß, Greta Garbo, Franz Beckenbauer

Krankheiten: Probleme mit dem Gehirn, Zunge, Hände, Finger, Galle, Schenkel, Nervensystem, Neuralgie, Geistesstörungen, Sprachhemmungen, Gedächtnisschwund, Kleptomanie.

Im Zeichen der Jungfrau herrscht wie beim Zwilling der Planet Merkur. Deshalb gelten für dieses Zeichen die gleichen Entsprechungen.

Positive Eigenschaften: klares Denken, Ordnungsliebe, Pflichtbewußtsein, Scharfblick, Methodik, Zuverlässigkeit, Anpassungsfähigkeit, Zurückhaltung, Fleiß, kritisches Unterscheidungsvermögen.

Jungfrauen sind anderen gegenüber sehr rücksichtsvoll und hilfsbereit. Sie setzen sich gern für andere Menschen ein, aber alles bleibt auf Distanz. Diese Menschen können andere mit einem scharfen Blick sofort beurteilen, aber leider auch verurteilen. Sie neigen zu offener Kritik, die verletzend ist. Ihre Stimmung ist starken Schwankungen unterworfen. Jungfrauen gelten oft als launisch und reizbar.

Jungfrauen sind verstandesbestimmt. Sie haben eine rasche Auffassungsgabe, sitzen nie untätig herum. Nüchtern und realistisch packen sie alle Aufgaben an. Sie können ausdauernd und intensiv arbeiten. Ein Hang zum Perfektionismus ist ihnen angeboren. Bei Jungfrauen wird alles genau geplant, Spontaneität liegt ihnen nicht.

Diese Menschen sind sehr introvertiert. Zwar können sie charmant und freundlich sein, aber sie sind sehr zurückhaltend. Über Gefühle reden sie nie. Sie sind keine Draufgänger, und sicher nicht sehr leidenschaftlich. Wenn sie sich überhaupt binden, dann erst nach langer Prüfung. Dabei machen sie es weder sich noch dem Partner leicht. Ihr angeborener Hang zum Perfekten hängt oft an Idealvorstellungen. Solche Partner gibt es leider im wirklichen Leben nicht. Jungfrauen sammeln Erfahrungen in der Liebe, selten ist Leidenschaft dabei. Sie befürchten, ihre Sicherheit zu verlieren, wenn sie sich gehenlassen.

Negative Eigenschaften: Gefühlskälte, Berechnung, Pedanterie, Nörgelsucht, Unentschlossenheit, Egoismus, Selbstquälerei, Tendenz zur Abkapselung.

Jungfrau-Mann: Romantisch ist er nicht. Er lebt in einer praktischen, materiellen Welt. Liebe bedeutet für ihn Aufopferung für die Familie, sich einsetzen für Schwächere oder solche, die nicht so vernünftig und diszipliniert sind wie er. Leidenschaft erschreckt einen Jungfrau-Mann. Er hat wenig Affären – und die sind meist traurig und unglücklich. Der Jungfrau-Mann läßt sich Zeit und tut sich schwer, die Frau seines Lebens zu finden. Vor seinem kritischen Auge kann so schnell keine bestehen. Seine Gefühle versteckt er hinter beredsamer Gleichgültigkeit. Hat er sich entschieden, dann ist er treu. Wenn man einen Jungfrau-Mann enttäuscht, wird er schnell einen sauberen Strich unter die Beziehung ziehen. Seine Auserwählte muß klug sein, er mag keine dummen Menschen. Sie sollte sich gepflegt und ordentlich kleiden. Er haßt vergnügungssüchtige, egoistische, geistig träge Frauen und auch modische Extravaganzen. Der Jungfrau-Mann kann Kritik nicht vertragen, obwohl er sie anderen gegenüber gern anbringt.

Jungfrau-Frau: Sie ist scheu. Aber, wenn die Liebe sie gepackt hat, wird sie alles in Kauf nehmen. Die Jungfrau-Frauen sind zwar nicht körperlich leidenschaftlich, aber „geistig". Haben sie ein Ziel, sprich Mann vor Augen, können sie abwarten, nichts kann die Intensität ihrer Gefühle zerstören. Sie sind gleichzeitig vernichtend praktisch und göttlich romantisch. Die Jungfrau-Frauen sind pünktlich, und sie haben immer das Gefühl: Keiner kann die Dinge so ordentlich und wirksam erledigen wie sie. Sie können zänkisch und kleinlich sein. Ihr Verstand sieht ihre Fehler, auch die des Partners. Sie ist kunstinteressiert, liest gern, macht sich keine Illusionen. Das Haus wird immer sauber und gemütlich sein. Sie kocht gut, aber sie wird dabei immer an die Gesundheit ihres Partners denken. Wenn es ihm mal schlechtgeht, ist sie stark und zäh, tröstet ihn.

Jungfrau-Chef: Er macht sich immer Sorgen um die Zahlen, um die Firma, um seine Angestellten. Ihm liegt nichts daran, die eigene Person in den Mittelpunkt zu stellen. Er ist nicht der geborene Vorgesetzte, hört sich nicht gern die Probleme seiner Angestellten an, denn ihn quälen genug Sorgen. Manchmal sieht er den Wald vor lauter Bäumen nicht, wird zum unglücklichen Einzelgänger. Er wird immer ehrlich sein, mit Kritik nicht hinterm Berg halten, er selbst kann keine Kritik vertragen. Ein Jungfrau-Chef verachtet die gesellschaftlichen Aktivitäten, die ein Job in oberster Position mit sich bringt. Sie raubt ihm Zeit, seine Pflicht zu tun. Er ist ein Perfektionist, aber gutherzig und gerecht. Er zahlt seinen Angestellten, was sie wert sind. Und er ist in der Lage, ihren Wert zu beurteilen. Zu viel sollte man nicht von ihm erwarten, manchmal ist er sehr geizig.

Jungfrau-Angestellter: Er will nicht schnell befördert, nicht mit Geld überschüttet werden. Doch wenn er übergangen wird, zu wenig bekommt, sucht er sich eine andere Stelle – allerdings nur zögernd. Jungfrau-Angestellte sorgen sich immer: Um ihre Gesundheit, um ihre finanzielle Zukunft. Und sie werden immer Fehler entdecken, selbst bei ihrem Chef. Ohne zu zögern machen sie Überstunden. Gelegentlich sind sie sehr faul. Doch ihr Verantwortungsbewußtsein läßt dies nicht lange zu. Sie arbeiten am liebsten allein, setzen sich ungern der Kritik von Kollegen aus. Der Jungfrau-Angestellte legt viel Wert auf Ordnung, kleidet sich gepflegt. Wenn er unordentlich wird, ist das ein Zeichen dafür, daß er unglücklich ist.

Jungfrau in der Elternrolle: Im allgemeinen haben Jungfrau-Männer kein starkes Verlangen nach Vaterschaft. Wenn ein Kind da ist, werden sie gewissenhafte Väter sein, denn sie nehmen Verantwortung ernst. Der Jungfrau-Vater wird seinen Kindern viel beibringen, vor allem gutes Benehmen. Er legt viel Wert auf Intellekt und Moral und verlangt Disziplin. Diese Männer können ihre Zuneigung nicht zeigen. Dadurch kommt es manchmal zu einer Kluft zwischen ihnen und ihrem Kind. Die Jungfrau-Mutter wird ihre Kinder nie mit zerrissenen Hosen oder beschmiertem Mund herumlaufen lassen. Sie verlangt strenge Disziplin. Meist hat sie nur ein Kind. Jungfrau-Mütter können lustig und sanft sein. Sie sind zwar streng, legen Wert auf gute Manieren, aber sie haben eine gütige Art.

Jungfrau-Kinder: Sie werden von allein auf eine gewisse Ordnung achten. Nach außen hin sind sie zurückhaltend und scheu. Sie halten sich mit Gefühlsäußerungen zurück, mögen es nicht, wenn man ihnen überschwengliche Zärtlichkeit zeigt. Bei engem Körperkontakt fühlen sie sich unwohl. Jungfrau-Kinder sind intelligent, neugierig, von rascher Auffassungsgabe. Sie sagen offen ihre Meinung, wenn sie sich im Recht glauben. In der Schule haben sie entweder besonders gute oder besonders schlechte Noten. Aber sie erreichen fast immer das Klassenziel. Sie schließen nicht spontan Freundschaft. Dieses Kind wird jeden in der Familie kritisieren, manchmal mit amüsanten, aber beißenden Nachahmungen seiner Fehler.

Jungfrau-Tiere: Sie werden sehr sauber sein, verlangen aber auch einen geputzten Eßnapf, ein sauberes Klo. Meist baden sie gern. Wenn ein Jungfrau-Tier einen Menschen nicht mag, sollte man es nie dort lassen oder hingeben.

Waage
(24. September bis 23. Oktober)

Planet: Venus
Wochentag: Freitag
Zahl: 6
Edelsteine: hellblauer Saphir, Lapislazuli, Koralle

Farben: Hellblau, Rosa, Hellgrün

Metall: Kupfer

Berufe: Männlich: Alle Berufe, die mit Kunst, Luxus, Vergnügen in Verbindung stehen. Künstler aller Art, mehr die produktiven, Gärtner, Koch, Schmuckarbeiter, Parfümeur, Friseur, Tänzer, Modebranche, Mathematiker, Pilot, Fotograf, Zeichner, Dreher, Physiker. Weiblich: Stewardeß, Zeichnerin, Musikerin, Journalistin, Forscherin, Kindergärtnerin, Laborantin, Schauspielerin, Biologin, Designerin, Goldschmiedin, Touristikkauffrau

Partner: Widder, Stier, Zwilling, auch gut: Waage, Schütze und Löwe

Berühmte Waagen: Brigitte Bardot, Alfred Nobel, Giuseppe Verdi, Oscar Wilde, Udo Jürgens, Max Schmeling, Freddy Quinn, Anita Eckberg, Lil Dagover, Liselotte Pulver, Rita Hayworth, Friedrich Nietzsche, Heinrich von Kleist, Georg Büchner, Truman Capote, Dwight Eisenhower, T.S. Eliot, Mahatma Gandhi, Graham Greene, John Lennon, Franz Liszt, Heinrich Lübke, Hans Söhnker, Luis Trenker

Krankheiten: Innerer und äußerer Geschlechtsbereich, Gesäß, Brüste, Nieren, Lenden, Kehle, Nase, Diabetes.
Die Waage wird ebenso wie der Stier von der Venus beherrscht. Deshalb gelten für sie die gleichen Entsprechungen.

Positive Eigenschaften: Charme, Natürlichkeit, Liebenswürdigkeit, Anpassungsfähigkeit, Diplomatie, Streben nach Harmonie und Ausgleich, Feinsinnigkeit, Idealismus, Hilfsbereitschaft, Gerechtigkeitssinn.
Waage-Menschen sind wegen ihres Charmes bei den Mitmenschen sehr beliebt. Sie sind friedfertig, versuchen allen Auseinandersetzungen aus dem Weg zu gehen. Um Streitigkeiten zu vermeiden, stellen sie sich auf jeden Menschen ein. Mit ihrem ausgeprägten Gerechtigkeitssinn und ihrem diplomatischen Geschick sind sie ein guter Friedensstifter. Entscheidungen sind allerdings nicht gerade ihre Stärke. Da brauchen sie viel Zeit, um alles abzuwägen. Vor lauter

Angst kann es passieren, daß sie sich überhaupt nicht entscheiden und alles vor sich herschieben.
So ist das auch mit Arbeiten, die sie nicht gern tun. Waage-Menschen sind nicht gerade die fleißigsten. Sie wollen gern aufsteigen. Aber sie haben nicht genug Ehrgeiz und Durchsetzungsvermögen. Sie sind eher gefühls- als verstandesbetont. Waage-Menschen brauchen Anerkennung, aber sie wollen nicht unbedingt die erste Geige spielen. Ellenbogen hat die Waage meist nicht. Oft fehlen auch Geduld und Ausdauer. Risiken und Abenteuer scheut sie. Viele Waage-Geborene sind künstlerisch begabt, haben einen Sinn für Ästhetik. In juristischen Berufen kommen ihr Gerechtigkeitssinn und ihre Fähigkeit zu vermitteln gut zur Geltung. Wichtig für eine Waage ist ein gutes Betriebsklima. Was ihnen wenig liegt, ist eine mit Schmutz und körperlicher Anstrengung verbundene Arbeit.
Der Waage-Mensch geht ungern auf Menschen zu, läßt lieber alles an sich herankommen. Er hat viele Freunde, denn er ist gesellig und charmant und den schönen Dingen des Lebens aufgeschlossen. Flirten tut er für sein Leben gern. Aber bis es zu einer festen Bindung kommt, vergehen Jahre. Seine Unentschlossenheit! Er ist ein treuer Partner, hat viel Einfühlungsvermögen. Was er nicht vertragen kann, ist ein normaler Alltagstrott.

Negative Eigenschaften: Leichtlebigkeit, Leichtsinn, Bequemlichkeit, Eitelkeit, Beeinflußbarkeit, Oberflächlichkeit, Passivität, Entschlußlosigkeit, Gleichgültigkeit.

Waage-Mann: Dieser Mann hat eine Lösung für alle Probleme und eine Antwort auf alle Fragen. Er ist sehr charmant. Aber er faßt nicht gern Entschlüsse. Die Liebe ist für ihn immer wieder neu und aufregend. Nie wird er das Interesse am anderen Geschlecht verlieren – auch nicht mit 90 und auch nicht, wenn er glücklich verheiratet ist. Er haßt es, die Gefühle anderer zu verletzen, sagt ungern „nein". Waage-Männer kann die Liebe hoffnungslos durcheinanderbringen, aber sie können genauso schnell vergessen. Er ist ein glänzender Liebhaber, kann sich aber selten in die Stimmung seiner Partnerin versetzen. Ein Waage-Mann ist mit

Geld großzügig. Er hat gern Gäste, haßt aber überfüllte Theater, Kinos. Unordnung mag er nicht, er will ein gepflegtes Heim. Wenn er selbst unordentlich ist, erwartet er, daß seine Partnerin ihm alles nachräumt.

Waage-Frau: Sie ist unheimlich weiblich. Aber ihr Geist arbeitet mit männlicher Logik. Auf ihr Urteil kann man sich verlassen. Viele Waage-Frauen arbeiten auch nach der Ehe, um sich schöne Dinge leisten zu können. Sie mag nicht als Einsiedler leben, braucht außer ihrem Mann noch andere Personen. Eine Waage-Frau wird ihrem Mann nie ein Klotz am Bein sein. Sie wird nie seine Post öffnen, nie Geheimnisse ausplaudern oder ihren Partner in Verlegenheit bringen. Offen zeigt sie ihre Liebe und Zuneigung. Die Wohnung ist ein Schmuckstück. Alles paßt gut zusammen. Ihr Schönheitssinn! Sie redet gern, aber sie kann auch gut zuhören. In Krisen beweist sie ihre Treue und Stärke.

Waage-Chef: Der Waage-Chef wird meist mit einem Partner eng zusammenarbeiten. Er ist ein Teamarbeiter, der nicht autoritär führt, sondern gern die Meinungen seiner Angestellten hört. Wenn eine Entscheidung ansteht, wird er unruhig im Zimmer hin und her laufen. Nie sollte man von ihm ein klares Ja oder Nein von einer Minute auf die andere verlangen. Er ist gerecht und intelligent, weiß meist eine Lösung für die schwierigste Lage. Der Waage-Chef braucht nur Zeit. Er mag keine lauten Töne, will immer Harmonie um sich herum haben.

Waage-Angestellter: Eine unfreundliche Atmosphäre bedrückt ihn. Er wird mehr leisten, wenn er die Menschen, mit denen er zusammenarbeitet, mag. Wenn Waage-Angestellte ihr inneres Gleichgewicht verlieren, können sie mürrisch und faul werden, sich in einen Schmollwinkel zurückziehen. Meist haben sie dann Ärger zu Hause. Gott sei Dank dauert so ein Zustand nie lange. Er schlichtet mit viel Talent jede Streiterei – und das sehr gerecht. Waage-Angestellte sind diplomatisch, kommen mit fast jedem aus. Sie brauchen Verantwortung, kommen mit allen Problemen klar.

Waage in der Elternrolle: Waage-Männer sind gerechte Väter. Sie werden dafür sorgen, daß keins der Kinder bevorzugt wird. Streit, Geschrei zerrt an ihren Nerven, stört ihre Harmonie. Darauf können sie sehr gereizt reagieren. Ihre Autorität muß anerkannt werden, sie sorgen für Disziplin und strafen, wenn's sein muß, aber nie ohne Erklärung. Die Kinder werden immer an zweiter Stelle stehen, die Hauptperson bleibt seine Partnerin.

Waage-Frauen werden ihre Kinder zärtlich umsorgen. Sie können sehr streng werden, wenn ihre Anweisungen nicht befolgt werden. Sie hat einen Hang zur Herrschsucht, vor allem, wenn sie nicht berufstätig ist. Nie wird sie es ungestraft zulassen, daß die Kinder den Vater nicht achten. Er ist die Nummer eins. Wenn die Kinder größer sind, wird sie Partnerin, steht ihnen treu zur Seite, findet immer einen Ausweg.

Waage-Kinder: Sie sind ausgesprochene Schmeichelkätzchen, wickeln jeden mit ihrem Charme um den Finger. Manchmal wirken sie zurückhaltend und schüchtern, ja gehemmt. Aber sie können nur ihre Gefühle nicht zeigen. Ein Waage-Kind braucht Lob und Anerkennung. Es ist von Natur aus nicht übermäßig ehrgeizig. Auf Schreien und schrille Töne reagiert es allergisch. Es braucht Frieden, Stille, Ruhepausen. Manche Eltern werden ihr Kind als faul bezeichnen. Stimmt nicht ganz. Es braucht einfach Zeiten, in denen es untätig ist. In der Schule kommt es gut mit. Viele Waage-Kinder sind künstlerisch oder kunsthandwerklich begabt, haben einen ausgeprägten Sinn für Schönheit und Harmonie. Es wird den Lehrern Löcher in den Bauch fragen, und manchmal weiß es alles besser. Meistens sind sie von selbst ordentlich.

Waage-Tier: Dieses Tier mag nicht gern allein sein, am besten man kauft ihm einen Gefährten. Es ißt mit Freude. Aber man sollte nie zwei Sachen vor ein Waage-Tier stellen. Es wird sich nicht entscheiden können. Streitereien gehen Waage-Tiere aus dem Weg. Sie sind eigentlich ständig auf der Suche nach Harmonie und Ausgeglichenheit. Waage-Tiere können jedoch trotz aller Ausgeglichenheit sehr viel Energie entwickeln, da Waage ein kardinales bewegliches Zeichen ist.

Skorpion

(24. Oktober bis 22. November)

Planet: Mars

Wochentag: Dienstag

Zahl: 9

Edelsteine: Rubin, Jaspis, Amethyst

Farbe: Rot

Metalle: Eisen, Stahl

Berufe: Männlich: Alle Berufe, die mit Feuer und Stahl zu tun haben, wie Schmied, Chirurg, Schlachter, technische Berufe wie Ingenieur, Techniker, Schweißer, Maschinist, Computerfachmann, Kriminalbeamter, Detektiv, Politiker, Schauspieler, Züchter. Weiblich: Krankenschwester, Näherin, Dichterin, Juristin, Bibliothekarin, Telefonistin, Köchin, Beamtin, Ärztin, Mannequin

Partner: Stier, Krebs, Schütze. Auch ganz gut: Wassermann und Steinbock

Berühmte Skorpione: Martin Luther, Voltaire, Friedrich von Schiller, Gerhart Hauptmann, Fedor Dostojewski, Pablo Picasso, Loriot, Burt Lancaster, Alain Delon, Leo Trotzki, Gracia von Monaco, Katherine Hepburn, Barbara Rütting, Indira Gandhi, Alfred Nobel, Robert Kennedy, Marie Curie, Richard Burton

Krankheiten: Kopf, Gehirn, Augen, Muskeln, rote Blutkörperchen, Galle, männliches Geschlechtsorgan, das linke Ohr, Brandwunden, Verletzungen durch scharfe Gegenstände, Operationen. Infolge der Eigenhitze große Widerstandsfähigkeit gegen Kälte.

Der Skorpion wird wie der Widder vom Mars regiert. Deshalb gelten die gleichen Aussagen.

Positive Eigenschaften: Gefühlsstärke, Phantasie, Scharfsinn, Ehrgeiz, Mut, Energie, Ausdauer, Entschlossenheit, Tiefgründigkeit.

Skorpione sind sehr leidenschaftlich und willensstark. Sie setzen sich für Ideen und Vorhaben ein, können sich leidenschaftlich in die Arbeit, aber auch ins Vergnügen stürzen. Sie arbeiten, leben und lieben mit einer Intensität, die andere nicht kennen. Sie wollen das Leben voll ausschöpfen, und das mit Genuß.

Skorpione sind mehr verstandes- als gefühlsbetont. Sie stellen hohe Ansprüche an sich, aber auch an ihre Mitmenschen. Wenn im Berufsleben ein anderer die Position erhält, die sie erstreben, können sie sehr böse reagieren und das übelnehmen. Jede Routine und alle bequemen Wege öden sie an. Sie brauchen Aufgaben, die sie interessieren, An- und Aufregungen. Sie scheuen keine Anstrengungen und Mühen. In ausgefahrenen Gleisen fühlen sie sich nicht wohl. Ungern arbeiten sie im Team, sie sind Einzelgänger, denen es schwerfällt, sich unterzuordnen und anzupassen. Sie streben nach Macht und Einfluß.

Der Skorpion ist kein bequemer, anpassungswilliger, lenkbarer Partner. Er äußert sich ungern über sich selbst, über seine Gefühle, seine Absichten. Deshalb gilt er bei vielen als unberechenbar. Ihn faszinieren die Geheimnisse anderer, die will er ergründen. In der Liebe ist er besitzergreifend, zupackend. Er will den Partner ganz für sich haben. Seitensprünge darf es nicht geben. So schnell schließt er keine Freundschaften. Doch wenn er jemanden in sein Herz geschlossen hat, setzt er sich für ihn ein, ist ein treuer, opferbereiter Freund.

Negative Eigenschaften: Zügellosigkeit, Verschlossenheit, Überkritik, unbedachtes Draufgängertum, Ungeduld, Eifersucht, Sturheit, Heimtücke.

Skorpion-Mann: Er ist sehr leidenschaftlich, in allem – ob es nun die Liebe oder die Arbeit, sein Hobby oder Freundschaften sind. Äußerlich machen Skorpion-Männer einen ruhigen Eindruck. Sie können sich gut selbst beherrschen, zeigen kühle Zurückhaltung. Ihr Verstand beherrscht das Gefühl. Der Skorpion-Mann sagt immer, was er denkt.

Macht er Komplimente, sind sie ehrlich gemeint. Wenn er liebt, ist er unheimlich eifersüchtig. Dieser Mann geht hoch wie ein Vulkan, wenn seine Partnerin nach einem anderen sieht. Er selbst flirtet gern. Allerdings: Seitensprünge gibt es nur selten. Er wird immer danach zu seiner Partnerin zurückkehren, vorausgesetzt, die Verbindung ist gut. Die Ehe bedeutet für ihn Sicherheit. Diese Männer lieben Geheimnisse. Es gibt nichts Langweiligeres für sie als eine Frau, die wie ein offenes Buch ist.

Skorpion-Frau: Hingabe ist nichts für diese Frauen. Sie werden sich zwar weiblich geben, aber sie möchten herrschen und beherrschen. So schnell läßt sich keine Skorpion-Frau erobern. Sie selbst weiß auf den ersten Blick, wer für sie in Frage kommt, aber sie läßt sich nichts anmerken. Der Mann, der ihr gefällt, muß ihr überlegen sein. Diese Frauen sind sehr leidenschaftlich. Wenn Sie Feuer gefangen haben, dann ganz. Sie verlangen Treue, Liebesbeweise, sind besitzgierig, aber lassen sich nicht besitzen. Ihnen ist es egal, was andere über sie denken. Die Skorpion-Frau mag ihr Heim, richtet es hübsch und gemütlich ein. Alles wird immer ordentlich sein. Sie sehnt sich nach Luxus, geht manchmal verschwenderisch mit Geld um. Eine schäbige Umgebung, billige Kleidung ist nichts für sie. Sie legt Wert auf Prestige.

Skorpion-Chef: Dieser Mann sucht nach Weisheit und Macht, bildet sich weiter. Seine Selbstbeherrschung ist groß. Er verfolgt seine Ziele, ohne sie jemals zu verraten. Wenn er jemanden mag, fördert er ihn. Menschen, die ihm nicht sympathisch sind, stellt er erst gar nicht ein. Der Skorpion-Chef setzt sich für seine Angestellten ein. Er wird nie seine Gefühle zeigen, sein Gleichgewicht um jeden Preis wahren. Es sei denn, es kommt eine Krise. Da kann sein Temperament schon mal mit ihm durchgehen. Ein Skorpion-Chef ist sehr mißtrauisch. Man sollte ihm nicht schmeicheln. Vor allem dann nicht, wenn es unehrlich ist. Er durchschaut das. Kein Angestellter darf ihn ungestraft verletzen. Er schätzt Zuverlässigkeit und Fleiß. Aber ein Angestellter sollte nie versuchen, ihn zu überflügeln.

Skorpion-Angestellter: Er hat viel Selbstvertrauen, ist sehr zielstrebig. Er weiß, was er kann, das braucht ihm niemand zu bestätigen. Und er weiß auch, daß er eines Tages sein Ziel erreichen wird. Skorpion-Angestellte sind treu – es kommt allerdings auf den Chef an. Sie arbeiten intensiv und hartnäckig, aber sie wollen dafür auch den gerechten Lohn. Und das ist neben dem Einkommen vor allem Macht. Wenn der Skorpion-Angestellte seine Arbeit gern macht, wird er nie nach der Uhr schauen. Wenn er meint, daß er nicht mehr auf seine Kosten kommt, geht er. Nichts kann ihn zurückhalten. Hat er einmal eine Tür zugeschlagen, ist das endgültig.

Skorpion in der Elternrolle: Diese Männer werden strenge Väter sein, dulden keine Faulheit und keinen Leichtsinn. Sie werden ihre Kinder Achtung vor dem Besitz lehren und auch, sich selbst zu schätzen. Skorpion-Väter erwarten Selbständigkeit von ihren Kindern. Sie sind sehr autoritär und verlangen strenge Disziplin. Manchmal wäre es besser, wenn sie mehr Zuneigung und Zärtlichkeit zeigen würden. Auch Skorpion-Frauen können ihre Liebe nicht zeigen. Sie werden ihre Kinder mit viel Hingabe aufziehen, ihre Fähigkeiten fördern, sie zu hohen Zielen anspornen. Den Großen stehen sie mit ihren weisen Ratschlägen zur Seite. Sie fordert Mut und Ehrlichkeit von ihnen. Wer sich ihren Kindern in den Weg stellt, wird vernichtet. Manchmal ist sie nicht objektiv.

Skorpion-Kind: Es ist vital und eigenwillig und meist den anderen Kindern in der Entwicklung voraus. Skorpion-Kinder sind sehr willensstark. Wenn sie sich ein Ziel gesetzt haben, arbeiten sie beharrlich darauf hin, entwickeln eine erstaunliche Ausdauer und Leistungskraft. Sie schrecken vor keinen Schwierigkeiten oder Problemen zurück. Widerstand mobilisiert ihre Kräfte. Ein Skorpion-Kind braucht strenge Disziplin. Es muß lernen, auf Schwächere Rücksicht zu nehmen, kein Spielverderber zu sein, wenn es mal verliert, Respekt vor Erwachsenen zu haben und sein übertriebenes Selbstbewußtsein zu unterdrücken. Das Kind sollte sich körperlich austoben können und genug Stoff für seine geistigen Interessen bekommen. In der Schule haben

Skorpion-Kinder selten Schwierigkeiten. Sie können ausdauernd arbeiten und begreifen mit ihrem scharfen Verstand sehr schnell.

Skorpion-Tier: Wenn sich das Tier bedroht oder gekränkt fühlt, kommen seine niedrigen Instinkte und düsteren Seiten seines Charakters zum Vorschein. Dann beißt, pickt oder kratzt es. Skorpion-Tiere sind sehr treu und anhänglich, man kann sie aber schwer durchschauen.

Schütze

(23. November bis 21. Dezember)

Planet: Jupiter

Wochentag: Donnerstag

Zahl: 3

Edelsteine: Dunkelblauer Saphir, Amethyst, Türkis

Farben: Purpur, dunkelblau

Metall: Zinn

Berufe: Männlich: Pilot, Journalist, Sozialarbeiter, Jurist, Psychologe, Kriminologe, Mechaniker, Elektriker, Sozialarbeiter, Dirigent, Gelehrter, Philosoph, Richter, hoher Regierungsbeamter, kirchlicher Würdenträger, Finanzbeamter, Minister, Küchenchef, Hotelier. Weiblich: Sekretärin, Floristin, Landwirtin, Buchhalterin, Gärtnerin, Physikerin, Geologin, Krankengymnastin, Tänzerin, Bankkauffrau

Partner: Widder, Löwe, Waage, Wassermann, nach anfänglichen Schwierigkeiten auch Stier

Berühmte Schützen: Ludwig van Beethoven, Willy Brandt, Horst Buchholz, Heinrich Böll, Jane Fonda, Maria Callas, Winston Churchill, Sammy Davies, Walt Disney, Johannes

Heesters, Heinrich Heine, Curd Jürgens, Robert Koch, Jean Marais, Nero, John Osborne, Edith Piaf, Rainer Maria Rilke, Frank Sinatra, Josef Stalin, Mark Twain

Krankheiten: Lunge, Rippen, Leber, Bauchspeicheldrüse, Fettgewebe, Arterien, Stoffwechselstörungen, Geschwüre

Positive Eigenschaften: Jovialität, Großmut, Vielseitigkeit, Optimismus, Anpassungsfähigkeit, Aufgeschlossenheit, Urteilsfähigkeit, Offenheit, Freiheitsliebe, Zuverlässigkeit, Gewissenhaftigkeit.

Schützen sind darauf bedacht, ihren Horizont zu erweitern. Das Neue, Unbekannte, Ferne übt auf sie eine starke Anziehung aus. Sie reisen gern, aber genauso liegt ihnen an immer neuen Kontakten zu anderen Menschen. Sie sind sehr neugierig, lesen gern, bilden sich weiter, können ein enormes Wissen speichern. Ihr Interesse gilt fremden Ländern, fremden Sprachen, fremden Kulturen. Auch für die Schönheiten der Natur haben sie viel Sinn.

Immer wirken sie gereizt, reagieren unversehens heftig, kapseln sich ab. Sie fallen von einem Extrem ins andere. Ruhe und Behaglichkeit schätzen sie sehr, aber auch ihre Freiheit und Unabhängigkeit. Diese Menschen wollen führen, an der Spitze stehen. Sie hassen alles Kleinkarierte, halten nicht viel von Traditionen und Konventionen. Schützen sind sehr wortgewandt, reden viel und gern. Manchmal handeln sie unbedacht, impulsiv. Gefühl und Vernunft halten sich bei ihnen die Waage. Sie gehören nicht zu den entschlußfreudigsten und zielsichersten Menschen. Sie haben zwar viele Pläne und Ideen, doch sie zu vollenden, das langweilt sie meist.

Schützen sind starker Leidenschaften fähig, scheuen aber vor Bindungen zurück. Wenn sie Feuer gefangen haben, geben sie das offen zu erkennen. Sie sind dann sehr eifersüchtig. Treue und verläßliche Partner sind sie nicht. Die Neugier, Begeisterungsfähigkeit, der Drang zu etwas Neuem läßt sie leicht entflammen.

Negative Eigenschaften: Großspurigkeit, Verschwendungssucht, Ziellosigkeit, Leichtsinn, Labilität, Taktlosigkeit, Verantwortungslosigkeit, Dogmatismus, Heuchelei.

Schütze-Mann: Diese Männer mögen immer viele Menschen um sich herum, sind optimistisch, strahlen Fröhlichkeit aus. Sie können noch so oft enttäuscht werden, ihr Vertrauen in die Menschen wird nie erschüttert. Der Schütze-Mann hat viele Träume, sie sind praktisch und wild. Er ist sehr ehrlich. Seine Bemerkungen können verletzen. In der Liebe ist er sehr oberflächlich, er sucht nach zwanglosen Beziehungen. Ein Schütze-Mann braucht aber nicht nur sexuelle Liebe, er will Abwechslung und geistige Anregung. Intelligent muß seine Partnerin sein, nicht eifersüchtig und argwöhnisch. Er liebt Sport. Mit Geld geht er verschwenderisch um.

Schütze-Frau: Sie wird immer geradezu sein, mit ihren Äußerungen nicht hinterm Berg halten. Sie nimmt die Dinge, so wie sie sind, denkt klar und vernünftig, und doch erscheint sie ein bißchen verrückt. Das liegt an ihren Stimmungsschwankungen. Sie weiß nie so recht, was sie will und wen sie will. Deshalb heiraten viele auch nicht. Schütze-Frauen sind sehr unabhängig, reisen gern, flirten offen, selbst wenn ihnen an dem Mann gar nichts liegt. Sie sind fröhlich, schätzen schöne Kleider, gutes Essen und Wein. Dafür geben sie viel Geld aus. Die meisten Schütze-Frauen geben ihren Beruf auch nach einer Ehe nicht auf. Staubwischen und abwaschen langweilen sie schrecklich. Sie braucht eine ganz lange Leine. Dann kann sie sogar treu sein.

Schütze-Chef: Er ist unberechenbar und rätselhaft. Seinen Versprechungen sollte man nicht gleich glauben. Am nächsten Tag kann alles anders sein. Wenn seine Angestellten Fehler machen, wird er sie ihnen brutal und ehrlich vorwerfen. Damit stößt er viele vor den Kopf. Schütze-Chefs werden aber nicht viel am Schreibtisch sitzen, sondern meist unterwegs sein. Er ist selten mürrisch, fast immer gut gelaunt. Und er ist großzügig, kämpft hart für seine Überzeugung. Schütze-Chefs stecken voller Ideen, und die zahlen sich aus.

Schütze-Angestellter: Er interessiert sich nur für das Jetzt. Wie seine Aufstiegsmöglichkeiten in zwei Jahren sind, was er nach der Probezeit verdient, läßt ihn kalt. Er ist optimistisch, verbreitet gute Laune, ist begeisterungsfähig und hilfsbereit. Bescheidenheit gehört nicht zu seinen Eigenschaften. Er macht Fehler, ist selten pünktlich, aber seine Ideen sind bares Geld. Schütze-Angestellte sind sehr ehrlich, sie äußern ihre Ansicht sehr freimütig. So impulsiv er auch ist, wenn er seine fünf Sinne zusammen nimmt, kann er alle mit seinen vernünftigen Ideen aus dem Feld schlagen. Geld ist ihm wichtig, er lebt auf großem Fuß. Wenn der Chef eines Schütze-Angestellten geizig ist, wird er nicht lange bei ihm bleiben.

Schütze in der Elternrolle: Mit kleinen Kindern kann der Schütze-Vater nicht so viel anfangen, Babies verwirren ihn. Erst wenn die Kinder größer sind, erwacht sein Interesse. Er wird mit den Jungen Fußball spielen, mit den Mädchen Schlittschuhlaufen. Die Kinder werden in ihm einen guten Kameraden und Freund sehen. Eskapaden werden ihn amüsieren, aber niemals aufregen. Manchmal macht den Kindern seine Offenheit zu schaffen. In einem aber wird er unheimlich streng sein: Wenn sie lügen. Schütze-Mütter werden von ihren Kindern vergöttert. Keine tollt so mit ihnen herum, ist so fröhlich wie sie. Die Schütze- Frau ist mehr die Schwester ihrer Kinder als die Mutter. Die Kinder werden gute Manieren haben, nicht übertrieben sorgfältig angezogen sein. In der Disziplin ist sie ein wenig nachlässig.

Schütze-Kind: Schon früh wird sich bei diesem Kind sein Freiheitsdrang bemerkbar machen. Es will Neues, Interessantes entdecken, seinen Horizont erweitern. Es mag nicht, wenn es lange in den häuslichen vier Wänden eingesperrt ist, braucht viel Spielraum. Schütze-Kinder sind geistig rege und wendig. Doch es mangelt ihnen an Konzentration und Ausdauer. Es hat wenig Sinn, einem Schütze-Kind vorzuschreiben, wann und wie lange es lernen, spielen oder schlafen soll. Dieses Kind erträgt keine starren, strengen Richtlinien. Die Zeugnisse werden meist nicht so gut sein. Vorwürfe, Tadel oder Strafen helfen wenig. Diese Kinder sind linkisch und ungeschickt. Sie stolpern über alles. Meistens verlassen sie früh das Elternhaus.

Schütze-Tiere: Diese Tiere mögen es nicht, eingesperrt zu sein. Hunde brauchen viel Auslauf, Bewegung. Katzen fühlen sich in kleinen Wohnungen nicht wohl, wollen ins Freie. Und Vögel müssen einen sehr großen Käfig haben. Sie sind sehr neugierig, lieben das Abenteuer, verletzen sich leicht.

Steinbock

(22. Dezember bis 20. Januar)

Planet: Saturn

Wochentag: Samstag

Zahl: 8

Edelstein: Onyx, schwarze Perlen, Rubin

Farben: Schwarz, Dunkelgrau

Metalle: Blei, Gold

Berufe: Männlich: Philosophie, Okkultisten, Wissenschaftler, Landwirtschaft, Bau- und Bergwerksberufe, Steinmetze, Kohlenarbeiter, Kanalarbeiter, Kaminkehrer aber auch hohe Ämter und Ehrenposten, Makler, Forscher, Arzt, Journalist, Informatiker, Zeichner, Geistlicher. Weiblich: Kosmetikerin, Köchin, Bürokaufmann, Geologin, Mannequin, Biologin, Jouristin, Maklerin, Pilotin, Archäologin, Ingenieurin, Forscherin

Partner: Stier, Krebs, Jungfrau, Skorpion

Berühmte Steinböcke: Konrad Adenauer, Theodor Fontane, Benjamin Franklin, Heinrich Pestalozzi, Kurt Tucholsky, Cary Grant, Caterina Valente, Maria Schell, Wilhelm Canaris, Pablo Casals, Marlene Dietrich, Annette v. Droste-Hülshoff, Friedrich Dürrenmatt, Hermann Göring, Franz Grillparzer, Gustaf Gründgens, Françoise Hardy, Lilian Harvey, Jeanne d'Arc, Johannes Kepler, Martin

Luther King, Rudyard Kipling, Hildegard Knef, Mao Tse-tung, Henry Miller, Pola Negri, Richard Nixon, Louis Pasteur, Edgar Allan Poe, Elvis Presley, Helena Rubinstein, Albert Schweitzer, Carl Zuckmayer

Krankheiten: Probleme mit den Ohren, Milz, Blase, Knochen, Zähne, chronische Krankheiten, besondere Empfindlichkeit gegen Kälte, Durchblutungs- und Gleichgewichtsstörungen

Positive Eigenschaften: Ausdauer, Zielstrebigkeit, Ehrgeiz, Entschlossenheit, Zuverlässigkeit, Vorsicht, Geduld, Beherrschtheit, Sorgfalt, Konzentration.

Steinböcke sind ausgesprochen ehrgeizig, wollen beruflich ganz nach oben. Sie gehen dabei überlegt und zielstrebig vor, lassen sich auf keine Experimente und Risiken ein. Der Aufstieg ist für sie mit viel Mühen verbunden, verlangt Entbehrungen.

Steinböcke sind arbeitsam und pflichtbewußt. Sie können zum Streber und Arbeitstier werden. Um ihr Ziel zu erreichen, entwickeln sie Härte, Verbissenheit, Lebensernst. Meist sind sie verschlossen und schweigsam. Sie sind geistig nicht sehr wendig, aber sie denken konzentriert und gründlich. Da sie sehr viel mehr verstandes- als gefühlsorientiert sind, lassen sie sich bei ihren Überlegungen und Entscheidungen nur von der Vernunft leiten. Diese Menschen bewahren immer einen „kühlen Kopf", zeigen wenig Gefühl, sind aber leicht verwundbar. Steinböcke wählen einen Beruf, der ihnen die größtmögliche Sicherheit bietet. Sie planen auf lange Sicht, haben oft schon am Anfang ihres Berufes die Altersversorgung im Sinn.

Mit Steinböcken kommt man nur schwer in Kontakt. Sie gehen immer auf Distanz. Doch wenn man einen Steinbock zum Freund hat, ist er absolut zuverlässig und diskret. Ein Steinbock trägt seine Gefühle nicht zur Schau. Der unverbindliche Flirt liegt ihm nicht. In der Liebe kann es einige Zeit dauern, bis er Feuer fängt. Leidenschaft kann man von diesem Tierkreiszeichen nicht erwarten. Wenn der Steinbock liebt, ist er sehr eifersüchtig und besitzergreifend. Da diese Menschen meist Einzelgänger sind, gelingt es auch einem Partner nicht, sie aus der Reserve zu locken. Durch ihr fehlendes Mitteilungsbedürfnis ist die Gefahr groß, daß sie sich in einer Ehe auseinanderleben.

Negative Eigenschaften: Verbissenheit, Rücksichtslosigkeit, Verknöcherung, Geiz, Zaudern, Verschlossenheit, Kleinlichkeit, Eigenbrötelei.

Steinbock-Mann: Dieser Mann ist ein Träumer, ein Romantiker, sehnt sich nach Abenteuern. Aber nur in seinem Innern. Äußerlich ist er diszipliniert, hat ernste Vorsätze. Er braucht Lob, will hören, daß er gut ist, intelligent, gutaussehend oder charmant. Er hat nämlich sehr viel Hemmungen, ist nicht selbstsicher. Erst im Alter wird er lockerer. Der Steinbock-Mann sucht eine Frau, die eine gute Mutter ist, die gut kochen kann. Sie soll sich gut kleiden, ausgezeichnete Manieren haben und intelligent sein. Wenn sie dann noch gut aussieht, ist sie eine für die Ehe. Er wird selten übereilt heiraten und kein feuriger Liebhaber sein. Hat er seine Wahl getroffen, ist er treu. Selbst nach 20 Jahren verehrt er seine Frau noch wie am Anfang der Ehe. Sie muß allerdings seine Familie respektieren.

Steinbock-Frau: Sie suchen schon früh den richtigen. Einen zum Heiraten, für die Kinder. Er muß einen guten Posten haben, etwas darstellen. Diese Frauen lassen sich sehr von Äußerlichkeiten und von der Meinung anderer leiten. Sie hat Herzensbildung und gute Manieren, nimmt das Leben nicht leicht. Häufig plagen sie Sorgen, sie ist deprimiert, hat einen Hang zum Pessimismus, setzt sich unermüdlich für Arme und Wehrlose ein. Ihr fällt es schwer, sich in der Liebe gehenzulassen. Aber sie ist leidenschaftlicher, als man glaubt. Sie träumt nur keine unsicheren Träume. Bevor sie sich hingibt, will sie sicher sein, daß es sich lohnt. Steinbock-Frauen sind meist schüchtern und unsicher. Erst wenn sie älter sind, werden sie selbstsicherer. Viele Steinbock-Frauen sehen auch im Alter noch sehr jung aus.

Steinbock-Chef: Es hat den Anschein, als würde er rund um die Uhr arbeiten. Für seine Untergebenen ist er wie ein Vater: Streng und gerecht. Er besteht auf Pflichterfüllung, kann böse werden, wenn jemand herumtrödelt. Ist einer seiner Angestellten in Not, hilft er – auch mit Geld. Dieser Mann ist nicht geizig. Er duldet keine Faulheit und schätzt Ehrlichkeit. Der Steinbock-Chef ist scheu, schüchtern, empfindlich. Er versucht seine Hemmungen zu überspielen, was manchmal lächerlich wirkt. Menschen, die es weit gebracht haben, bewundert er. Der Steinbock-Chef verlangt, daß sich seine Angestellten unterordnen, ihn akzeptieren.

Steinbock-Angestellter: Er ist fleißig und zurückhaltend, kommt früher, geht später, ist unauffällig, lacht selten, wirkt gehemmt. Aber er ist fest entschlossen, das zu erreichen, was er sich vorgenommen hat. Der Steinbock-Angestellte übernimmt Pflichten, läßt sich alle Arbeiten aufbürden, ohne zu klagen. Aber er läßt sich nicht herumstoßen oder ausnutzen. Selten wechselt er seine Stellung. Hat er einen Fehler gemacht, bedrückt ihn das lange. Er möchte Karriere machen, Schritt für Schritt will er nach oben kommen. Natürlich muß auch das Geld stimmen. Er ist ein gesellschaftlicher Streber, will in der richtigen Gegend wohnen, träumt von Statussymbolen.

Steinbock in der Elternrolle: Steinbock-Väter verlangen von ihren Kindern Respekt, Gehorsam und Disziplin. Sie werden Opfer für ihre Kinder bringen, damit sie gute Schulen besuchen, ihre Talente gefördert werden können. Zuverlässigkeit, Ehrlichkeit und auch Pünktlichkeit erwarten sie von den Sprößlingen. Wenn die Hausaufgaben schluderig gemacht wurden, kann einem Steinbock-Vater schon mal die Hand ausrutschen. Er mag es, wenn sein Kind ihm zeigt, daß es ihn liebt. Ihm fällt es schwer, zärtlich zu sein. Steinbock-Mütter legen Wert auf erstklassige Manieren. Die Kinder müssen höflich zu anderen Menschen sein. Ungehorsam wird nicht geduldet. Sie ist sehr streng, wird wenig Verständnis für die Kümmernisse der Kinder haben, aber von Leistungen ist sie angetan. Sie ist sehr konservativ. Wenn die Kinder größer werden, wird sie sich schwer tun, die modernen Ansichten ihrer Sprößlinge zu verstehen. Sie will befehlen, diktieren, möchte die Kinder zwingen, mit – nach ihrer Meinung – nur anständigen Leuten zu verkehren.

Und anständige Leute sind für sie die, die es zu etwas gebracht haben.

Steinbock-Kinder: Sie sind sehr zurückhaltend, verschlossen, scheuen vor Gefühlsäußerungen zurück. Diese Kinder machen einen sehr schüchternen und gehemmten Eindruck. Sie sind früh bereit, Aufgaben und Verantwortung zu übernehmen. In der Schule gibt es keine Schwierigkeiten. Das Steinbock-Kind lernt gern, hat Ausdauer, ist gewissenhaft und pflichtbewußt. Wenn es kritisiert wird, verliert es leicht den Mut, kapselt sich ab, verfällt in Trübsinn. Es fällt ihm schwer, Freunde zu gewinnen. Oft sind diese Kinder Einzelgänger und Eigenbrötler. Hat ein Steinbock-Kind aber Spiel- und Schulkameraden, kommt seine angeborene Führungsgabe zur Geltung. Es entwickelt Unternehmungsgeist und kann alle mitreißen.

Steinbock-Tier: Dieses Tier steht mit allen vier Pfoten, Beinen oder Krallen auf der Erde. Es bewegt sich immer vornehm, so als sei es etwas Besseres. Ein Steinbock-Tier kann ganz schnell Herr im Haus werden, es ist machtgierig.

Wassermann

(21. Januar bis 19. Februar)

Planet: Saturn
Wochentag: Samstag
Zahl: 8
Edelsteine Onyx, schwarze Perlen, Rubin
Farben: Schwarz, Dunkelgrau
Metalle: Blei, Gold
Berufe: Männlich: Philosoph, Okkultist, Wissenschaftler, Landwirt, Bau- und Bergwerksberufe, Steinmetz, Kohlenarbeiter, Kanalarbeiter, Kaminkehrer, hohe Ämter und

Ehrenpositionen, Förster, Fotograf, Schriftsteller, Biologe, Chemiker, Arzt, Optiker, Mechaniker, Physiker. Weiblich: Designerin, Kindergärtnerin, Floristin, Filmschauspielerin, Sängerin, Töpferin, Bäckerin, Journalistin, Laborantin, Lehrerin

Partner: Widder, Zwilling, Löwe; gemeinsame Interessen: Waage und Schütze

Berühmte Wassermänner: Hedwig Courths-Mahler, Charles Darwin, James Dean, Charles Dickens, Christian Dior, Friedrich Ebert, Thomas Edison, Ludwig Erhard, Friedrich der Große, Clark Gable, Juliette Greco, Theodor Heuss, Hugo v. Hofmannsthal, Mario Lanza, Jack Lemmon, Abraham Lincoln, Charles Lindbergh, Norman Mailer, Somerset Maugham, Wolfgang Amadeus Mozart, Paul Newman, Auguste Piccard, Franklin Roosevelt, Franz Schubert, Carl Spitzweg, Jules Vernes, Galileo Galilei, Kopernikus, Gotthold Ephraim Lessing, Heide Rosendahl, Wencke Myhre, Königin Beatrix der Niederlande

Krankheiten: Probleme mit den Ohren, Milz, Blase, Knochen, Zähne, chronische Krankheiten, besondere Empfindlichkeit gegen Kälte, Durchblutungs- und Gleichgewichtsstörungen.

Da der Wassermann wie der Steinbock von Saturn regiert wird, gelten die gleichen Aussagen

Positive Eigenschaften: Eigenständigkeit, Originalität, Einfallsreichtum, Fortschrittlichkeit, Idealismus, Weitsicht, Mut, Loyalität, Toleranz.

Wassermänner sind freundlich und liebenswürdig, manchmal neigen sie zur Einsamkeit. Das heißt aber nicht, daß sie menschenscheu sind. Sie denken logisch, sind aber auch zu intuitiven Einsichten fähig. Sie sind selbständig und selbstsicher genug, ihren eigenen Weg zu finden. Streitigkeiten versuchen sie zu vermeiden. Wenn sie in Auseinandersetzungen hineingezogen werden, halten sie sich zurück.

Wassermänner sind mehr verstandes- als gefühlsbetont. Sie lassen sich nur von ihrem gesunden Menschenverstand leiten, lieben ihre Freiheit und Unabhängigkeit, kümmern sich wenig um Meinungen und Kritik anderer. Im Berufsleben lehnt der Wassermann Zwang, Einengung und Routine ab. Wirtschaftliche Absicherung ist für ihn nicht das erstrebenswerteste Ziel. Wenn er sich in seiner freien Entfaltung bedroht fühlt, zögert er nicht, die Stellung zu wechseln. Daran würde sich auch nichts ändern, wenn er eine große Karriere vor sich hätte. Diese Menschen lassen sich in ihre Pläne nicht dreinreden. Gesteckte Ziele verfolgen sie mit zäher Ausdauer.

In manchen Fällen übersteigert der Wassermann seine Originalität zur Exzentrik. Dann kann er zum Einzelgänger und schrulligen Sonderling werden, der seine Mitmenschen durch verrückte Einfälle und Handlungen zu schockieren versucht.

Wassermänner scheuen sich, feste Bindungen einzugehen. In der Liebe sehen sie in dem anderen in erster Linie den Freund und Menschen und dann erst den Geschlechtspartner. Sie sind keine Draufgänger, brauchen Zeit, sich auf eine Beziehung einzustimmen. Doch dann sind sie zärtlich, sehr gefühlvoll, und phantasiereich.

Negative Eigenschaften: Eigensinn, Exzentrik, Verworrenheit, Überspanntheit, Extremismus, Starrköpfigkeit, Waghalsigkeit, Taktlosigkeit, Zerstörungswut.

Wassermann-Mann: Dieser Mann zeigt seine wahren Gefühle selten, aber er erforscht die anderer. Er interessiert sich für alles, hat immer Freunde um sich, ist gesellig und diskutiert gern. Dann braucht er wieder viel Ruhe. Die Frau, die ihn fesseln will, muß ihn faszinieren, muß geheimnisvoll sein. Er will eine, die eine eigene Meinung hat, ihre Stelle behauptet. Aber sie muß weiblich sein. Er wird nicht mit verschwenderischen Gesten um seine Auserwählte werben. Er wird meist erst spät eine Ehe eingehen. Eifersucht gehört nicht zu seinen Lastern. Er kennt keine Besitzgier. Ein Wassermann ist treu, weil ihn die ganze Sexangelegenheit nicht sonderlich interessiert. Das heißt nicht, daß ihn Frauen kalt lassen. Aber er will sie in erster Linie nur ergründen. Seine Vorstellung von einer guten Frau ist einfach: Er will sie immer greifbar haben, reagiert gereizt, wenn er sich vernachlässigt fühlt.

Wassermann-Frau: Sie ist in der Liebe genauso paradox wie in anderen Dingen. Sie kann treu sein, wenn sie liebt, aber manchmal auch gleichgültig und gefühlsarm. Eine Wassermann-Frau läßt sich nicht ans Haus binden, sie braucht Gesellschaft. Geld gehört nicht zu den wichtigsten Dingen in ihrem Leben, aber sie geht vorsichtig damit um. Sie erwartet, daß man ihre intellektuellen Leistungen akzeptiert. Sie ist nicht leidenschaftlich. Sie hält körperliche Liebe lediglich für recht angenehm. Sie ist witzig, gescheit, anpassungsfähig, aber manchmal naiv. Sie glaubt alles, kann wie ein Kind staunen. Selten wird sie an etwas zweifeln. Die Grenze zwischen Liebe und Freundschaft ist oft unsichtbar. Wassermann-Frauen können mit ihren Ex-Liebhabern und Ex-Ehemännern befreundet sein. Diesen Frauen fällt es schwer, Gefühle zu zeigen. Sie will immer ungewöhnlich sein, das gilt besonders für ihre Kleidung.

Wassermann-Chef: So ein Chef ist selten. Die meisten Wassermänner treffen nicht gern Entscheidungen, wollen keine Anordnungen geben, nicht führen und ein Büroalltag langweilt sie. Er kann gut analysieren, Tatsachen abwägen und mit jedem Menschen gut Freund sein. Er wird sein Geld zusammenhalten, mag es auch nicht, wenn Angestellte über ihre Verhältnisse leben. Gehaltserhöhungen wird es nie außer der Reihe geben. Auf Äußerlichkeiten legt er keinen Wert. Ein Wassermann-Chef hat keine Verwendung für Leute, die herumtrödeln, für ihre Bezahlung nur die halbe Arbeit leisten. Das ist unehrlich. Und Unehrlichkeit haßt er. Er möchte am liebsten immer alles verändern, hin und wieder wird er exzentrisch.

Wassermann-Angestellter: Er wird immer viele Freunde haben, Farbe in den Büroalltag bringen. Die Interessen des Wassermanns sind sehr vielseitig. Er ist kein Gefühlsmensch, seine Einstellung ist sachlich wissenschaftlich. Der Wassermann-Angestellte ist ein gewissenhafter Arbeiter, zuverlässig, ehrlich, freundlich, mitfühlend. Aber heftigen Ehrgeiz wird er nicht haben. Er hat viele verrückte Ideen, aber auch einige vernünftige, die sich umsetzen lassen, der Firma Gewinn bringen. Der Wassermann-Angestellte wird

sich auch mit dem unfreundlichsten Kunden anfreunden,
und sich wundern, warum keiner mit dem auskommt.

Wassermann in der Elternrolle: Die Kinder werden in ihm
den besten Zuhörer finden. Keiner liest Märchen so gut vor
wie er. Ein Wassermann-Vater ist genau wie seine Sprößlinge neugierig, wie die Geschichte ausgeht. Er nimmt aufrichtig teil an den Kümmernissen seiner Kinder, hilft bei den
Schularbeiten. Die kompliziertesten Mathematikaufgaben
werden schnell gelöst.
Er verlangt Ehrlichkeit und Fleiß. Die Wassermann-Frau
bringt ihre Mutterschaft zuerst aus der Fassung. Sie muß
sich langsam daran gewöhnen, ihre Aufmerksamkeit und
Energie auf einen Menschen zu konzentrieren. Da sie ihre
Gefühle nicht äußern kann, fällt es ihr schwer, warme
Zuneigung zu zeigen. Viele Wassermann-Frauen reagieren
ihren Kindern gegenüber gleichgültig. Sie spüren nicht den
Drang, sie zu beschützen, selten wird ein Kind bestraft.
Eine Wassermann-Mutter wird auch die Hausarbeiten nicht
so genau durchsehen, aber es interessiert sie, was ihre
Sprößlinge gelernt haben.

Wassermann-Kinder: Diese Kinder können ihre Gefühle
nicht zeigen. Sie sind selbstlos und bereit, für andere Opfer
zu bringen. Viele Wassermann-Kinder sind anderen in der
geistigen und seelischen Entwicklung voraus. Man sollte sie
schon früh ernst nehmen, sich vernünftig mit ihnen unterhalten. In der Schule bringen viele keine überragenden
Leistungen. Es fällt ihnen schwer, sich auf trockene Wis-
sensgebiete zu konzentrieren und stundenlang stillzusitzen.
Für Wassermann-Kinder ist es wichtig, daß sie den Sinn und
Wert von Aufgaben und Pflichten einsehen. Diese Kinder
sind selten egoistisch und besitzergreifend. Mit Befehlen
und Zwang richtet man wenig aus.

Wassermann-Tiere: Diese Tiere brauchen viel Freiheit. Sie
wollen unabhängig bleiben, lieben keine Zärtlichkeitsbe-
weise. Ein Wassermann-Tier braucht Gesellschaft. Es lernt
schnell, reagiert oft anders als Tiere seiner Art. Das Wassermann-Tier geht originelle Wege, es findet das, was andere
nicht finden.

Fische
(20. Februar bis 20. März)

Planet: Jupiter
Wochentag: Donnerstag
Zahl: 3
Edelsteine: dunkelblauer Saphir, Amethyst, Türkis
Farben: Purpur, Dunkelblau
Metall: Zinn
Berufe: Männlich: Gelehrter, Philosoph, Richter, hoher Regierungsbeamter, kirchlicher Würdenträger, Finanzbeamter, Minister, Küchenchef, Hotelier, Computerfachmann, Pilot, Fotograf, Detektiv, Lehrer. Weiblich: Krankenschwester, Stewardeß, Ärztin, Sozialarbeiterin, Gärtnerin, Köchin, Goldschmiedin, Dolmetscherin

Partner: Stier, Krebs, Skorpion, günstig als Ergänzung: Widder und Steinbock

Berühmte Fische: Ursula Andress, Elizabeth Browning, Frédérik Chopin, Gottlieb Daimler, Joseph v. Eichendorff, Albert Einstein, Otto Hahn, Georg Friedrich Händel, Rex Harrison, Victor Hugo, Henrik Ibsen, Karl Jaspers, Oskar Kokoschka, Karl May, Michelangelo, Rudolf Nureyev, Auguste Renoir, Heinz Rühmann, Arthur Schopenhauer, Rudolf Steiner, Elizabeth Taylor, Uschi Glas, Nadja Tiller, Gert Fröbe, Joachim Fuchsberger, Michéle Morgan, Begum Aga Khan

Krankheiten: Lunge, Leber, Rippen, Bauchspeicheldrüse, Fettgewebe, Arterien, Stoffwechselstörungen, Geschwüre

Positive Eigenschaften: Gefühlstiefe, Einsamkeit, Hilfsbereitschaft, Freundlichkeit, Fürsorglichkeit, Anpassungsfähigkeit, Intuition, Phantasie.
Fische sind gefühlvoll und sensibel. Sie lieben die Kunst.

Man kann sie leicht verwunden, denn sie sind sehr zart besaitet. Kummer und Leid empfinden sie stärker als andere Menschen. Sie können sich gut in andere einfühlen. Wenn andere leiden, leiden sie mit. Sie sind hilfsbereit, aber wegen ihrer Unsicherheit und Labilität selten eine starke Stütze. Ihre lebhafte Phantasie könnte sie dazu verleiten, sich eine Traum- und Scheinwelt aufzubauen, in die sie angesichts der harten Alltagswirklichkeit, die ihnen schwer zu schaffen macht, immer häufiger flüchten.

Disziplin und Ordnungsliebe gehören nicht zu den starken Seiten der Fische. Sie haben auch keine Ellenbogen, deshalb haben sie es im beruflichen Konkurrenzkampf sehr schwer. Fische sind nicht besonders ehrgeizig. Wenn ihnen die Arbeit richtig Spaß macht, sie ausfüllt, setzen sie sich ein. Fische in falschen Berufen können zu Neurotikern werden. Klare Entscheidungen zu treffen und rasche Entschlüsse zu fassen, liegt den Fische-Geborenen nicht. Stimmungsschwankungen können ihre Leistungsfähigkeit stark beeinträchtigen. Die Atmosphäre am Arbeitsplatz und das Verhältnis zu den Kollegen spielt eine wichtige Rolle.

Fische üben auf ihre Mitmenschen eine starke Faszination aus. Ihre Verletzlichkeit, ihre Weichheit und scheinbare oder wirkliche Hilflosigkeit wecken Beschützerinstinkte. Diese Menschen sind sehr anpassungsfähig. Sie können ihrem Partner genau das vorspielen, was er erwartet. Und was das ist, weiß ein Fisch intuitiv. Selten steht am Anfang die große Leidenschaft, erst im Laufe der Zeit wird aus Zärtlichkeit und Zusammengehörigkeitsgefühl die große Liebe. Es sind ideale Partner, einfühlsam, sinnlich, phantasievoll. Aber sie neigen zu Heimlichkeiten und sind sehr launisch. Wenn sie sich vom Partner im Stich gelassen fühlen, kann das zur Trennung führen.

Negative Eigenschaften: Sentimentalität, Überempfindlichkeit, Entschlußlosigkeit, Überbesorgtheit, Verschwommenheit, Verträumtheit, Selbsttäuschung.

Fische-Mann: Dieser Mann verliert sich gern in seine Träume. Seine Intuition in Verbindung mit seinem Verstand können ihm Ruhm, Anerkennung, Ansehen und ein gutes

Gehalt einbringen. Er wird sehr romantisch sein, manchmal sogar leidenschaftlich, auf alle Fälle phantasievoll. Er kann gut zuhören, ist empfindlich und leicht verletzbar. Fische-Männer regen sich hin und wieder auf, aber ihr Ärger ist selten heftig oder lang anhaltend. Sie lieben alles Schöne, sind gesellig. Dieser Mann braucht viel Verständnis, eine seelische Stütze, man muß ihm grenzenlos vertrauen, an ihn glauben. Nörgelei und Kritik kann er nicht vertragen. Er wird von seiner Partnerin Treue erwarten. Große Eifersuchtsszenen wird er einer Partnerin nicht machen. Dafür ist er ein viel zu guter Schauspieler. Manchmal zieht er sich zurück. Diese Ruhepausen braucht er. Zuviel Zusammensein zerstört die Liebe zu seiner Partnerin.

Fische-Frau: Diese Frau ist zurückhaltend, wirkt hilflos und ordnet sich einem Mann gern unter. Er soll sie beschützen, umsorgen, sie möchte sich an seine starke Schulter lehnen und träumen. Sie nörgelt nicht, drängt ihren Partner nicht, schneller vorwärtszukommen. Aber so schwach ist sie gar nicht. Sie meistert die härtesten Schicksalsschläge mit bewundernswerter Kraft. Die Fische-Frau hat Launen. Sie ist empfindsam, häufig deprimiert, hat Ängste. Oft ist sie scheu und schüchtern, verbirgt das aber hinter intellektuellem Gehabe, förmlichem Wesen. Sie ist sehr romantisch, aber Leidenschaft erschreckt sie.

Fische-Chef: So einer ist selten, denn die meisten Fische ziehen es vor, unabhängig zu sein. Es sei denn, es geht um Firmen, in denen schöpferische Phantasie, Kreativität gebraucht wird. Er will keine Macht und auch nicht zuviel Verantwortung. Dieser Mann liebt die schönen Dinge im Leben. Der Fische-Chef hat einen ausgezeichneten Verstand und einen ausgeprägten Sinn für Zahlen. Häufig beschäftigt er sich mit Aktien. Er kann seinen Angestellten zuhören, wenn ihn etwas interessiert. Langweilt er sich, wandern seine Gedanken. Und dann plötzlich unterbricht er, und sein Angestellter muß ihm zuhören – stundenlang. Er reist gern. Vor allem im Winter. Regen und Kälte deprimieren ihn. Er bevorzugt originelle Angestellte, doch er schätzt die beharrlich, verläßlichen.

Fische-Angestellter: Hat er einen Beruf, der ihm keinen Spaß macht, wird er zum Einzelgänger, geht von einer Stelle zur anderen, ist faul, uninteressiert, resigniert. Er braucht eine Aufgabe, bei der er seine Phantasie einsetzen kann, dann ist er einzigartig und schwer zu ersetzen. Dieser Angestellte ist pflichtbewußt, doch es ist nicht einfach, ihn zufriedenzustellen. Er kann sich anpassen, braucht aber Harmonie um sich herum. Der Fische-Angestellte ist überempfindlich. Er braucht Lob.

Fische in der Elternrolle: Diese Väter werden mit ihren Kindern viel unternehmen und ihnen viel beibringen. Selten können sie nein sagen. Sie werden immer ein offenes Ohr für die kleinen und großen Probleme ihrer Sprößlinge haben. Um das Taschengeld müssen sich seine Kinder nicht sorgen, er gibt's großzügig. Sehr streng ist er nicht mit seinen Kindern. Phantasie ist ihm wichtig, aber er legt keinen Wert auf Disziplin und Autorität. Die Fische-Frau ist die beste Mutter. Besonders Babys mag sie. Sie wird alles opfern, damit ihre Kinder das bekommen, was ihr als Kind vorenthalten wurde. Sicherlich ist sie zu nachgiebig und weich. Ihr Herz empfindet bei jeder Krankheit, bei jedem Kummer der Kinder mit. Sie wird die wunderbarsten Gute-Nacht-Geschichten erzählen.

Fische-Kinder: Diese Kinder sind mehr gefühls- als verstandesbetont. Ihre Gefühlswelt ist nicht stabil. Ständig geht es auf und ab. Sie sind unsicher, haben Angst zu versagen. Diese Kinder haben hohe Erwartungen, Ideale und müssen immer wieder erleben, daß die Wirklichkeit mit ihrem Wunschdenken nicht übereinstimmt. Fische-Kinder sind manchmal faul und bequem. Doch eigentlich haben sie nur Angst, etwas falsch zu machen. Sie stellen hohe Anforderungen an sich. In der Schule haben sie oft Schwierigkeiten. Zuneigung mobilisiert sein Interesse und seinen Ehrgeiz. Mit Strafen erreicht man wenig. Es ist zart besaitet, flüchtet vor Schwierigkeiten in eine Traumwelt.

Fische-Tiere: Diese Tiere sind nicht sehr lebhaft, eher ängstlich und verträumt. Sie lieben ein friedliches Leben, sind treu und brauchen viel Liebe und Verständnis.

Magie der Talismane

Glücksbringer aus dem Altertum und ihre Bedeutung

Seit Menschengedenken besteht der Glaube an Talismane und Amulette. Der Unterschied zwischen einem Talisman und einem Amulett besteht darin, daß der Talisman Gutes anziehen, das Amulett Böses abwenden soll. Der Talisman ist ein magisches Mittel. Er bringt seinem Besitzer Glück und Erfolg.

Schon bei den Chaldäern, die sich 626 vor Christus die Herrschaft über Babylonien erkämpften, finden wir das Wort Tali, das auf den Talisman hinweist. Die Männer, die sich mit der magischen Geheimwissenschaft beschäftigten, hießen bei den Persern „Tsilmenaja", bei den Griechen Telesmata. Die Türken nannten ihre Geistlichen und Gelehrten „Talismanen". Im Türkischen bezeichnet die Wortgruppe Talis, Talism, Tilism, Talismon ein Wunderbild.

Die Ägypter verwandten besonders viel Sorgfalt, um Talismane herzustellen. Für jede Angelegenheit gab es einen guten oder bösen Genius. Gottheiten wie Osiris und Isis, Horus (der Falkengott) oder auch Serapis (der Gott der Fruchtbarkeit der Erde), die Götter Canopus, Apis und Ibis spielten in der ägyptischen Mythologie und Talismanverehrung eine große Rolle. Hinzu kam noch eine beachtliche Anzahl böser Dämonen, für die sie sich Siegel und Zeichnungen anfertigten – ebenso wie für die Schutzgeister.

Es wurden auch Figuren aus Ton, Lehm oder Holz hergestellt. Damit wurden die Sterne verehrt. Diese Figuren nannten die Ägypter Teraphim. Sie wurden, gleich den Sternengottheiten, verehrt und angebetet.

Auch die Inder haben, sogar vor den Griechen, Türken und Ägyptern, zu dem Wort Talisman beigetragen. Bei ihnen gab es in der Urzeit einen Hochzeitsbrauch. Da hängte der Bräutigam seiner Braut ein „Tali" um. Einen Talisman, der Glück und reichen Kindersegen in der Ehe bescheren sollte. Dieser „Tali" ist der Vorläufer unseres Eheringes.

Pythagoras (570 bis 497 vor Christus), der große Mathematiker, Philosoph und Mystiker, beschreibt in seinen Werken die Kunst, Talismane herzustellen. Sie wurde von seinen Anhängern aufgegriffen. Besonderen Ruhm und großes Ansehen erlangte in dieser Kunst Apollonius von Thyana. Er berichtet, daß er auf einer Reise durch Indien von dem Weisen Iarchus sieben magische Ringe geschenkt bekommen hat. Er glaubte an die Wunderwirkung. An jedem Tag der Woche, der ja einem bestimmten Planeten zugeschrieben wird (Sonne und Mond zählten im Altertum zu den Planeten), steckte sich Apollonius den Ring an den Finger, dessen Stein und Fassung dem Tagesplaneten entsprach:

- am Sonntag, dem Tag der Sonne, einen goldenen Ring mit einem Diamanten;
- am Montag, dem Tag des Mondes, einen Mondstein in Silber gefaßt;
- am Dienstag, dem Tag des Mars, einen Hämatit auf Eisen;
- am Mittwoch, dem Tag des Merkur, einen Silberring mit einem rosafarbenen Jaspis;
- am Donnerstag, dem Tag des Jupiter, einen Karfunkel in einer Zinnfassung;
- am Freitag, dem Tag der Venus, eine Koralle auf Bronze;
- am Samstag, dem Tag des Saturn, einen Bleiring mit einem Onyx.

Tatsächlich haben diese Ringe Apollonius von Thyana Glück gebracht. Er wurde immens reich mit dem Verkauf seiner Talismane. Selbst Heilige und Kirchenväter schworen auf die Kraft seiner Talismane. Märtyrer Justin pries: Die Kraft der Talismane des Apollonius beruhigt die tobende See, hält die Winde vom Himmel ab, macht wilde Tiere zahm.

Auch die alten Römer verehrten Talismane. Julius Cäsar zum Beispiel soll immer ein Bild der Venus bei sich getragen haben. Kaiser Nero schenkte ein Unbekannter einmal das Bildnis eines jungen Mädchens. Als er kurz nach dem Geschenk eine Verschwörung aufdeckte, verehrte er dieses Bildnis.

Es gab in der Talismanik sorgfältig ausgearbeitete Aufstellungen der okkulten Signaturen: die hermetischen Schriften. Sie wurden von dem sagenumwobenen Hermes Trismegistos aufgestellt. Sie gelten als hervorragende Zusammenfassung der Geisteswelt Alexandriens. Die Einflüsse der Planeten spiegeln sich in der Natur. Es entstand die Wissenschaft von den Steinen und Metallen, die verborgene Übereinstimmung mit dem Kosmos besaßen.

Was versteht man unter Talismanen?

Ein Talisman ist ein Gegenstand aus Metall, Stein, Leder, Ton, Lehm, Pergament oder Stoff. Man trägt ihn immer bei sich, weil man von seiner Wundertätigkeit überzeugt ist. Selbst das Christentum, welches Aberglauben ablehnte, trennte sich nicht von Beschützern. Christopherus zum Beispiel, der das Jesuskind über den Fluß brachte, gilt heute im zwanzigsten Jahrhundert als Schutzbringer der Autofahrer. Viele haben ihn am Schlüsselbund hängen oder kleben ihn ins Auto. Wieso? Daran ist Königin Margherita von Italien schuld. Sie behauptete, daß sie einen schweren Unfall überlebte, weil ein Christopherusbild in ihrem Wagen hing.

Die Venus war früher eine Beschützerin und Glücksbringerin. Bei den Christen ist es die Jungfrau Maria.

Nach altem Volksglauben muß ein Talisman unsichtbar getragen werden, und er wirkt doppelt so gut, wenn er mit dem Körper Kontakt hat. Von seinem Talisman erhofft man sich Glück in der Liebe, Schönheit, langes Leben, Reichtum, Gesundheit, Macht oder Einfluß.

Talismane – helfen sie wirklich?

Ein Talisman, der unter Berücksichtigung des Geburtshoroskopes, der planetaren Stunden, in dem geeigneten Metall,
dem vielleicht notwendigen Edelstein, einer entsprechenden Gravur der Siegelzeichen, der Abbildungen der jeweiligen Planetengeister oder Engel hergestellt wird, verfehlt
seine Wirkung niemals. Wichtig ist auch der Zeitpunkt, an
dem man den Talisman zum erstenmal trug. Hierfür sind die
Planetenstunden maßgeblich.
Beispiele von Menschen, die an die Wirkung ihres Talismans glaubten, gibt es genug. Da ist Katharina di Medici
(1519 – 1589). Sie trug einen Talisman bei sich, der ihr
Liebe, Schönheit und Anziehungskraft verleihen, sie für
Männer begehrenswert machen sollte.
Ihr berühmtes Liebeszauberamulett beschwor Asmodei,
den Dämon des Mondes, zuständig für Sinnlichkeit, Leidenschaft, Raserei. Sie trug dieses Amulett, weil ihre Ehe mit
Heinrich II. kinderlos blieb. Er liebte seine Mätresse Diana
de Poitiers mehr als seine eigenwillige burschikose Frau.
Das Amulett wirkte. Katharina, die Angst hatte, wegen
ihrer Unfruchtbarkeit verstoßen zu werden, wurde schwan-
ger: sechsmal – vier Söhne und zwei Töchter.
Oder Napoleon (1769 – 1821). Der kleine, große Mann trug
ständig seinen Skarabäus bei sich (ägyptischer Glückskäfer). Der Mistkäfer mit den roten Flügeldecken (ein Ver-
wandter unseres Marienkäfers) hatte nach der ägyptischen
Mythologie göttlichen Ursprung. Die Seele des Gottes Ra –
so hieß es – habe sich in den Körper des Skarabäus
eingeprägt. Skarabäen fand man in ägyptischen Königsgrä-
bern. Die Wunderwirkung des Käfers sollte die Toten bis
zur glücklichen Auferstehung begleiten. Napoleon schenkte
seinen Glückskäfer, den er aus einer königlichen Grabkam-
mer hatte, der Gemahlin des Fürsten Schwarzenberg kurz
nach der Taufe seines einzigen Sohnes. Er glaubte, mit allen
Gütern gesegnet zu sein, so daß er auf das Glück eines
Talismans verzichten könnte. Doch nachdem er ihn ver-
schenkt hatte, ging's ihm immer schlechter. Das Glück hatte
sich von ihm gewandt.

Man sollte also im Umgang mit solch sensiblen und mächtigen Glaubenskräften vorsichtig sein. Das, was viele Menschen als Aberglauben bezeichnen, ist gewöhnlich die Angst, bestimmten Wahrheiten näherzukommen.
Unter der Rubrik Aberglaube läßt sich vieles unterbringen. Wer kennt nicht die Symbole, die wir alle als Glücksbringer verschenken, die aber mit einem richtigen, astrologisch berechneten Talisman nichts zu tun haben. Aber der Glaube versetzt bekanntlich Berge.

Marienkäfer: Wenn ein Siebenpunkt auf die Hand eines Menschen fliegt, bekommt er Geld. Er darf den Käfer aber nicht töten.

Schwein: Schon in Athen wurden die Türpfosten mit Schweinefett eingerieben, bevor eine Braut das Haus ihres Gatten betrat. In Italien und der Türkei hängte man Kindern die Hauzähne des Schweins als Talisman um den Hals. Sie sollten sie beschützen. Das Schwein repräsentiert auf der Tierebene das Prinzip des Jupiters. Und Jupiter verheißt Glück. Auch heute tragen viele das Schwein als Glücksbringer um den Hals.

Silvesterkarpfen: Nach altem Brauch soll er ungeschuppt auf den Tisch gebracht werden. Jeder Gast darf eine Schuppe ablösen und in sein Portemonnaie stecken. Dann geht ihm das Geld das ganze Jahr nicht aus.

Kleeblatt: Wer ein vierblättriges findet, hat das ganze Jahr Glück. Im Mittelalter galt dieser Glücksklee als besonders wirksam, wenn er unter dem Galgen gewachsen und mit dem Blut eines Hingerichteten getränkt war. Der Glaube an seine Kraft ist bis heute erhalten geblieben, obwohl die Todesstrafe längst abgeschafft wurde.

Bohne: Sie ist das Sinnbild der Unsterblichkeit. In ägyptischen Pyramiden fand man Keime als Grabbeigabe. Heute soll die Glücksbohne vor allem Reichtum schenken – auch in der Liebe.

Hufeisen: Ein gefundenes Hufeisen hat magnetische Kräfte. Es zieht das Glück an, stößt das Unglück ab. Nicht umsonst haben die meisten Magneten Hufeisenform.

Glückspfennig: Von jeher wurden Münzen als Talismane um den Hals getragen. Wer stets einen Kupferpfennig in seinem Portemonnaie hat, dem soll das Geld nie ausgehen.

All dies sind Talismane, die uns von den Vorfahren überliefert sind. Reiner Aberglaube.

Ein alter Spruch sagt: Der Aberglaube ist ein Schatten, der innere Wahrheit auf das Leben wirft.

Durch die grenzenlose Überbewertung intellektueller Fähigkeiten ist den Menschen viel verlorengegangen an Gefühl, Phantasie, Mythologie, Fabel, Sage und Märchen. Dadurch versiegt die Fruchtbarkeit des Geistes. Das Ergebnis: eine verkümmerte Seele.

Die Phantasie ist der Humus des Geistes. Realistische Menschen müssen nicht immer die besten, erfolgreichsten sein. Denn das, was gerade ist, hat morgen schon nicht mehr Bestand. Auch bei Kindern macht sich die geistige und seelische Gefühlsarmut bemerkbar. Märchen und Sagen regen die Phantasie mehr an als stundenlanges Fernsehen. Selbsterdachte Spiele sind besser als moderne Computerspiele.

Talismane und Religion

Oft werde ich gefragt, ob es überhaupt notwendig ist, einen Talisman zu tragen, wenn man an Gott glaubt. Natürlich muß ihn keiner tragen. Aber wir haben dann etwas Sichtbares. Wir verschaffen uns den Vorteil zusätzlicher legitimer, universeller Kräfte, die uns zustehen.

Diese haben nichts mit heidnischem Brauch zu tun. Im übrigen bin ich der Meinung, daß es ganz und gar nicht ausreicht, an Gott zu glauben. Wir müssen durch Meditation, durch tägliche Übungen versuchen, zu ihm zurückzugelangen.

Vergleichen wir doch die vielen Reden, die über Gott gehalten werden mit einem Menschen, der Hunger hat. Er geht in ein Restaurant, liest die Spiesekarte und geht wieder hinaus, ohne etwas zu bestellen.

So ist es mit dem Gottvertrauen. Ohne direkte Erfahrung nützt die Überzeugung nichts. Der Hunger bleibt ungestillt. In dieser von Gott geschaffenen Welt des Dualismus müssen gegensätzliche Kräfte vorhanden sein, ohne die sich das Positive nicht vom Negativen unterscheiden würde und wir ohne Erkenntnis blieben.

Die negativen Kräfte sind genauso notwendig wie die positiven. Sonst wäre keine Schöpfung möglich. Betrachten wir ein Beispiel: Nehmen Sie ein Schwarzweißfoto. Das Bild entsteht durch Licht und Schatten – also hell und dunkel. Würde das dunkle Element das Bild beeinflussen, bliebe nur eine schwarze Fläche. Man könnte nichts mehr erkennen. Umgekehrt wäre es genauso. Wenn das helle Element dominieren würde, wäre das Bild überbelichtet. Auch dann könnte man das Foto in den Papierkorb werfen.

Anhand dieses Beispiels erkennen wir, daß die Welt nicht weiter existieren könnte, wenn man sie der dualen Kräfte berauben würde. Die Kraft, die dann entweder im Positiven oder Negativen frei werden würde, wäre imstande, diese Welt in ihrer jetzigen Existenz auszulöschen. Daher muß also eine gewisse Balance zwischen Gut und Böse vorhanden sein.

Talismane – Sie wenden Böses zum Guten

Diese universellen Gesetzmäßigkeiten des Schicksals können wir gleichermaßen an den Positionen der Planeten im Horoskop erkennen. Der Talisman und die in diesem Buch beschriebenen Kräfte sollen dazu beitragen, daß wir durch selbstverschuldete, zu dunkle Schatten in unserem Schicksalsbild eine Korrektur zum Positiven vornehmen können. So wird alles für uns leichter zu ertragen. Damit verbunden sind auch geistige Erkenntnisse und seelische Erfahrungen, auf die wir sonst – also bei normalem Schicksalsablauf – lange warten müßten. Auch auf den materiellen Bereich, auf Beruf und Finanzen ist das anzuwenden.

Die Herstellung eines Talismans

Die Herstellung beginnt mit der Erstellung des Geburtshoroskopes. Dies ist die beste Methode, die Konstellationen genauestens gegeneinander abzuwägen. Aus dieser Erkenntnis heraus kann man dann den wichtigsten und wirksamsten Planeten (eventuell auch zwei) feststellen.

Wenn kein Geburtshoroskop vorhanden ist, so hat es sich bewährt, den herrschenden, schicksalsmäßig wesentlichsten Planeten mittels Quersumme des Geburtsdatums (siehe 10-Minuten-Astrologie) herauszufinden. Diese Methode ist nicht vergleichbar mit der individuellen. Aber sie bietet schon größere Vorteile.

Die Ausrechnung an einem Beispiel:
Nehmen wir an, jemand ist am 6.3.1963 geboren. Um die Quersumme zu erhalten, addieren wir alle Zahlen seines Geburtsdatums zusammen. Also: $6 + 3 + 1 + 9 + 6 + 3 = 28$. Aus dieser Zahl muß wieder die Quersumme genommen werden. Also $2 + 8 = 10$. Wieder müssen wir die Quersumme nehmen. Die Null entfällt also. Wir erhalten die Schicksalszahl 1. Die 1 entspricht wie auch die 4 der Sonne, die die Individualität kennzeichnet, das Ich, das Bewußtsein, die Ausstrahlung eines Menschen (siehe Tabelle auf S. 210 der „10- Minuten-Astrologie"). Die Sonne verleiht auch Selbstsicherheit, Erfolg, Tapferkeit, Ehrlichkeit. Sie verheißt einflußreiche Freunde, schöpferische Geisteskraft.

Als Metall kommt für den Sonnen-Talisman nur reines Gold in Betracht. Sie erhalten es beim Goldschmied. Die Größe des Talismans ist nicht entscheidend. Es sollte nicht größer als ein Fünf-Mark-Stück und nicht kleiner als ein Zwei-Mark-Stück sein. Sonst ist kein Platz für die entsprechenden notwendigen Gravuren vorhanden, und der zugehörige Edelstein kann nicht mehr plaziert werden. Bei der Sonne kann zwischen Rubin, Diamant oder Chrysolith gewählt werden. Der letzte ist am preisgünstigsten. Der Stein muß mindestens ¼ Karat haben.

Der Sonnentalisman ist sicherlich der teuerste, da für ihn ausschließlich reines Gold verwendet werden muß.

Das Metall für den Mars-Talisman wäre Stahl, ist also in der

Anschaffung wesentlich billiger. Dennoch sollten Sie die einmaligen Kosten nicht scheuen. Ein Talisman ist ja etwas ganz Persönliches. Er soll ein Leben lang einen positiven Einfluß auf uns ausüben.

Nachdem nun beim Goldschmied das Metall und der Edelstein ausgesucht wurden, muß eine Zeichnung gemacht werden. Sie muß den Charakter und die Symbole des Sonnenlogos, des Herrschers der Sonne, darstellen (siehe Abbildung auf S. 92). Die Vorderseite des Talismans zeigt das entsprechende Symbol, und da wird der Edelstein plaziert. Auf der Rückseite wird das magische Zahlen-Quadrat graviert. Wie das aussehen muß, können Sie in der Übersicht am Ende des Kapitels sehen.

Ist der Taliman endlich fertig, müssen wir ihn reinigen. Er wird mit Seife unter fließendem, kaltem Wasser gewaschen. Wir müssen uns konzentrieren, immer dabei denken, daß alle unreinen, fremden, hemmenden und störenden Einflüsse vom Talisman durch das fließende, kalte Wasser hinweggeschwemmt werden. Nach der Reinigung wickeln Sie den Talisman in ein sauberes, neues Stück Naturseide.

Bestimmung der magischen Stunden

Da es sich um einen Sonnen-Talisman handelt, muß er an dem der Sonne entsprechenden Tag, dem Sonntag, zum erstenmal getragen werden. Und zwar zur Sonnenstunde. Dazu müssen wir die Planetenstunde errechnen.

Das geht so: Nach der Lehre der Astrologie übt jeder Planet in seiner Stunde zu einer bestimmten Zeit am Tag oder in der Nacht einen besonderen Einfluß aus. Diese Zeitspanne bezeichnet man als Planetenstunde.

Um den genauen Zeitpunkt und die Dauer einer solchen Planetenstunde zu ermitteln, teilt man den Tag von einem Sonnenaufgang bis zum nächsten Sonnenaufgang in 24 Stunden ein. Von Sonnenaufgang bis Sonnenuntergang ergeben sich die ersten 12 Tagesplanetenstunden, von Sonnenuntergang bis zum folgenden Sonnenaufgang die Nachtplanetenstunden. Da Tag und Nacht je nach Ort und

Stunden		Sonntag	Montag	Dienstag	Mittwoch	Donnerstag	Freitag	Samstag
Tagesstunden	1.	Sonne	Mond	Mars	Merkur	Jupiter	Venus	Saturn
	2.	Venus	Saturn	Sonne	Mond	Mars	Merkur	Jupiter
	3.	Merkur	Jupiter	Venus	Saturn	Sonne	Mond	Mars
	4.	Mond	Mars	Merkur	Jupiter	Venus	Saturn	Sonne
	5.	Saturn	Sonne	Mond	Mars	Merkur	Jupiter	Venus
	6.	Jupiter	Venus	Saturn	Sonne	Mond	Mars	Merkur
	7.	Mars	Merkur	Jupiter	Venus	Saturn	Sonne	Mond
	8.	Sonne	Mond	Mars	Merkur	Jupiter	Venus	Saturn
	9.	Venus	Saturn	Sonne	Mond	Mars	Merkur	Jupiter
	10.	Merkur	Jupiter	Venus	Saturn	Sonne	Mond	Mars
	11.	Mond	Mars	Merkur	Jupiter	Venus	Saturn	Sonne
	12.	Saturn	Sonne	Mond	Mars	Merkur	Jupiter	Venus
Nachtstunden	1.	Jupiter	Venus	Saturn	Sonne	Mond	Mars	Merkur
	2.	Mars	Merkur	Jupiter	Venus	Saturn	Sonne	Mond
	3.	Sonne	Mond	Mars	Merkur	Jupiter	Venus	Saturn
	4.	Venus	Saturn	Sonne	Mond	Mars	Merkur	Jupiter
	5.	Merkur	Jupiter	Venus	Saturn	Sonne	Mond	Mars
	6.	Mond	Mars	Merkur	Jupiter	Venus	Saturn	Sonne
	7.	Saturn	Sonne	Mond	Mars	Merkur	Jupiter	Venus
	8.	Jupiter	Venus	Saturn	Sonne	Mond	Mars	Merkur
	9.	Mars	Merkur	Jupiter	Venus	Saturn	Sonne	Mond
	10.	Sonne	Mond	Mars	Merkur	Jupiter	Venus	Saturn
	11.	Venus	Saturn	Sonne	Mond	Mars	Merkur	Jupiter
	12.	Merkur	Jupiter	Venus	Saturn	Sonne	Mond	Mars

Tabelle der Planetenstunden. Man braucht sie für die Berechnung bei der Erstellung des Talismans. An jedem Tag steht für den gleichen Stundenabschnitt ein anderer Planet als Einflußbereich. Hier können Sie ablesen, von links nach rechts, an welchem Tag, zu welcher Stunde der richtige Planet in Frage kommt.

Jahreszeit unterschiedlich lange andauern, sind auch die Tages- und Nachtplanetenstunden nicht an die Norm einer Zeitstunde von 60 Minuten gebunden. Sie sind mal kürzer, mal länger. Um die Länge der gesuchten Tages- und Nachtplanetenstunde zu finden, teilt man die festgelegte Tages- bzw. Nachtdauer in zwölf gleiche Teile. Die Anzahl der Minuten jedes dieser Teile bildet eine Planetenstunde. Das hört sich sehr kompliziert an. Es ist aber recht einfach zu errechnen. Ein Beispiel:

Wenn die Sonne um 7 Uhr früh aufgeht und um 4 Uhr nachmittags untergeht, so hat der Tag 9 Tagesstunden und die Nacht 15 Nachtstunden. Demnach würde jede Tagesplanetenstunde 45 Minuten betragen. (9 Tagesstunden mal 60 [Anzahl der Minuten in der Stunde] durch 12 [Anzahl der normalen Tagesstunden] = 45). Jede Nachtplanetenstunde würde 75 Minuten dauern. (15 Nachtstunden mal 60 [Anzahl der Minute in der Stunde] durch 12 [Anzahl der normalen Nachtstunden] = 75).

Den genauen Sonnenauf- und -untergang können Sie auf Ihrem Kalender feststellen oder in der Tageszeitung nachlesen. In der Tabelle sehen Sie genau, in welcher Reihenfolge die Planeten die Stunden an den einzelnen Tagen beherrschen. Am Sonntag zum Beispiel wird die erste Tagesplanetenstunde von der Sonne beherrscht, die zweite von Venus, die dritte von Merkur usw. Die erste Nachtplanetenstunde wird am Sonntag von Jupiter, die zweite von Mars und die dritte von der Sonne beherrscht.

Talismane gehören nicht in fremde Hände

Kommen wir also auf unser Beispiel zurück – auf den Sonnentalisman. Er darf also am Sonntag am Tag in der ersten oder achten Sonnenstunde, in der Nacht in der dritten oder zehnten Sonnenstunde angelegt werden. Nehmen Sie Ihren Talismann aus der Naturseide, konzentrieren Sie sich noch einmal fest darauf, daß er Ihnen Glück, Erfolg verleiht, und legen Sie ihn an. Am besten Sie lassen sich eine Kette aus dem gleichen Material wie Ihr Talisman anfertigen. Aber das ist nicht unbedingt notwendig. Sie können genausogut ein einfaches Lederband nehmen.

In kürzester Zeit spüren Sie ein angenehmes Gefühl. Sie fühlen sich entspannt. Und je länger Sie Ihren Talisman tragen, desto wohler und besser geht es Ihnen.

Sie haben auch ein Gefühl der Sicherheit. Jeder der nach der klassischen Überlieferung angeführten Planetentalismane wird diese Wirkung auf den Träger ausüben.

Ein solcher echter Talisman gehört nicht in fremde Hände.

Tag	Planet	Element	Metall	Zahl	Edelstein
Sonntag	☉ Sonne	Feuer	Gold	1 + 4	Diamant Rubin Chrysolith
Montag	☽ Mond	Wasser	Silber	2 + 7	Smaragd Aquamarin Mondstein Opal Perlen
Dienstag	♂ Mars	Feuer	Stahl	9	Rubin Jaspis Amethyst
Mittwoch	☿ Merkur	Luft	Messing	5	Topas Karneol Achat
Donnerstag	♃ Jupiter	Feuer Wasser	Zinn	3	dunkelblauer Saphir Amethyst Türkis
Freitag	♀ Venus	Luft Erde	Venus	6	Jaspis Korallen hellbl. Saphir Lapislazuli
Sonnabend	♄ Saturn	Erde	Blei / Gold	8	Onyx schwarze Perlen Rubin

In dieser Tabelle befinden sich die geheimnisvollen magischen Namen und Symbole der Engel, die unbedingt bei der Talismanherstellung berücksichtigt werden müssen. Auch das magische Symbol des Planeten muß graviert werden. Die Symbole sind

Er sollte auch nicht herumgezeigt werden. Immer wird er für Sie einen wirksamen Schutz bedeuten, Negatives abwehren. Sie werden auch Ihre Ziele leichter erreichen.
Natürlich ist es unsinnig, übertriebene Erwartungen daran zu knüpfen. Auch der stärkste Talisman wird keine Phantastereien verwirklichen wie zum Beispiel einen Sechser im Lotto. Es sei denn, Ihr individuelles Geburtshoroskop zeigt diesen Gewinn an. Das wäre, wenn in Ihrem fünften Horoskopfeld eine natürliche Beziehung zu Gewinnen und Spekulationen angezeigt ist. Dann würde der Talisman diese Konstellation verstärken.
Ein Talisman, der in Übereinstimmung mit den Planeten-

agisches Symbol des Planeten	Engel	Siegel	Räucherwerk
	Michael		Schwefel rotes Sandelholz
	Gabriel		Aloe weißes Sandelholz
	Samael		Schwefel Pfeffer
	Raphael		Mastix Schwefel
	Sachiel		Safran Lavendel Minze
	Anael		Waldmeister Myrrhe / Zimt Kamille
	Cassiel		Schwefel Kümmel

jahrtausendealt, sie bewirken den Kontakt zu anderen Sphären und Welten in positiver Form. Alles Positive kann hierdurch verstärkt werden, alles Negative abgeschwächt werden.

analogien ist, macht aus einem schlechten Schicksal ein günstigeres, aus einem guten Ablauf einen sehr guten. Dem Negativen wird sozusagen der „Wind aus den Segeln" genommen. Und im Positiven verstärkt sich der Wind so, daß sich das Glückssegel mächtig bauscht. Voraussetzung für die Wirkung ist natürlich, daß Sie Ihren Talisman ständig tragen. Er sollte nach Möglichkeit niemals länger als 24 Stunden ohne Körperkontakt sein. Ist dies aus irgendwelchen Gründen doch einmal der Fall, müssen Sie mit dem gleichen Ritual von vorn anfangen. Also den Talisman wieder waschen, die günstigste Planetenstunde errechnen und dann erneut anlegen.

Planeten-Talismane

Hier eine Übersicht der einzelnen Zuordnungen und Beziehungen der Planeten, Edelsteine, Metalle und der magischen Zahlen-Quadrate.

Der Talisman baut sich nach festen universellen Gesetzen auf. Zum Planeten Sonne (Sonnentalisman) gehören das Feuerzeichen Löwe, das Metall Gold, die Zahlen 1 und 4 usw. Dies ist sozusagen die Basis, um den Kontakt zu einem positiven Engel herzustellen. Würde man ein anderes Metall wählen, käme es zu keiner Verbindung.
Des weiteren gehören die geheimnisvollen Zeichen und Symbole in den Talisman. In unserem Beispiel ist dies der Erzengel Michael, der Herrscher der Sonnensphäre. In diesem Zusammenhang ist der Zeitpunkt des ersten Anlegens des Talismans von Bedeutung, denn zu der zu errechnenden Stunde ist uns der jeweilige Engel besonders geneigt. Nur wenn die richtige Tages- und Stundenzahl erfolgt, können wir die „Brücke" zum Jenseits herstellen.
Das magische Quadrat, das die Zahlengeheimnisse des jeweiligen Planeten symbolisiert und wiedergibt, muß sich auf der Rückseite des Talismans befinden.

Sonnen-Talisman

Tag: Sonntag
Zahlen: 1, 6, 36, 666 und 4
Farbe: Goldfarben
Edelsteine: Rubin, Diamant, Chrysolith
Metall: Gold
Magisches Quadrat: Es besteht aus sechs Spalten, basiert auf der Zahl 111. Die Summe der sechs Spalten beträgt 666, das ist die Zahl des Sorath, des Dämons der Sonne. Sie ist gleichzeitig die Zahl des „Tieres" der Apokalypse. Symbol:

Mond-Talisman

Tag: Montag
Zahlen: 9, 81, 369, 3321 und 2, 7
Farben: Weiß, Violett, Meergrün
Edelsteine: Mondstein, Smaragd, Chysoberyll, Chrysopras, Alabaster, Perlen
Metall: Silber
Magisches Quadrat: Es besteht aus neun Spalten und basiert auf der Zahl 369, dem Zahlenwert der hebräischen Worte Keren zăhăb, „die goldenen Hörner". Die Summe aller Spalten beträgt 3321. Symbol:

Mars-Talisman

Tag: Dienstag
Zahlen: 5, 25, 65, 325 und 9
Farben: Rot bis Violett
Edelsteine: Blutstein (Hämatit), Diamant, Magnetit, Topas, Iserin
Metall: Eisen
Magisches Quadrat: Es besteht aus fünf Spalten und basiert auf der Zahl 65. Hebräisch A = 1, D = 4, N = 50, Y = 10, das heißt Adonay, einer der Namen Gottes. Die Summe der Zahlen ergibt 325. Symbol:

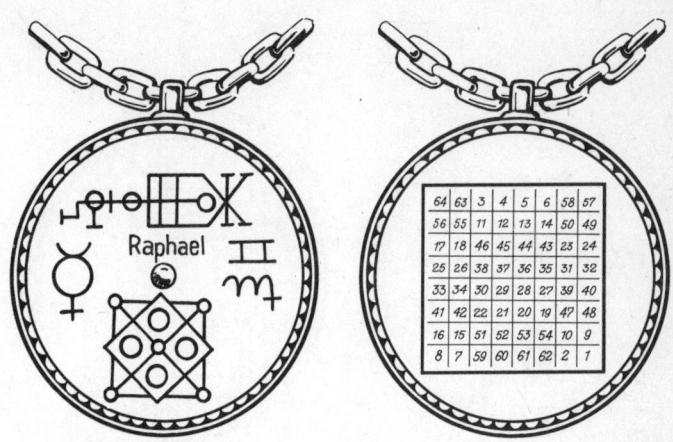

Merkur-Talisman

Tag: Mittwoch
Zahlen: 8, 64, 260, 2080 und 5
Farben: Gelb, alle Mischungen von Gelb und Grün
Edelsteine: Goldberyll, gelber Turmalin, Achat, Hyazinth,
Jaspis, Carneol, Nephrit, Almandin, Spinell, Balasrubin
Metall: Quecksilber
Magisches Quadrat: Es besteht aus acht Spalten und basiert
auf der Zahl 260, dem Zahlenwert der Worte Kokab kesef
hayyim, „Stern des Quecksilbers". Die Summe aller Spal-
ten beträgt 2080. Symbol:

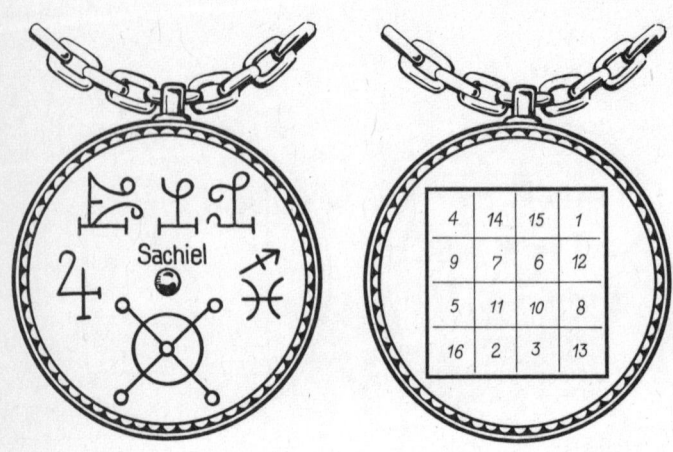

Jupiter-Talisman

Tag: Donnerstag
Zahlen: 4, 16, 34, 136 und 3
Farben: Blau, Violett, Rot bis Purpur
Edelsteine: Karfunkel, Türkis, Granat, Amethyst, Saphir
Metall: Zinn
Magisches Quadrat: Es besteht aus vier Spalten und basiert auf der Zahl 34, hebräisch 30 und 4 oder D und L. Es ist ein Teil des hebräischen Wortes für Zinn, des dem Jupiter geweihten Metalls. Die Gesamtsumme der Spalten ist 136. Symbol:

Venus-Talisman

Tag: Freitag
Zahlen: 7, 49, 175, 1225 und 6
Farben: Grün, Blaugrün, Blau
Edelsteine: Moosachat, Smaragd, Aquamarin, Malachit, Lapislazuli, Diamant, grüner Epidot
Metall: Kupfer
Magisches Quadrat: Es besteht aus sieben Spalten und basiert auf der Zahl 175, das entspricht dem Gesamtzahlenwert von Sodh-Mny-Geheimrat der Göttin Meny (Venus) Die Gesamtzahl beträgt 1225. Symbol:

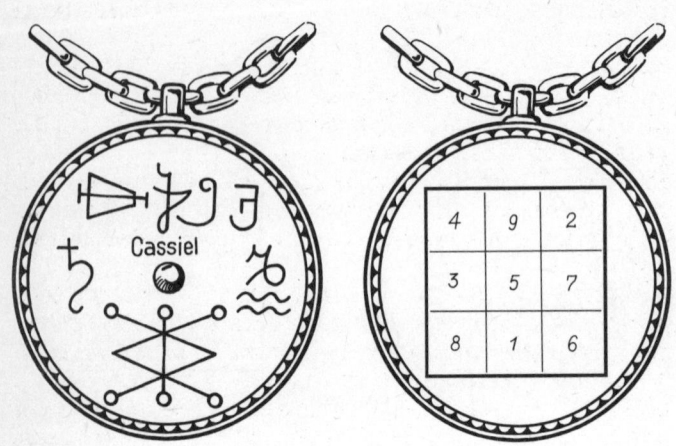

Saturn-Talisman

Tag: Sonnabend
Zahlen: 3, 9, 15, 45 und 8
Farben: Dunkelgrün, Schwarz, Grau, Eisblau
Edelsteine: Opal, Schwarzer Onyx, Alexandrit
Metall: Blei
Magisches Quadrat: Es besteht aus drei Spalten und basiert auf der Zahl 15, hebräisch Yh, Kurzform des Tetagramms. Die Summe der drei Spalten ist 45. Symbol :

Leitspruch Ihres Talismans
nach Sternkreiszeichen

Die alten Hindus hatten Talismane nach unseren Tierkreiszeichen. Zu jedem gab der Hindu-Astrologe einen Leitspruch mit auf den Weg. Der Talisman sollte helfen, ihn zu beherzigen.

Widder (21. 3. – 20. 4.): Vermeide alle Hast und Aufregung, überlege jede Handlung besonders gründlich, bekämpfe alle Eifersuchtsanwandlungen, sonst wirst du die größten Fehlschläge erleben.

Stier (21. 4. – 20. 5.): Bemühe dich, deine Unausgeglichenheit, deinen schnell aufbrausenden Zorn und Ärger zu bekämpfen, und sorge dich nicht unnötig, du ziehst dadurch nur allerlei Übel an.

Zwillinge (21. 5. – 21. 6.): Bemühe dich, was du tust, gründlich zu besorgen, sieh nach deinen eigenen Fehlern mehr als nach denen anderer, lies viel über erfolgreiche Menschen, und sei mäßig im Essen und Trinken.

Krebs (22. 6. – 21. 7.): Überwinde deine Wankelmütigkeit durch Festigkeit deines Willens, laß dich nicht durch Schmeicheleien beeinflussen und halte deine Pläne stets geheim – laß dir nicht die Zunge ziehen!

Löwe (22. 7. – 22. 8.): Versuche niemals, dich um die Erfüllung einer Verpflichtung zu drücken, sondern arbeite aus gutem Wollen und Willen heraus. Halte deine Gedanken fest im Zaum, nimm dein Herz fest in die Hand und vergiß nie, daß Schweigen eine große Kraft ist.

Jungfrau (23. 8. – 22. 9.): Erziehe dich streng dazu, optimistisch zu denken, gebrauche möglichst wenig Arzneien, kritisiere nicht zuviel deine Umwelt, und glaube nicht, du könntest die Welt verbessern, fange mit den Verbesserungen bei dir an, indem du allen Zweifel und jede Furcht bannst.

Waage (23. 9. – 22. 10.): Lerne zu warten, bezähme deine Ungeduld, sei weitherzig und wohlwollend, behandle alle Tiere gut und sorge dich nicht um Geld, gehe ruhig den von dir als richtig erkannten Weg, vertraue deiner inneren Führung. Bleibe nicht unverheiratet, du wirst ein glückliches Familienleben und Heim haben.

Skorpion (23. 10. – 22. 11.): Heirate nicht, bevor du dir die Eifersucht abgewöhnt hast, bezwinge deine schlechten Neigungen, dann wirst du auch Erfolg haben. Sei rücksichtsvoll gegen deine Mitmenschen, stelle dich ganz auf Erfolg ein, und lies die Bücher, in denen edle Menschen und ihre Handlungen geschildert werden.

Schütze (23. 11. – 21. 12.): Verschwende deine Zeit nicht mit Einmischen in die Angelegenheiten anderer, sei freundlich und offen gegen deine Mitmenschen und sei immer hoffnungsvoll. Stelle dich darauf ein: Ich will das Gute in der Welt sehen, ich will erfolgreich und glücklich sein. Bedenke, der Weg zum Wohlstand ist so breit wie der Weg zum Markt. Fleiß und Sparsamkeit bringen den Erfolg, darum verschwende auch nie Zeit und Geld, sondern bemühe dich, stets den rechten Gebrauch von beiden zu machen. Umgib dich mit fröhlichen Menschen, pflege Sport und Musik.

Steinbock (22. 12. – 20. 1.): Setze stets deine ganze Kraft ein für alles, was du unternimmst, bekämpfe dein allgemeines Mißtrauen und deine Gewohnheit, sorgenvoll in die Zukunft zu sehen. Zweifle nicht an deinem Können, unternimm nur Angelegenheiten, die dir wirklich liegen, höre gute Musik, verborge kein Geld und gründe eine Familie, die zu deinem Glück notwendig ist.

Wassermann (21. 1. – 19. 2.): Verschließe dich nicht gegen den Fortschritt, dränge stets vorwärts, sei aber immer optimistisch und stärke bewußt deinen Willen, dann werden dir die unsichtbaren Kräfte zu Hilfe kommen und dich führen. Sprich nie über deine Pläne mit deinen Freunden, arbeite im stillen daran, und du wirst Erfolg haben, größeren, je mehr du an dich glaubst.

Fische (20. 2. – 20. 3.): Sei tolerant gegenüber deinen Mitmenschen, glaube nicht, daß deine Religion die einzig richtige ist. Jage nicht dem Mammon nach, setze all dein Vertrauen auf deinen Gott, aber in wesentlichen Dingen richte deine Bestrebungen nicht auf eine Sache allein. Du mußt stets mehrere Eisen im Feuer haben. Heirate und schaffe dir ein Heim, das gehört zu dir.

Magie der Edelsteine

So entstanden Edelsteine

Die alten Griechen hatten ihre Götter und glaubten, daß Edelsteine göttlichen Ursprungs waren. Sonne und Sterne gaben ihnen Leuchtkraft. Edelsteine waren Freudentränen, die die Götter weinten, nachdem sie ihre Widersacher, die Titanen, besiegt hatten. Ihre Tränen tropften zur Erde und wurden zu edlen Steinen. Der Mensch, der sie fand und trug, bekam ewige Jugend. Göttervater Zeus weinte nach unseren Wertvorstellungen nicht die teuersten Tränen: Opale. Nach Sagen und Legenden sind sie die Kleinode unserer Erde, werden von Gnomen und Elfen bewacht.
Edelsteine sind Mineralien. Sie liegen tief eingebettet im Erdinnern, inmitten von schwarzen Seen, in Höhlen, hoch wie Kathedralen, in unterirdischen Bergzügen, wo Magma brodelt. Vor Millionen Jahren war unsere Erde eine feuerflüssige Masse. Dann bildete sich unter gewaltigem Druck eine Erdkruste. Aus den feuerflüssigen Gesteinsmassen, aus wäßrigen Lösungen und heißen Dämpfen bildeten sich die Edelsteine. Jüngere Steine (Türkis, Malachit, Chrysopras) entstanden durch Zerfall anderer Substanzen und sind Verwitterungsbildungen.
Alle Edelsteine sind chemische Verbindungen einfacher Elemente. Lediglich der Diamant besteht aus nur einem Element: reinem Kohlenstoff. Ein und dasselbe Element gibt in Verbindung mit einem anderen Stein verschiedene Färbungen. Chrom zum Beispiel verleiht dem Smaragd die grüne Farbe, dem Rubin die rote. Eisen läßt das Blau des Saphirs leuchten.
Schönheit und Wert der Edelsteine werden durch ihre Farbe, durch ihren Glanz, ihre Durchsichtigkeit und ihre

Härte ausgezeichnet. Schon vor Tausenden von Jahren testete man diesen Härtegrad durch Ritzen. Heute gibt es moderne Geräte, die den Härtegrad genau messen. Man unterscheidet zehn Härtegrade: 1. Talk, 2. Gips, 3. Kalkspat, 4. Flußspat, 5. Apatit, 6. Feldspat, 7. Quarz, 8. Topas, 9. Korund, 10. Diamant.

Das Einheitsgewicht im Edelsteinhandel ist das Karat (0,2 g). Farbe und Feuer der Edelsteine hängen mit dem Licht zusammen. Der Fachmann spricht vom Brechungsindex. Je enger die Atome zusammenliegen, desto größer ist der Brechungsindex. Der Diamant ist der König unter den Steinen. Er hat den höchsten Brechungsindex (2,4). Was einen Edelstein noch wertvoll macht? Seine Seltenheit. Je schwerer er zu finden und zu erwerben ist, desto mehr schätzen ihn die Menschen.

Es gibt Steine, die entfalten ihre Pracht nur bei Tageslicht, das viel Blau und Grün enthält. Der Turmalin und der Saphir zum Beispiel. Andere strahlen dagegen mehr im Lampenlicht, welches mehr Rot und Gelb enthält: Rubin, Smaragd, Opal und Chrysopras zum Beispiel.

Wenn Edelsteine in Schmuckstücke eingearbeitet werden, müssen sie geschnitten oder geschliffen und poliert werden. Diese Bearbeitung hat sich seit Urzeiten nicht verändert. Es gibt nicht viele Länder, die reiche Edelsteinvorkommen haben. Manche sind schon ausgebeutet oder fast erschöpft: wie zum Beispiel Idar-Oberstein, wo man Achat fand. Es ist das Zentrum der deutschen Edelstein-Industrie. Um 1500 entdeckte man, welche Reichtümer unter der Oberfläche des Hunsrück verborgen waren. Rund 400 Jahre wurde der Steinkaulenberg von allen Seiten angebohrt und seiner Schätze beraubt, bis es sich nicht mehr lohnte. Heute schürfen nur noch Touristen in der einzig öffentlich zugänglichen Edelsteinmine Europas. Hätten sich nicht einige Geschäftsleute im vorigen Jahrhundert an der Entdeckung und Ausbeutung der großen südamerikanischen Achat-Vorkommen beteiligt, wäre Idar-Oberstein keine Industrie-Stadt mehr.

Die größten Edelstein-Schatzkammern haben Hinterindien, Ceylon, Südafrika, Brasilien, Madagaskar, Ural,

Australien und Mexiko.

Bestimmte Eigenschaften vieler Edelsteine hat sich auch die Technik zunutze gemacht. Saphir-Abspielnadeln am Plattenspieler kennt jeder. Der farblose Beryll, aus dem im Mittelalter die ersten Brillen gefertigt wurden (daher hat er auch seinen Namen), tut heute seine Dienste in der Atomphysik als Bremser für schnelle Neutronen. Heimwerker kennen Korund als Schmirgelstoff.

Berühmte Edelsteine der Geschichte

Edelsteine haben schon zu allen Zeiten die Menschen fasziniert. Wer viele besaß, war reich und mächtig. Kronen und Zepter wurden damit geschmückt, man gab sie Pharaonen mit ins Grab. Selbst Kirchenfürsten trugen sie als Zeichen der Würde.

Wie Edelsteine symbolisierten einst auch Kronen Macht und Ruhm. Ohne Edelsteine ist eine Krone gar nicht denkbar. Im Namen der Krone wurden Verbrechen begangen und Kriege geführt. Mächtige Männer beschenkten ihre Frauen mit Edelsteinen.

Den Edelsteinen sprach man Zauberkräfte zu. Sie brachten Glück, heilten Krankheiten, beschützten. Der Glaube und die Lehre von der wundertätigen Kraft der Steine ist so alt, wie das Menschengeschlecht denken kann. In dem 774 Hexameter umfassenden Gedicht des griechisch-tragischen Barden Orpheus „Lethika" („Von den Steinen") aus dem 7. – 6. Jahrhundert vor Christus wird die Kraft, die in den Edelsteinen schlummert, zum erstenmal besungen: „Unter den Kräutern wirst du nützliche und schädliche finden. Unter den Steinen aber ist nichts, das dir Schaden zufügen könnte."

Der Glaube an die Macht der Edelsteine ließ bei den Menschen die Vorstellung wach werden, daß es so etwas wie einen König unter den Steinen geben müßte. Man nannte ihn „Lapis philosophorum", den Stein der Weisen.

Paracelsus (1493 – 1541) schrieb: Der Stein der Weisen ist derjenige, welcher das Herz und alle Hauptglieder reinigt, dazu das Mark und das Geäder und was drinnen eingeschlossen ist, so daß kein Makel und keine Ungesundheit mehr an den Menschen gefunden wird. Es weichen Gicht, Wassersucht, Gelbsucht und Kolik. Ihm weichen alle Dinge, welche die Natur zu verderben imstande ist.

Jeder versuchte, den Stein der Weisen herzustellen, der die Kraft aller Edelsteine vereinigte. Wer ihn fand, war unsterblich. Er konnte alle Metalle in Gold verwandeln.

Für die Alchimisten hatte der Stein einen Körper, eine Seele, war aus Fleisch und Blut, aus Feuer und Wasser zusammengesetzt. Er konnte die Menschen zu einer göttlichen Sphäre erheben. Wer sich auf die Suche nach diesem Zauberstein machte, mußte wahrhaftig sein.

Ein Spruch der Alchimisten lautete: Suche das Innere der Erde auf, und durch Reinigen wirst du den geheimen Stein finden.

Immer glaubten die Menschen, wenn sie ein besonders schönes Exemplar fanden, daß es sich um einen magischen Stein handelte. Um hochkarätige Diamanten waren immer Geschichten im Umlauf, die wie Märchen klingen. So von dem historisch bekannten „Orlow" oder dem „Stern von Afrika", dem „Polarstern", dem „Dresden", dem „Schah", dem „Exzelsior", dem „Großmogul", dem „Pitt", dem „Florentiner", dem „Stern des Südens", dem „Koh-I-Noor", dem „Hope", dem „Le Sancy". Die interessantesten Geschichten, die sich um diese Steine ranken, will ich Ihnen erzählen.

Zum Beispiel die von dem 191 Karat schweren Diamant **Koh-I-Noor** (Berg des Lichtes). Für die indischen Fürsten war dieser Stein von unschätzbarem Wert. Wer ihn besaß, war der Herrscher über Indien. Um ihn zu besitzen, wurde gemartert und gemordet. Der Sage nach wurde er vor 5000 Jahren in dem heiligen Fluß Godawari gefunden. Seine Spur kann man erst seit 1304 verfolgen. Da gehörte er dem Maharadscha von Malwa. Sultan Baber, der Gründer der Mogul-Dynastie, eroberte Indien 1526, verlangte den Stein von dem letzten Malwa als Tribut. Die indischen Großmoguln besaßen den Diamanten bis 1739. Dann eroberte Schah Nadir von Persien auf der Suche nach dem berühmten Edelstein Delhi. Die Lieblings-Haremsdame verriet dem

Schah das Versteck: unter dem Turban des Großmoguls. Der Stein brachte seinem neuen Besitzer kein Glück. Er wurde sogar wegen des Diamanten umgebracht. Sein Sohn Wadir wurde gefoltert und geblendet, um das Versteck preiszugeben. Doch er verriet es nicht. Auf seinem Sterbebett schenkte er den Koh-I-Noor Ahmed Shahdem, Gründer der Afghanen-Dynastie, weil der ihm zu Hilfe gekommen war.

Dieser schenkte ihn seinem Sohn Timur, der ihn wiederum seinem Sohn Zaman vererbte. Doch da gab es noch einen Bruder. Und der wollte den seltenen Stein unbedingt für sich besitzen. Bruder Shuja ließ Zaman blenden, einkerkern. Aber den Stein bekam er nicht. Der Bruder versteckte ihn in den dicken Wänden seines Gefängnisses. Shuja wurde entthront, seines Augenlichts beraubt und mit seinem Bruder aus dem Land gejagt. Den Stein nahmen sie mit nach Pandschab (dem heutigen Westpakistan), wo Singh der Löwe herrschte.

Er nahm die Brüder auf, die ihm zum Dank den Stein gaben. 1849 eroberten britische Truppen das Land und erbeuteten den „Berg des Lichtes". Dieser Stein gehört heute zum Schatz der britischen Kronjuwelen. Der indischen Sage nach bringt der Koh-I-Noor nur Königen Unglück, Königinnen aber Glück. Königin Viktoria ließ den Diamanten umschleifen und trug den noch 108 Karat schweren Stein als Brosche. Sein Wert wird heute auf mindestens fünf Milliarden Mark geschätzt. Er ist heute das Prunkstück in der Krone der Königin.

In der britischen Staatskrone ist der **St.-Edwards-Saphir** vom Ring Edwards des Bekenners (1003 bis 1066), der 1161 von Papst Alexander III. heiliggesprochen wurde. Und der „Rubin des Schwarzen Prinzen". Edward, der schwarze Prinz, erhielt ihn 1367 von Don Pedro, König von Kastalien. Henry V. trug ihn bei einer Schlacht in seinem Helm. Der Stein wurde sein Lebensretter, er lenkte einen gefährlichen Schwertschlag ab.

Der **„Stuart-Saphir"** aus dem Kronjuwelenschatz hat ebenfalls eine bewegte Vergangenheit. Jakob II. (1633 – 1701) nahm ihn 1688 mit, als er nach Frankreich flüchten mußte.

Danach trug ihn sein Urenkel Kardinal York in seiner Mitra. Nach dem Tod des Kardinals war der Stein verschwunden. 1813 tauchte er wieder in London auf. Der Italiener Angiolo Benelli verkaufte ihn Georg IV. für 4000 Pfund.

Auch der **„Stern von Afrika"**, ein 530 Karat schwerer Brillant, gehört der britischen Monarchie. Dieser zweitgrößte Brillant der Welt entstand aus dem 3106 Karat schweren Cullinan. 1905 wurde er im südafrikanischen Transvaal (damals eine britische Kolonie) ausgebuddelt und König Edward VII. zum Geschenk gemacht. Er wurde in neun gleich große Teile geschnitten, die auch heute noch im Besitz des britischen Königshauses sind.

Zu den Unglückssteinen gehört der berühmt-berüchtigte 77 Karat schwere **„Hope-Diamant"**. Seine Geschichte ist eine Kette blutiger Gewalttaten. Seit er vor 300 Jahren aus dem indischen Tempel des Affengottes Hunuman gestohlen wurde, lastet ein Fluch auf ihm. Angeblich sollen ihn die Priester ausgestoßen haben. Der Stein diente ihrem Gott als strahlendes Auge. 20 seiner zahlreichen Besitzer soll er den Tod gebracht haben.

Gestohlen wurde er von dem Abenteurer Jean Tavernder. Er schmuggelte den Stein nach Europa und verkaufte ihn Ludwig XIV., dem französischen Sonnenkönig. Er brachte ihm und seiner Gemahlin Marie Antoinette von Frankreich den Tod. Sie starb auf dem Schafott. Nach dem Ehepaar starben noch 20 seiner zahlreichen Besitzer. 1830 tauchte ein Teil des Diamanten, noch 44 Karat schwer, ungeschliffen beim Londoner Bankier Hope auf. Seitdem trägt er dessen Namen. Heute liegt er im Museum Smithsonian in Washington. Für 9 Millionen Mark kann man ihn kaufen.

Der **„Pigot"-Diamant** wird wahrscheinlich für immer verschwunden bleiben. George Pigot war Mitte des 18. Jahrhunderts Gouverneur von Madras. Er kaufte sich eine irische Baronschaft. Er bekam den Diamanten von einem Maharadscha geschenkt. 1801 kam der Stein zur Versteigerung nach London. Dann tauchte er in den Händen Ali Paschas von Janina auf, der als Despot in Albanien herrschte. Als er im Sterben lag, rief er einen französischen Freund

und Soldaten zu sich, befahl, den Stein und seine Frau aus der Welt verschwinden zu lassen. Der Soldat behauptete später, daß er den Stein zertrümmert habe. Kaum zu glauben. Er lebte mit der Frau Ali Paschas bis zu seinem Ende in Saus und Braus.

Ein Unglücksstein war eine Zeitlang der sogenannte **Eierrubin von Parma.** Er war jahrhundertelang im Besitz der Herzöge von Este, ohne irgendwelche bösen Eigenschaften zu zeigen. Das änderte sich, als Cesare Borgia den Herzog ermordete und den Eierrubin seiner Schwester Lucretia schenkte. Dieses satanische Weib trug nach ihrem eigenen Geständnis den Stein immer dann, wenn sie zum letzten Mal mit ihrem Liebhaber zusammen war und dessen Ermordung bereits beschlossen hatte. Als ihre Untaten, selbst in dem Italien des frühen 16. Jahrhunderts, peinlich auffielen, nahm ihr Cesare den Ring wieder ab und trug ihn selbst. Er ist dann bald darauf gefallen. Der Ring kam in die Schatzkammer der spanischen Regierung und hat von da an seine mörderische Kraft verloren. Mitglieder des spanischen Königshauses tragen ihn noch heute.

Könige haben sich schon immer mit Edelsteinen geschmückt. An fast jedem Hof gab es einen Hofjuwelier, der mit den kostbaren Mineralien umzugehen verstand. Als 1925 der britische Archäologe Howard Carter das Grab des ägyptischen Pharaos Tutenchamun fand, war er von der Fülle der kostbaren Edelsteine geblendet. Auch der deutsche Kaiser hatte eine Krone. Wilhelm II., der letzte Kaiser, ließ sie 1889 für 17 500 Goldmark anfertigen. Sie ist im Besitz von seinem Enkel, Prinz Louis Ferdinand, Chef des Hauses Hohenzollern.

Edelsteine überdauern alle Krisen und Inflationen. Sie steigen ständig in ihrem Wert. Von den 2500 bekannten Mineralien besitzen nur 80 bis 90 Edelsteinqualität. Von diesen sind nur 10 bis 15 Steine kostbar und selten. Die teuersten sind Diamanten, Smaragde, Rubine und Saphire.

Übrigens, die amerikanische Schauspielerin Elizabeth Taylor ist ganz verrückt nach Edelsteinen. Burton kaufte ihr den 33karätigen Krupp-Diamanten, den einst Alfred Krupp seiner Frau Vera zum Geschenk machte. Er ersteigerte ihn

bei Sothebys, dem berühmtesten Auktionshaus in New York, für 1,2 Millionen Mark. Er schenkte ihr auch den Cartier-Diamanten, 69 Karat schwer, für fast 5 Millionen Mark.
Die zweite Frau, die bedeutende Schmuckstücke besitzt, ist Jackie Onassis.

Die Macht der Edelsteine

Uralt sind die Lehre und der Glaube an geheimnisvolle Kräfte der Steine. Von jeher sagte man ihnen glück- und unglückbringende Eigenschaft nach und auch Zauberkräfte.
Schon Aristoteles (384 – 322 v. Chr.) schwor auf einen Türkis, der die Augen schützte. Ein Granat bewahrte vor schrecklichen Träumen.
Der Römer Plinius (23 – 79 n. Chr.) behauptete, daß der Achat den Durst stille. Er sollte dem Kranken bei anhaltendem Fieber in den Mund gelegt werden. Der Bernstein war ein Schutz gegen Mandelentzündung. Der Amethyst verhinderte Betrunkensein und Trunksucht. Der Diamant war gut gegen Vergiftungen, vertrieb den Wahnsinn. Der Melachit reinigte Wunden.
Die heilige Hildegard von Bingen (1098 – 1179) empfahl Saphire und Bernsteine gegen Augenleiden. Der Bergkristall heilte Drüsenleiden. Gegen Epilepsie wirkte ein Smaragd oder Achat. Gelbsucht konnte man mit einem Diamanten bekämpfen. Er sollte in Wasser und Wein liegen, dann sollte der Kranke das Getränk schluckweise trinken. Gegen Pickel und Hautunreinheiten wirkte ein Amethyst. Der Diamant bekämpfte Trunksucht. Der Chrysophas wirkte gegen Gift.
Der Naturforscher Albertus Magnus (1193 – 1280) empfahl einen Jaspis zur Fiebersenkung. Schwangere Frauen sollten ihn tragen, damit die Geburt leicht war.
Konrad von Megenheim (1309 – 1378) glaubte, daß der Beryll gegen Asthma half. Der Saphir gegen Gürtelrose. Bei Hautkrankheiten wirkte der Onyx, bei Leberschmerzen ein Aquamarin, bei Lungenkrankheiten ein Saphir. Un-

Symbolische Bedeutung und Kräfte der Edelsteine		
Edelstein	symbolisch für	innewohnende Kraft
Diamant	Versöhnung und Liebe	macht treu zu Verpflichtungen
Granat	Redlichkeit und Offenheit	gibt Aufrichtigkeit des Herzens
Amethyst	Glück und Zufall	gibt Mut und Begeisterung
Jaspis	Mut und Weisheit	gibt Beständigkeit und Eheglück
Saphir	Wahrheit und reines Bewußtsein	läßt begangene Fehler bereuen
Smaragd	Hoffnung und treue Liebe	läßt die Zukunft wissen
Achat	Wohlergehen und langes Leben	gibt Gesundheit
Rubin	Schönheit und Eleganz	schützt vor falschen Freundschaften
Karneol	Freude und Frieden	verscheucht schlechte Gedanken
Opal	Bitte und zärtliche Liebe	festigt die Treue
Topas	glühende Liebe	verhindert schlechte Träume
Türkis	Mut und Hoffnung	sichert Erfolg in der Liebe
Olivin	unschuldiges Vergnügen	verleiht Einfachheit und Mäßigkeit
Chrysolith	Blitzstrahl	begünstigt Verbindungen
Aquamarin	Jugend und Schönheit	sichert laufendes Glück

fruchtbarkeit und Potenzstörungen konnte man mit einem Achat bekämpfen. Der Onyx war ein Schönheitsmittel. Der Bernstein half Frauen bei der Geburt. Der Mondstein wirkte gegen Schwindsucht, der Jaspis gegen Wassersucht. Die Erde sendet und empfängt Energiestrahlen. Zwischen den Gestirnen und dem Planet Erde findet somit ein ständiger Energieaustausch statt. Das wußten schon die

babylonischen Gelehrten. Und sie fanden noch mehr heraus: Besonders Steine speichern die kosmischen Energien und geben sie zu bestimmten Zeiten an die Umwelt ab.
Tragen Menschen solche Steine, sollen sie deren positive Charaktereigenschaften fördern und das Allgemeinbefinden heben. Sogar in der Bibel sind die zwölf Steine erwähnt:
In der Offenbarung St. Johannis stellen sie den Schmuck des himmlischen Jerusalem dar. Im Mittelalter stützten sich Gelehrte auf Überlieferungen, die bis in die babylonische Zeit zurückreichten. Die Gestirnskonstellationen: die zwölf Tierkreiszeichen stehen auf besondere Weise mit zwölf Edelsteinen in Verbindung. Da in jedem Monat ein anderer Stein seine kosmischen Kräfte an die Umwelt weitergibt, wurden die zwölf Gesteinsarten einfach Monatssteine genannt.

Welches ist Ihr Schutzstein

Widder
(21. März – 20. April)
Jaspis

Das Jaspis war der Glücksstein des russischen Dichters Leo Mikolajewitsch Tolstoi (1818 – 1875). Je nach Mineralsubstanzen treten verschiedene Farben auf: Rotbraun, Gelb und Grün.
Eine Legende weiß zu berichten, daß bei Christi Kreuzigung ein grüner Jaspis am Fuß des Kreuzes gelegen habe, aus dem das Blut aus den fünf Wunden des Heilands herabtropfte. Diese Tropfen seien für immer in den Stein imprägniert worden. Seitdem heißt der rote Jaspis auch Blutstein. Die Ägypter trugen ihn als Siegelring, weil dieser astrologisch vom Planeten Mars beherrscht wird. Der Jaspis hilft, Macht zu erlangen. In der Medizin des Altertums fand man vielfache Verwendung, glaubte, daß durch ihn die Blutung gestillt werde. Auch die moderne Medizin gewinnt aus diesem Stein ein Oxyd, das Wunden schließt. Er stammt aus Ostindien. Nur wenige Stücke kommen aus Brasilien und Australien.

Stier
(21. April – 20. Mai)

Koralle

Bei den Ägyptern war dieser Stein der Göttin Isis, bei den Römern der Venus geweiht. Frauen trugen Korallen gegen Unheil und Unfruchtbarkeit, verstreuten gemahlenen Korallenstaub auf ihren Feldern, um sie vor Heuschreckenplagen und Unwetter zu schützen. Man glaubte, daß Korallen böse Geister fernhalten. Zermahlen und in Wasser vermengt, half sie gegen innere Leiden. Pulverisiert schloß sie Wunden, heilte eitrige Geschwüre. Sie bewahrte vor Keuchhusten. Schon die Menschen aus der Bronzezeit verzierten ihre Waffen mit Korallen.

Edelkorallen haben eine schwarze, rote oder weiße Farbe. Die roten sind am beliebtesten. Der Tiefseeforscher Prof. Auguste Piccard trug eine Koralle als Talisman. Korallen wachsen in einer Meerestiefe von 50 – 200 m an Korallenbänken. Die Stöcke können ein Gewicht bis zu 20 Kilogramm haben. Man findet sie an den Küsten des Mittelmeeres, an der indischen Küste, am Golf von Biskaya, bei Madeira, den Kanarischen Inseln, Mauritius und an den Südwestküsten Japans. Die schwarzen Korallen stammen von einer anderen Tierart und werden nur im Malayischen Archipel gefunden.

Zwillinge
(21. Mai – 21. Juni)

Edel-Topas

Der Topas gibt Schönheit und Klugheit, bewahrt vor frühem Tod und Sturz. Er besänftigt Menschen mit hitzigem Temperament, verleiht Männern Schönheit und Verstand. Schwächliche und kalte Naturen werden gestärkt. Der Topas beruhigt die Nerven. Er soll auch hellsehend wirken, das Verständnis für okkulte Dinge fördern und gegen Asthma und Blutsturz helfen.

Den Namen verdankt dieser Stein einer Insel im Roten Meer. Eine Gruppe Schiffbrüchiger soll ihn dort zum erstenmal gefunden haben. Sie nannten ihn „Topazos", was soviel wie „Gesucht – Gefunden" heißt.

Der sogenannte Goldtopas (eigentlich Zitrin – falscher Topas) ist gelber, böhmischer Quarz oder gelb geglühter Amethyst, der Rauchtopas ist Rauchquarz. Die besten Edeltopase sind intensiv gelb oder gelborange. Nur das sind die echten Edeltopase.

Gefunden wird der Topas im Ural, Brasilien, Australien und Sachsen.

Der als „Braganza" bekannte Topas, der sich in der portugiesischen Königskrone befindet, wiegt 1680 Karat. Das britische Museum in London hat einen von 1300 Karat. Der Topas war der Lieblingsstein der toten Schauspielerin Lilli Palmer. Sie brachte ihn aus Mexiko mit.

Krebs
(22. Juni – 22. Juli)

Smaragd

Schon die Inkas schnitzten die Antlitze ihrer Götter aus Smaragd. Seiner grünen Farbe wegen gaben ihm die Griechen den Namen „smaragdos", was Grün heißt. Cleopatra sammelte diese Steine, die das Augenlicht schützen sollten. Dieser Stein garantiert Liebe und eine lange harmonische Ehe. Er ist der Glücksstein werdender Mütter, schützt vor Krämpfen und Fallsucht. Bartholomäus Angelicus sagte im 13. Jahrhundert: „Der Smaragd ist ein edler Stein. Seine Farbe ist Grün wie der kühle Grund des Meeres bei strahlendem Himmel und sonnigem Wetter. Er ist einer der besten unter den edlen Steinen und der würdigste, eine königliche Hand zu zieren."

Es gibt alle Zwischenstufen von einem lichten bis zum tiefen Smaragdgrün. Kolumbien hat die bedeutendsten Vorkommen. Auch im Ural werden sie gefunden. In Ägypten sind sie fast ausgebeutet.

Ein besonders großer Stein von 2205 Karat liegt in der Schatzkammer in Wien. Die Peruaner verehrten einen Smaragd in der Größe eines Straußeneis als Gottheit.

Löwe
(23. Juli – 23. August)

Rubin

Nach dem Glauben der Hindu sind Rubine Tropfen aus dem Blut des Gottes Assura, ein Symbol für Kraft, Leidenschaft und Sieg. Peter der Große trug einen Rubinring, der ihm erstaunlich magnetische Kräfte verliehen haben soll. Kreuzritter trugen einen Rubin als Liebespfand mit sich. Dieser Stein bewahrt vor Vergiftungen, vor drohendem Unheil. Er hilft gegen Blutarmut, Schwäche, verleiht einem Menschen Mut und Gesundheit.

Der Rubin wird oft Bruder des Diamanten genannt. Sein Name stammt von dem Sanskritwort „rebeus", was Rot bedeutet. Er ist von reinem Rot mit einem Stich ins Bläuliche. Der Rubin kommt aus Birma. Ceylon-Rubine sind heller in der Farbe. Steine aus Siam gehen ins Bläuliche. Der größte bisher gefundene Rubin wog 400 Karat, wurde in drei Stücke geschnitten.

Jungfrau
(24. August – 23. September)

Achat

Er soll ein Mittel gegen Hautkrankheit sein, gegen Ansteckung helfen, auch gegen Skorpionbisse und Insektenstiche. Bei den Mohammedanern wurde er gepulvert in Apfelsaft als Mittel gegen Geisteskrankheit gegeben. Er wendet alles Böse ab, wirkt anziehend auf die Frauen, beflügelt die Zunge.

Der Name des Steines stammt vom Fluß Achates in Sizilien. Bereits im Altertum galt er als geschätzter Stein. Im Laufe des ganzen Mittelalters wurden Achate in Idar-Oberstein gebrochen. Ihre Farbe schwankte von Grau bis zu einem Zartrosa. Heute wird der Achat in Uruguay, Südbrasilien abgebaut. Sie sind meist braun. Weitere Vorkommen: Vorderindien, Madagaskar, USA, Mexiko. Onyx, Karneol und Sarder gehören zu den brasilianischen Achaten. Sie werden durch Oxydation rot, braun und gelb gefärbt.

Waage
(24. September – 23. Oktober)

Lapislazuli

Er wurde schon vor mehr als 1500 Jahren vor Christus als Stein des Himmels von den ägyptischen Priestern geschätzt, gilt seit 6000 Jahren als Glücksbringer, gibt Einfälle, macht weise. Er hilft gegen Asthma, Warzen, macht das Haar lockig. Napoleon Bonaparte trug einen Lapislazuli als Talisman. Er ist der Saphir der „Alten", galt als Freundschaftsstein. Die alten Ärzte legten ihn auf geschwollene Glieder, er beruhigt die Nerven, nimmt die Melancholie, verleiht einen gesunden, tiefen Schlaf.

Der Name dieses Steines setzt sich aus dem lateinischen Wort „lapis", der Stein, und dem arabischen Wort „azul" (blau) zusammen. Schöne Exemplare haben eine azurblaue Farbe. Der Lapislazuli wird in Afghanistan abgebaut. Weitere Fundorte in Chile und Birma.

Angeblich sollen die Gesetzestafeln des Moses Lapislazulisteine gewesen sein.

Skorpion
(24. Oktover – 22. November)

Amethyst

Sein Name kommt von dem griechischen Wort „Amethyein", was soviel heißt wie betrunken sein. Die Griechen glaubten, daß ein Amethyst vor Volltrunkenheit bewahrte. Sie tranken ihren Wein aus Amethystpokalen. Die italienische Schauspielerin Anna Magnani trug Tag und Nacht einen Amethyst als Talisman. Frank Sinatra trägt so einen Stein an der Kette. Auch Otto von Bismarck, Pablo Picasso glaubten an seine Wunderkraft. Man glaubte, daß er stark gegen Verführungen macht, eine keusche Gesinnung verleihe. Bischöfe und Kardinale tragen ihn als das Zeichen für Seelenfrieden und Keuschheit. Amethyste galten auch als Schönheitsmittel, die eine glatte Haut schenken. Sie schützten vor Verwundungen.

Der Amethyst hat eine Farbe, die von Violett bis Pupurrot reicht. Die Steine kommen aus Ceylon, Uruguay, Brasilien. Die beste tiefviolette Farbe hat der Amethyst aus Madagaskar. Weitere Abbaugebiete: Ural, USA, Kanada, Indien, Japan, Mexiko.

Schütze
(23. November – 21. Dezember)

Türkis

Der Türkis ist der Stein der Unschuld. Er stärkt Liebe und Verstand, schmiedet Freundschaften. Es war der Glücksstein von Charles de Gaulle. Männern schenkt er Macht und Erfolg. Seinen Namen soll er aus der Türkei haben. Der Handelsweg des Türkis führte durch dieses Land. Er verliert seine blaue Farbe, wird grün, wenn der Träger dieses Steines krank wird. Ist er wieder gesund, ist auch der Stein wieder blau. Im alten Ägypten galt er als Spezialschutzstein für Reiter und Pferd. Wer ihn trug, dessen Pferd wurde nie müde, und ihm passierte kein Unfall. Im Mittelalter war er der „Stein der jungen Mädchen", denn er beschützte ihre Tugend. Die Araber glaubten, daß er Gesundheit und Geld bringt.
In Persien werden die besten Steine gefunden. Sie sind blaßblau bis grünlich. Weitere Fundstellen: Afghanistan, Tibet, Neumexiko, USA, Südafrika, China, Guatemala, Argentinien.

Steinbock
(22. Dezember – 20. Januar)

Onyx

Schon bei den Persern und Ägyptern galt der Onyx als Glücksstein. Das Privatsiegel der Kaiser von China war aus Onyx, wobei es den Untertanen bei Todesstrafe verboten war, sich auch ein Siegel aus Onyx anfertigen zu lassen. Der Onyx beschützt die Augen, heilt in pulverisierter Form eiternde Wunden. Er hilft gegen Herz- und Kreislaufschwäche. Dieser Stein wendet auch böse Träume ab, vertreibt

Depressionen. Mineralienforscher halten Onyxe für die ältesten Steine der Welt. Er soll furchtlos und widerstandsfähiger machen.

Der Onyx kann schwarz oder weiß sein. Er wird hauptsächlich für Siegel verwendet oder für Gemmen und Kameen, ein Bild, das vertieft in den Stein geschnitten wird, Kameen ragen als erhabenes Bild aus dem Stein heraus. Der Stein wird in Brasilien, Südwestafrika und Madagaskar abgebaut. Es gibt kostbare Arbeiten aus diesem Stein. Die bekannteste ist das „Mantuanische Gefäß", eine fast 16 cm hohe und 7 cm dicke Vase, die kunstvoll aus einem Stück Onyx geschnitten ist.

Wassermann
(21. Januar – 19. Februar)

Schwarze Perlen

Der Name Perle stammt aus dem lateinischen Wort „pilula", die Pille. Perlen bedeuten Tränen, sagt ein altes Sprichwort. Die Perle gilt als Sinnbild von Unschuld und Reinheit. Die schwarze gilt als Sinnbild der Philosophen. Schwarze Perlen strömen magische Kräfte nur dann aus, wenn sie nicht mit anderen Edelsteinen zusammengefaßt werden. Die Hindus rechnen Perlen zu den fünf wertvollsten Steinen, sie galt als Symbol des Wohlstandes. Wer sie trägt, ist warmherzig und zärtlich. Wer sie schenkt, findet Freunde fürs Leben.

Meeresmuscheln von der Art der Auster bilden Perlen. Diese Muscheln leben in Muschelbänken in den küstennahen Gebieten des Indischen Ozeans, des Persischen Golfes, an den Küsten Australiens, Ceylons, Japans, Borneos und Zentralamerikas. Sie werden von Perlentauchern geborgen. Heute enthält nur noch jede vierzigste Muschel eine Perle. Die silbergrauen und schwarzen Perlen sind sehr begehrt. Sie kommen meist aus Kalifornien.

Die größte Perle hat ein Gewicht von 450 Karat, gehörte dem englischen Bankier Hope und wird heute im South-Kensington-Museum in London aufbewahrt.

Fische
(20. Februar – 20. März)

Saphir

Der Saphir soll gegen Untreue schützen, die Gefühle des Hasses abtöten, friedfertig machen. Papst Innozenz III. bestimmte im 12. Jahrhundert, daß Bischofsringe aus reinem Gold bestehen und mit Saphiren besetzt sein sollen. Nonnen wurde als heiliges Zeichen ihrer mystischen Vermählung ein vom Bischof geweihter Saphirring an den Finger gesteckt. Der Saphir gibt Mutlosen und Enttäuschten die nötige Energie, sich durchzusetzen. Die Buddhisten nennen ihn Stein der Wahrheit, Beständigkeit, des Seelenfriedens, der Freundschaft. Er sollte vor Gefahren und Vergiftungen bewahren, dazu verhelfen, daß Hoffnungen und Wünsche in Erfüllung gehen.

Der Saphir hat eine blaue Farbe, auch Gelb, Rosa, Violett und Weiß. Der geschätzteste und kostbarste ist der blaue Ceylon-Saphir. Er ist durchsichtig. Wird in Hinterindien, Ceylon, Birma, Siam, Vorderindien, Australien und Nordamerika gefunden.

Magie der Runen

Die Geschichte der Runen

Runen sind Bestandteil der germanisch-nördlichen Sprache. Ihr Alter ist umstritten. Einige glauben, daß die Runen auf Atlantis zurückgehen. Dieser versunkene Kontinent wird zum erstenmal bei Plato (427 – 347 v. Chr.) erwähnt. Er hatte sein Wissen über Atlantis von dem Athener Gelehrten Solon (600 v. Chr.). Plato schreibt, daß diese Insel größer als Asien und Libyen zusammen war. Das Volk war sehr intelligent, hochkultiviert. Es hatte eine hervorragende Wissenschaft, Technik, Sozialordnung. Diese Insel soll 9000 Jahre vor ihm von den Athenern besiegt und dann im Meer versunken sein. Die Frage nach der Lage von Atlantis ist bis heute noch nicht geklärt. Und man weiß nicht, ob Atlantis nur eine Legende von Plato war.
Bevor wir uns mit den Runen beschäftigen, sollten wir ein bißchen über unsere Vorfahren wissen, von denen die Runen stammen.
Die erste Völkerwanderung war um 1200 vor Christus. Sie entstand in erster Linie durch klimatische Veränderungen. Die Vulkane Ätna, Vesuv, Helena und Santorin brachen fast gleichzeitig aus. Der Komet Phaeton schlug ein. Diese Naturkatastrophen führten zur Anhebung des Meeresspiegels. Das Land zwischen Eidermündung und Helgoland sank. Die Pflanzenwelt wurde durch Feuer und Asche der Vulkane zerstört. Auch das Klima veränderte sich. Durch die in der Atmosphäre kreisenden Ascheschichten kam das Sonnenlicht nicht mehr durch. Die Erde kühlte ab. Der Lebensraum für die Seevölker im Norden war nicht mehr sicher. Deshalb wanderten sie in südliche Länder aus.
Es war aber nicht nur wirtschaftliche Not, sondern auch

Abenteuerlust, daß sie immer weiter nach Süden gingen. In der Heimat blieben nur noch zehn Prozent des gesamten Volkes. Klar, daß diese wenigen nicht mehr ihren kulturellen, geistigen und handwerklichen Stand halten konnten. Die übrigen Nordvölker (Normannen) wanderten nach Frankreich, Spanien, Italien, wollten Athen erobern. Unter König Ramses II. (1290 – 1224 v. Chr.), dem größten Bauherrn Ägyptens, wagten sie mit den Ägyptern eine Land- und Seeschlacht in Syrien. Dann zogen sie weiter nach Israel, siedelten dort als Danen, Philister (Friesen) und Sakhar (Sachsen). Andere wanderten über Persien nach Indien und China.

Nach dieser Einwanderung entstanden in Persien und später in Italien Hochkulturen. Die bereits bestehenden Kulturen in China und Indien veränderten sich. Auch Ägypten führte hyperboräische Kulte ein.

Dieser erste Einfluß der Nordvölker auf andere Länder ist nicht zu unterschätzen. Die Nordvölker hatten eine sehr hohe Kultur. Man sagt, daß sie das am straffesten durchgeführte Staatswesen besaßen.

Sie sprachen und schrieben Hyperboräisch, gebrauchten die Runen genauso wie ihre Nachfahren, die Germanen, die Wikinger, die Isländer.

An den unterschiedlichsten Orten tauchten Runen aus dem zweiten Jahrtausend vor Christus auf. Auf den Osterinseln, dann zur Zeit der Wikinger – längst vor der sogenannten Entdeckung Amerikas durch den Genueser Christoph Kolumbus (1451 – 1506) in Mittel- und Südamerika.

Die Nordvölker, die blond und blauäugig waren, vermischten sich mit den einheimischen Völkern. Da sie intelligent und neugierig waren, viel Wissen hatten und alles verbessern wollten, eroberten sie sich Führungspositionen. Den Einheimischen war so ein Herrschaftsanspruch nicht recht. Sie wollten wieder unter sich sein, die Eindringlinge loswerden.

Viele germanische Reiche zerfielen nach der zweiten Völkerwanderung (375 – 568), die durch das Vordringen der Hunnen ausgelöst wurde. Mit ihnen verging auch die Tradition der Sprache, der Schrift – unserer Runen – und des Glaubens.

Grundlage unseres Wissens über die Runen sind die beiden Bücher „Odins Runenlied" und die „Zaubersprüche" aus der Edda. Odins Runenlied beschreibt die Bedeutung der Runen als eine Gabe Gottes. Sie zeigt den Menschen, was man mit Runen machen kann. Die Saemundar-Edda (sie bekam erst im 17. Jahrhundert diesen Namen) ist in einer Handschrift aus dem 13. Jahrhundert erhalten. Sie ist eine Sammlung von Liedern, deren Inhalte teils aus der nordischen Mythologie, teils aus der germanischen Heldensage kommen. Die Lieder stammen in der überlieferten Form hauptsächlich aus der Zeit der Wikinger (9. – 12. Jahrhundert). Ihre Heimat ist Island, Norwegen, vereinzelt Grönland. Eins der bedeutendsten Gedichte ist die Völuspá. Diese großartige Dichtung berichtet von der Urzeit, dem Entstehen der Welt, dem Kampf der Riesen und Götter und dem schließlichen Weltuntergang.

Die Edda beschreibt die Menschen, die im nördlichen Europa lebten, als Riesen. Zu diesen zogen aus dem afrikanischen Raum über Vorderasien die Wanen. Die beiden Rassen beeinflußten sich wenig. Aus den Hochländern Asiens wanderte eine weitere Menschenrasse ein, die Asen. Sie eroberten und beherrschten die Riesen und Wanen. Die Asen brachten die Runen als Wegzeichen und Embleme der eigenen Geschichte mit sich.

In der Edda werden die Runen als Werkzeug der Götter beschrieben. Die Götter, ritzen und werfen, raten und raunen Runen. Und die Walküren („Totenwählerinnen", im Dienste Odins stehende Jungfrauen) tun es. Die Menschen – außer den priesterlichen Armanen – durften die Runen nicht gebrauchen, weder rituell, magisch oder schriftmäßig.

Als die Götter durch die Missionare vertrieben wurden, faßten die Dichter, Sänger und Priester in Sachsen, Burgund, Danenmark, in Norwegen und in Island noch einmal alles zusammen, was sie wußten und woran sie glaubten. Die Christianisierung wurde oft mit Gewalt durchgesetzt. Bestes Beispiel ist das Fürstenschlachten bei den Sachsen,

Friesen und Schaben, das Karl der Große (768 – 814) durchführte. Sein Sohn Ludwig der Fromme vernichtete 830 die von seinem Vater angelegte Sammlung germanischer Heldenlieder, ließ nordisches Erbgut in Flammen aufgehen. Nur weil er Angst um sein Seelenheil hatte.

Doch das Geheimnis der Runen wurde von Generation zu Generation überliefert. Ganz konnten die Götter und der mit ihnen verbundene Glauben nicht verdrängt werden. Im Volk lebten die heiligen Festtage weiter. Die Missionare mußten sich beugen und die alten Feste in die als neu vorgestellte Kirche übernehmen. Sie feierten das Fest Osteras (Die Wiedergeburt des Lebens) als die Auferstehung von Jesus Christus. Fronleichnam (Das erotische Fruchtbarkeitsfest des Wanengottes Fro, der bei den Asen als Geisel des Friedens lebte) wurde das Fest des Leibes Jesu. Die Heiligen und Rauhen Nächte (Jultage, Hauptfest der Germanen, Toten und Fruchtbarkeitsfest) wurde Weihnachten, Jesu Geburt. Statt des drohenden und strafenden Wodan, in der Edda Odin (der höchste Gott der Germanen), gibt es seitdem einen ruteschwingenden heiligen Bischof Nikolaus.

Im kultischen Erleben des Jahresablaufes nehmen die Runen einen breiten Platz ein. Das heilige Jahr, das „Jahr Gottes", das am 22. Dezember, dem Jultag, begann, wurde von den Nordvölkern in vier Jahreszeiten geteilt. Die vier Jahreszeiten wurden wieder in Teile gegliedert: in Male. In jedem der 16 Male herrschte eine Rune und entfaltete in dieser Zeitspanne ihren stärksten Einfluß.

Die Runen sind in ihrer Bedeutung, ihrem Inhalt und in ihrer Gebrauchsfähigkeit sehr vielseitig. Um diese Vielseitigkeit zu erschließen, müssen wir die unterschiedlichen Bedeutungen der Runen kennen – von der Schrift bis zum Sinnbild. Jede Rune gibt eine Antwort auf eine Frage.
Alles dies ist uns von unseren Vorfahren überliefert worden. Wir rühmen uns einer hohen Kultur. Aber wir haben verlernt, uns mit dem Wesentlichen zu befassen, nach dem Sinn des Daseins zu forschen. Und uns die magischen Kräfte der Natur zunutze zu machen – die Runen.

Runen – der phantastische Weg zum Erfolg

Runen kann jeder einzelne für sich nutzen, als Heilmittel anwenden. Die erprobten Übungen, die ich Ihnen in diesem Buch vorstelle, können leicht nachgemacht, körperlich zum Ausdruck gebracht werden. Der Körper als Spiegelbild kosmischer Urformen.

Zunächst wollen wir uns ein wenig mit den Runen beschäftigen. Was sind Runen? Es sind die ältesten Schriftzeichen der Germanen, die mit Aufkommen der christlichen Kultur nach und nach von der lateinischen Schrift verdrängt wurden. Jede Rune bezeichnet zugleich einen Buchstaben und ein Wort. Und außer als Gebrauchsschrift hatten die Runen auch kultisch-magische Bedeutung, waren Zauberzeichen. Die Runen wurden in Holz, Stein, Knochen, Werkzeuge und Waffen geritzt. Die ältesten überlieferten Runen-Inschriften stammen aus dem zweiten oder dritten Jahrhundert nach Christus. Vieles hat sich in dem vergänglichen Material nicht erhalten. Auf der „Brygge" der Hanse im norwegischen Bergen fand man einige Geschäftsbriefe und Berechnungen in Runen.

Runen bergen den Ur-Sinn, der allem zugrunde liegt, was ein Dasein hat. Sie wirken jenseits der Wirklichkeit. Jede Rune ist Mittler, Kontaktstelle, Transformator, ist Schlüssel zu kosmischen Kraftbereichen.

Mit Hilfe der Runen können wir uns einschalten in noch unerforschte Strahlen und Wellenbereiche. Unser Körper kann diese Wellen empfangen. Je nachdem, was für eine Stellung wir nach den Runenzeichen einnehmen, empfangen wir Rat, Tatwillen, Kraft, Zufriedenheit, finden Erfüllung.

Alles um uns herum hat eine Schwingung. Jeder Stein, jede Pflanze, jedes Tier. Und jede Materie schwingt anders. Schwingung ist kosmische Energie. Durch jeden Menschen gehen kosmische Strahlen hindurch, die sämtliche Wellenlängen von der längsten bis zur kürzesten erfassen. Ähnlich wie ein Transformator erzeugt auch der Mensch in der Atmosphäre ständig Schwingung.

Wir reden ja auch von der Ausstrahlung, von der Aura eines

Menschen. Das ist ein enormes Kraftfeld. Der Runenstrom
verstärkt die persönliche Eigenstrahlung, fördert die Abwehrkräfte.
Daß der Mensch ein energetisches Umfeld hat, bestätigen
die Untersuchungen von Dr. Manfred Curry, der 1953
gestorben ist. Der Wissenschaftler testete mit einem speziellen Gerät das Umfeld, das den Körper umgibt. Dabei fand
er heraus, daß der Umkreis der körperelektrischen Span-
nung bei Gesunden harmonisch symmetrisch verläuft, beim
Kranken dagegen asymmetrische Mißverhältnisse aufweist.
Auch der Wissenschaftler Georges Lakhovsky behauptet,
daß Krankheiten nichts anderes als Störungen des Schwin-
gungsgleichgewichtes sind. Sie werden durch Veränderungen des kosmischen Wellenfeldes verursacht. Seine Schluß-
folgerung: Man müßte das Feld der kosmischen Wellen mit
geeigneten Kollektoren oder Filtern verändern, um so das
organische Gewebe zu regulieren.
Lakhovskys Versuche haben gezeigt, daß man mit radio-
elektrischen Schwingungen von sehr kurzer Wellenlänge
(ähnlich wie die Wellen im Mikro-Wellenherd) die Zell-
schwingung wieder ins Gleichgewicht bringen kann.
Durch Runenübungen werden die Zellen vor schädlichen
Strahlen abgeschirmt. Sie fördern die Kräfte, die Abwehr
schädlicher Einflüsse, geben Schutz. Die Linienführung der
Rune zeigt uns, welche Antennenform wir bilden müssen,
um in das Wirkfeld der gewählten Kraft einzuschwingen.
Runenübungen sollten in den frühen Morgenstunden gemacht werden. Sonnenlicht beeinflußt Strahlung. Es absor-
biert Wellen, fördert aber ihre Wirkung. Bei Sonnenaufgang ist die kosmische Strahlung nur schwach. Bei Sonnenuntergang nimmt sie zu. Auch der Mond mit seinen Phasen
verändert Strahlung.
Runenübungen sollten nie auf feuchtem Boden gemacht
werden, auch nicht in der Nähe von Wassertümpeln. Am
wirksamsten sind sie, wenn man sie auf einer Anhöhe übt.
Schwingen Sie sich in das transzendente Feld einer Rune.
Aber bedenken Sie: Sie müssen bereit sein. Körper, Seele,
Geist müssen wie bei einem guten Instrument gestimmt
sein, ehe die Schwingung der Runen in Sie strömt.

Runenübungen

Die Macht der Runen gibt Ihnen die Möglichkeit, erfolgreich zu sein, Kraft zu bekommen für Leib und Seele. Die Anwendungen sind sehr einfach. Sie können die Übungen überall leicht nachmachen. Am Arbeitsplatz, zu Hause, sogar auf dem Rastplatz. Innerhalb von fünf Minuten werden Sie nach einer langen anstrengenden Autofahrt wieder fit.

Die Runen bilden eine kosmische Kraftantenne zu den verborgenen Energien, die so alt sind wie der Kosmos selbst. Sie strömen durch die entsprechenden körperlichen Positionen in den Menschen ein.

Am besten, Sie stellen sich möglichst bequem und luftig bekleidet in die Grundstellung (Abbildung S. 128).

Jede Rune sollten Sie am Anfang 2 bis 3 Minuten üben. Wenn Sie sie beherrschen, können Sie mit der Runen-Gymnastik beginnen. Sie nehmen eine Runenposition ein, singen das entsprechende Tonschema zirka 30 Sekunden und gehen dann in die nächste Position. 5 bis 6 Stellungen üben Sie hintereinander.

Den Erfolg werden Sie bald spüren. Sie fühlen sich ausgeglichener, haben mehr Energie, Kraft. Nicht nur Ihre Organe werden gestärkt, arbeiten besser, auch ihr Geist und ihre Seele. Man kann das mit einem Akku vergleichen. Wenn er leer ist, wird er an einen Stromkreis angeschlossen, aufgeladen. Danach arbeitet er wieder mit voller Energie.

Wir verstehen durch diese Kraft, die wir uns täglich mit den Runenübungen holen können, unser Dasein besser, erkennen religiöse und weltliche Zusammenhänge. Es ist eine Kraft, die körperlich und seelisch wirkt. Aber Körper und Seele müssen schließlich im Einklang sein, damit wir uns wohl fühlen.

Für die Übungen brauchen Sie nur ein paar Minuten Zeit. Bei regelmäßiger Anwendung werden Sie merken, daß Sie eine innere Zufriedenheit überkommt. Nichts regt Sie mehr so schnell auf, Sie können sich besser konzentrieren, Ihr Geist arbeitet wacher, sie haben ein größeres Selbstwertgefühl.

1 FA	1 FA	2 UR	2 UR	3 THORN	3 THORN
4 OS	4 OS	5 RIT	5 RIT	6 KA	6 KA
7 HAGAL	7 HAGAL	8 NOT	8 NOT	9 IS	9 IS
10 AR	10 AR	11 SIG	11 SIG	12 TYR	12 TYR
13 BAR	13 BAR	14 LAF	14 LAF	15 MAN	15 MAN
16 YR	16 YR	17 EH	17 EH	18 GIBOR	18 GIBOR

Die Runengrafik zeigt die 18 Runen des Futhork. Runen können nicht nur im Stehen, sondern auch im Liegen nachgestellt werden. Dies ist vor allem für behinderte oder bettlägerige Personen von großem Vorteil. Die zweite Abbildung einer Rune stellt jeweils die liegende Position dar.

Is-Rune

Die Is-Rune wird auch die Ich-Rune genannt. Sie erzeugt ein eigenes Wertgefühl, stärkt die gesamte Persönlichkeit, führt zu Einfluß auf andere Personen (nur zum Guten), zu einer eigenen geistigen Macht. Die Is-Rune stärkt den Willen, es ist die Rune des positiven Egoismus, der Persönlichkeitsentwicklung.

Sie ist die neunte Rune: Bedeutung nach alter Überlieferung aus der Edda: Ein neuntes weiß ich, wenn Not mir ist vor der Flut das Fahrzeug zu bergen, so wend' ich den Wind von den Wogen ab und beschwichtige rings die See. Runenspruch (Leitsatz aus den Runenliedern): Verstehet, daß die Götter euer Leben sind.

Diese Runenstellung wird aus der aufrechten Körperstellung gebildet, daß von den Fersen bis zum Kopf eine gerade Linie entsteht. Der Körper wird leicht auf den Fußflächen ausbalanciert. Die Arme hängen an den Körperseiten. Sie haben das Gefühl, daß sich mit jedem Atemzug Ihr Körper nach oben streckt.

Nun müssen Sie noch ein Tonschema singen. Diese Lautbildungen verstärken die Runenkräfte.

Der Ton wird leise auf dem „I" gebildet, immer lauter und tönender und am Ende schließt er mit dem Konsonanten „s" ab. Also „Is". Das wird dreimal gedehnt wiederholt. Wenn Ihnen dies auf einem Atemzug gelingt (das Ein- und Ausatmen muß schnell und kräftig gemacht werden, ohne zu schnauben), wechseln Sie. Der Ton wird nun höher, voller, tönender. Dann lassen Sie ihn langsam abklingen. Also: Abwechselnd mal lauter, mal leiser in unterschiedlicher Tonhöhe. Sie werden sehen, wie schnell Sie sich daran gewöhnen. Wenn Sie etwas Übung haben, können Sie Tonlagen überspringen und gleich von ganz hoch in ganz tief verfallen.

Wirkung: Die Is-Runenstellung ist nervenstärkend, hat Einfluß auf alle Probleme, die mit dem Kopf, dem Hals und der Leber in Verbindung stehen. Auch Migräne, Nervenleiden und Psychosen können Sie mit der Is-Rune günstig beeinflussen. Schicksalsschläge lassen sich mit ihrer Hilfe

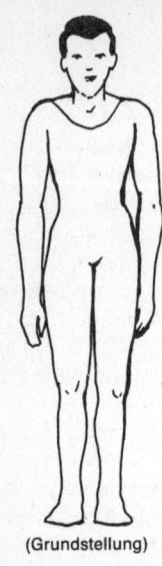

(Grundstellung)

Is-Runen-Stellungen

besser ertragen. Falls Schicksalsschläge in Ihrem Horoskop
zu erkennen sind, können Sie sie mit Hilfe der Is-Runenstellung beeinflussen und zum Guten wenden. Das Unglück
wird dann in erträglichen Grenzen bleiben.

Gesundheit: Die höhere Tonlage wirkt besonders auf Hals,
Brust und Kopf, während die normale Tonlage und die
tieferen Töne den ganzen Körper beeinflussen. Es ist nicht
nötig, unbedingt alle Runenstellungen perfekt zu beherrschen. 5 bis 6 Runenkombinationen reichen aus, um uns alle
Kräfte zu geben, die wir im Alltag brauchen, uns fit und
erfolgreich zu machen.

Fa-Rune

Nehmen Sie wieder die Grundstellung der Is-Rune ein.
Stellen Sie die Füße nebeneinander, heben Sie den Kopf
gerade hoch. Er ist praktisch die Verlängerung Ihrer Wirbelsäule. Nun heben Sie beide Arme nach oben, durchge-

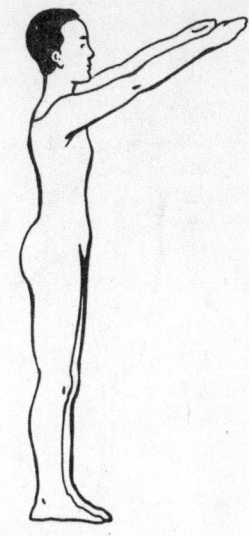

Fa-Runen-Stellung

streckt in einem halben rechten Winkel zum Kopf. Die Handflächen zeigen nach unten. Senken Sie die linke Schulter nach unten und die rechte nach oben. Tonschema: Fffaaa, Fffaaa, Fffaaa. Atmen Sie gleichmäßig ein und aus. Die Fa-Rune ist die erste Rune. Bedeutung nach alter Überlieferung aus der Edda: Lieder kenn ich, die kann die Königin nicht und keines Menschen Kind . . . Hilfe heißt eins, denn helfen mag es in Streiten und Nöten und in allen Sorgen. Runenspruch (Leitsatz aus den Runenliedern): Ich will den Tod bereiten.

Wirkung: Die Fa-Rune ist die urgeistige Rune. Sie verleiht Besinnung auf den eigenen Geist, auf die Seele, auf das Jenseits. Sie gibt Wechsel und Neugestaltung des Lebens (positiv). Sie ist die Ur-Feuer-Rune, das göttliche Seelenfeuer in uns. Sie gilt als Senderune (Telepathie) und Empfangsrune. Die Fa-Rune ist die Rune der neuen Lebensimpulse, der Neuanfänge, der neuen Schicksalsgestaltung.

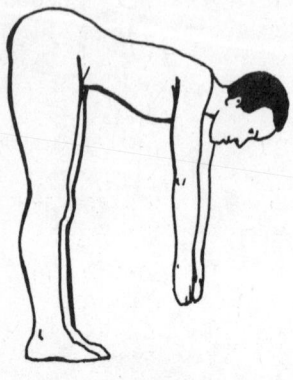

Ur-Runen-Stellung

Gesundheit: Die Fa-Rune wirkt auf Nervenleiden, seelische Bedrückungen ebenso positiv wie bei Erkrankungen der Knochen und Gelenke, vor allem der Arme und Schultern. Sie kann auch Hautleiden positiv beeinflussen. Bei Kopfdurchblutungsstörungen hilft sie, ebenso wie bei fieberhaften Erkrankungen.

Ur-Rune

Nehmen Sie die Grundstellung der Is-Rune ein. Dann beugen Sie sich mit dem Oberkörper nach unten. Die Arme bleiben gerade durchgestreckt, die Hände sollten in Höhe der Waden sein. Die Handflächen zeigen zueinander. Tonschema: Uuurrr, Uuurrr, Uuurrr.

Die Ur-Rune ist die zweite Rune. Bedeutung nach alter Überlieferung aus der Edda: Ein anderes weiß ich, des alle bedürfen, die heilkundig heißen. Runenspruch (Leitsatz aus den Runenliedern): Aus dem Stein tagen die Söhne, als trügen sie Licht.

Wirkung: Die Ur-Rune ist das Ur-beständige, die Ewigkeit, die Arzt-Rune. Die Rune der od-magnetischen Heilkräfte. Wir nehmen durch die Rune erdmagnetische Heilkräfte auf, führen Sie unserem Körper zu. Sie gilt jedoch auch als Glücksrune für alles, was mit erdgebundenen materiellen Werten und Dingen in Verbindung steht (Häuser, Grundstücke, Ackerbau, Bergwerk usw.). Gärtner und Erdarbeiter können durch die Ur-Rune neue Erkenntnisse und Ideen sammeln. Auch im allgemeinen verleiht sie Glück und Anziehungskraft zu positiven Menschen. Sie verbindet mit den Ur-Kräften der Natur.

Gesundheit: Seelische Störungen werden gebessert, Harmonie, Ausgeglichenheit. Stärkung der Aura, der Nerven. Sie heilt Störungen der Verdauungsorgane. Ist gut für die Durchblutung der Beine, des Rückens und der Wirbelsäule.

Thorn-Rune

Nehmen Sie wieder die Grundstellung der Is-Rune ein. Winkeln Sie den linken Arm an, legen Sie die Handfläche locker auf die Hüfte. Der Kopf bleibt gerade. Tonschema: Thooorrrn, Thooorrrn, Thooorrrn.
Die Thorn-Rune ist die dritte Rune. Bedeutung nach alter Überlieferung aus der Edda: Ein anderes weiß ich, des ich bedarf, meine Feinde zu fesseln. Die Spitze stumpf ich den Widersacher; mich verwunden nicht Waffen noch Listen. Runenspruch (Leitsatz aus den Runenliedern): Viele freilich werden unverzeitet enden.

Wirkung: Die Thorn-Rune ist die Rune der Vitalität und Lebenskraft. Sie eignet sich zur eigenen Stärkung ebenso wie zur Krankheitsheilung anderer Personen. Auch sie gibt Willenskraft; sie ist die Tat-Rune schlechthin. Alles, was wir verwirklichen wollen, steht unter ihrem Einfluß. Selbst

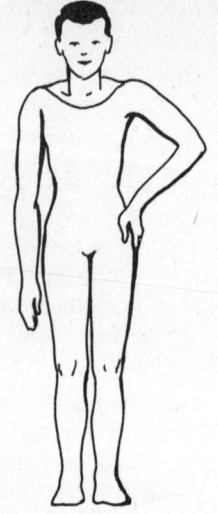

Thorn-Runen-Stellung

große Ziele und Wünsche auf lange Sicht hilft sie schneller zu erreichen. Für Ärzte, Heilpraktiker sowie Magnetopathen (Heilung durch Handauflegen, durch Magnetismus) ist diese Rune bestens geeignet.

Gesundheit: Sie wirkt auf Blase, Nieren, Leber, Hüftgelenke, Arthrose, Stauungen in den Venen, Beine, Durchblutung des Unterleibs. Günstige Beeinflussung aller Störungen von der Gürtellinie bis zu den Füßen.

Os-Rune

Nehmen Sie wieder die Grundstellung der Is-Rune ein. Heben Sie den linken Arm im Winkel von 45 Grad, die Handflächen zeigen nach unten. Dann heben Sie das linke Bein ebenfalls in einem Winkel von 45 Grad. Bein und Arm

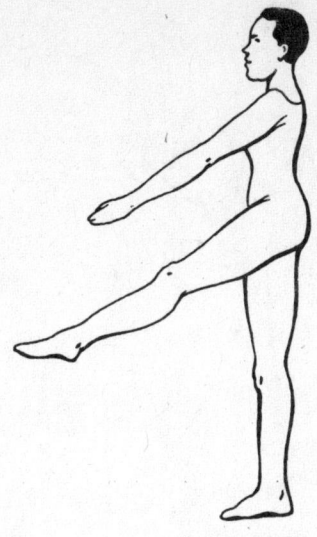

Os-Runen-Stellung

sind gestreckt, verlaufen parallel zueinander. Der Kopf bleibt gerade. Tonschema: Ooosss, Ooosss, Ooosss.

Die Os-Rune ist die vierte Rune. Bedeutung nach alter Überlieferung: Ein viertes weiß ich, wenn der Feind mir schlägt in Bande die Bogen der Glieder, sobald ich es dinge, so bin ich ledig, von den Füßen fällt mir die Fessel, der Haft von den Händen. Runenspruch (Leitspruch aus den Runenliedern): Sei mir ein Wort, so bist du frei.

Wirkung: Sie gibt geistige Heilung, Ausgeglichenheit, Harmonie. Es ist die Rune der Atmung, der Luftorgane, der Od-magnetischen-pranischen Strahlkraft. Die Heilungsrune für uns selbst und für andere. Sie ist auch die Rune der Wunschverwirklichung, der geistigen Erkenntnisfähigkeit und Entwicklung. Die Rune der Techniker und der Luftfahrt. Die Rune der intellektuellen Erkenntnisse. Gut für Wissenschaftler, Erfinder und Entdecker.

Gesundheit: Alle Krankheiten der Luftorgane (Asthma,

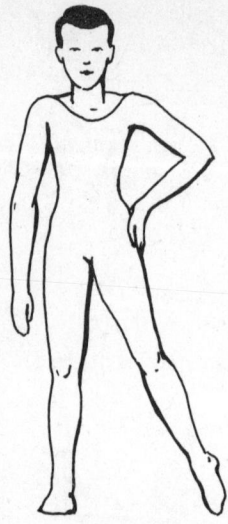

Rit-Runen-Stellung

Luftbeschwerden, Brustenge, Halsentzündung) und Kopf-
leiden. Die Rune der Selbstsicherheit, der seelischen Festigkeit und Ausdauer. Stärkung der Herzmuskeln und günstige
Beeinflussung der Beine. Verleiht Leichtfüßigkeit und hilft
bei Blutstauungen.

Rit-Rune

Nehmen Sie wieder die Grundstellung der Is-Rune ein.
Strecken Sie das linke Bein nach links, nur die Zehenspitzen
berühren den Boden. Winkeln Sie den linken Arm an, die
Handfläche legen Sie locker auf die Hüfte. Tonschema:
Rrriiittt, Rrriiittt, Rrriiittt. Sie sollten es in einem Atemzug
singen.
Die Rit-Rune ist die fünfte Rune. Bedeutung nach alter
Überlieferung aus der Edda: Ein fünftes kann ich: fliegt ein

Pfeil gefährlich übers Heer daher, wie hurtig er fliege, ich mag ihn hemmen, erschau ich ihn nur mit der Seele. Runenspruch (Leitsatz aus dem Runenliedern): Was sichtbar ist, verweht ein Wandelnder geschwind.

Wirkung: Recht, Gerechtigkeit, Gericht. Sie ist die Gesetzes-Rune. Sie gibt uns Rat und Rettung aus schwierigen Situationen (Prozesse, heimliche Feinde, Intrigen usw.). Sie gilt für Anwälte, Richter, Behörden. Sie ist gleichzeitig auch die Rune der Rhythmik und des Tanzes. Sie verleiht Tänzern und Schauspielern Ansehen und Erfolg. Schützt gegen plötzliches Unheil.

Gesundheit: Schützt vor Rheuma, Gelenkschmerzen und Gicht. Gibt Geschmeidigkeit, seelisches Wohlbefinden. Wirkt gegen Krankheiten des zentralen Nervensystems und gegen Geschwüre.

Ka-Rune

Nehmen Sie wieder die Grundstellung der Is-Rune ein. Dann heben Sie den linken Arm, strecken ihn gerade links hoch, bis er einen Winkel von etwa 45 Grad zu ihrem Hals bildet. Die Handflächen weisen nach unten, die Finger sind gestreckt. Der rechte Arm liegt eng am Körper an. Drehen Sie Ihren Kopf nach links, halten ihn gerade hoch. Tonschema: Kaaa, Kaaa, Kaaa.
Die Ka-Rune ist die sechste Rune. Bedeutung nach alter Überlieferung aus der Edda: Ein sechstes kann ich, so wer mich versehrt mit harter Wurzel des Holzes: den andern allein, der mir es antut, verzehrt der Zauber. Runenspruch (Leitsatz aus den Runenliedern): Ließ ich dich frei, um dich zu trösten?
Wirkung: Diese Rune wirkt speziell auf die Potenz und die Zeugungsorgane, ebenso auch auf die Bereitschaft zur Liebe. Sie gilt als Fortpflanzungs- und Zeugungsrune und wirkt auf alles, was hiermit in Verbindung steht. Ebenso ist sie die Rune der Künstler, Maler, Tänzer, Sänger, Bildhau-

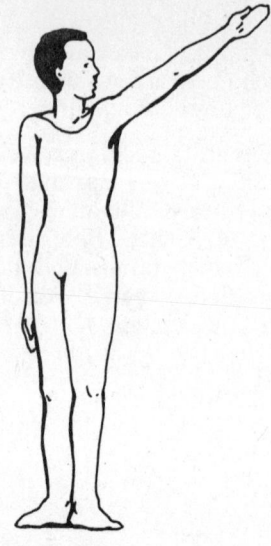

Ka-Runen-Stellung

er, fördert allgemein künstlerische Ambitionen. Die Ka-Rune verleiht eine schöne, klare Stimme und starke Anziehungskraft. Sie schenkt Beliebtsein beim anderen Geschlecht.

Gesundheit: Heilt Probleme mit Magen, Darm und Verdauung. Ebenso positiv wirkt sie auf Harnorgane, Nieren, Sexualorgane. Chronische Entzündungen im Körper werden beseitigt.

Hagal-Rune

Sie nehmen die Grundstellung der Is-Rune ein. Dann strecken Sie beide Arme seitlich nach oben über die Schulter hinweg (im Winkel von 45 Grad). Die Handflächen sind nach oben gerichtet. Dann gehen Sie mit dem linken Bein so weit nach links, daß die Fußspitze mit der linken Fingerspitze eine Gerade bildet. Dasselbe machen Sie mit dem rechten Bein. Das Tonschema: Hhhaaagggaaalll, Hhhaaa-

Hagal-Runen-Stellung

gggaaalll, Hhhaaagggaaalll.

Die Hagal-Rune ist die siebte Rune. Bedeutung nach alter Überlieferung aus der Edda: Ein siebentes weiß ich, wenn hoch der Saal steht über den Leute im Lohe, wie breit sie schon brenne, ich berge ihn noch: den Zauber weiß ich zu zaubern. Runenspruch (Leitsatz aus den Runenliedern): Also sterben die Söhne verschieden.

Wirkung: Die Rune der Allharmonie, der geistigen Erkenntnis, der geistigen Führung. Schutzrune gegen negative Angriffe. Rune für alles Schöne, Bewahrende, Erzeugende. Rune der Poeten, Literaten, Schriftsteller, Philosophen, Priester und Esoteriker. Sie verleiht Sicherheit, Ausdauer, Beharrlichkeit.

Gesundheit: Schafft große Harmonie und Ausgeglichenheit in Körper und Geist. Wirkt beruhigend und schützend. Heilt Psychosen und psychosomatische Störungen. Beruhigt die Nerven – die Nerven-Pflege-Rune. Auch günstig für Blase, Nieren und Kreuz.

Not-Runen-Stellung

Not-Rune

Nehmen Sie wieder die Grundstellung der Is-Rune ein. Sie
recken sich, machen den Rücken ganz lang. Der Kopf wird
so ausgerichtet, daß er mit der Wirbelsäule eine gerade
Linie bildet. Heben Sie den rechten Arm seitlich nach oben,
Handfläche zeigt zum Boden. Den linken Arm strecken Sie
seitlich nach unten. Die Hand ist etwa in der Höhe der
Taille. Die Handfläche zeigt zur Erde. Tonschema: Fangen
Sie mit n an und schließen mit t ab. Der Vokal o wird in der
Mitte langgezogen: Nooottt, Nooottt, Nooottt.
Die Not-Rune ist die achte Rune. Bedeutung nach alter
Überlieferung aus der Edda: Ein achtes weiß ich, das allein
wäre nützlich und nötig: wo unter Helden Hader entbrennt,
da mag ich schnell ihn schlichten. Runenspruch (Leitsatz
aus den Runenliedern): Das Dunkel ist des Lichtes Sein.
Wirkung: Das Karma, das Schicksal, auch die Zwänge, die
daraus resultieren. Sie hilft uns aus der Not (soweit das

möglich ist, sie wird aber vieles abwenden und verbessern), gibt uns Schutz vor Feinden, vor ungerechtfertigten Angriffen. Sie werden selbstsicherer, haben keine Angst mehr vor Gefahren. Das Schicksal wird positiv beeinflußt.

Gesundheit: Hilfe bei depressiven Zuständen, Alpträumen, Psychosen, fixen Ideen und Ängsten. Heilt Lungenkrankheiten, Herzstörungen und Schulterschmerzen. Entwickelt den Gleichgewichtssinn.

Ar-Rune

Sie nehmen die Grundstellung (Is-Rune) ein. Dann heben Sie das rechte Bein, strecken es nach rechts, die Zehenspitzen berühren den Boden. Das Gewicht des Körpers liegt auf dem linken Bein. Heben Sie nun beide Arme senkrecht nach oben. Die Handflächen zeigen zueinander. Das Tonschema wird auf dem Vokal a aufgebaut und endet auf einem anhaltenden r. Also: Aaarrr, Aaarrr, Aaarrr. Es soll in einem Atemzug gesungen werden.

Die Ar-Rune ist die zehnte Rune. Bedeutung nach alter Überlieferung aus der Edda: Ein zehntes kann ich, wenn Zaunreiterinnen durch die Lüfte lenken, so wirk ich so, daß sie wirre zerstäuben und als Gespenster schwinden. Runenspruch (Leitsatz aus den Runenliedern): Lern Leben zu entbehren, damit dein Tod erlöse.

Wirkung: Die Rune der Weisheit, der Philosophie, der Alchimie, der Schönheit, der Tugend, des Ruhmes und Erfolges, der Heilung und des Schutzes.

Sie ist eine der vielseitigsten Runen. Sie verleiht Liebe und Schönheit für alle Dinge, die mit Formen und Farben in Verbindung stehen, gibt uns Sinn für Treue, gibt Festigkeit und Anerkennung im Beruf. Sie sorgt dafür, daß wir erfolgreich sind, gefördert werden. Auch schützt sie uns vor negativen Einflüssen und Menschen.

Gesundheit: Gegen Muskelschmerzen und Entzündungen anwenden. Sie ist für den Kreislauf und die Wirbelsäule gut,

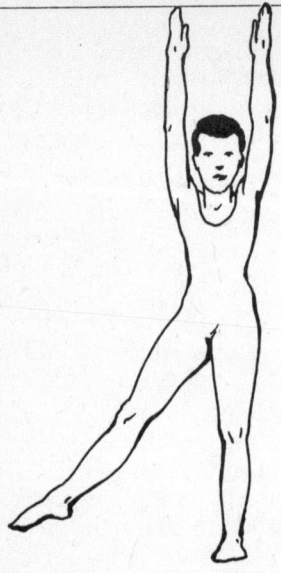

Ar-Runen-Stellung

schützt vor Magen-Darm-Erkrankungen ebenso wie vor Verschleiß und rascher Erschöpfung. Sie sammelt die Lebenskräfte, gibt Vitalität und sexuelle Energie.

Sig-Tyr-Rune

Nehmen Sie wieder die Grundstellung der Is-Rune ein. Dann winkeln Sie beide Arme an, sie sollen zum Körper einen Winkel von 45 Grad bilden. Die Handflächen zeigen nach oben, sind in Höhe der Schultern. Tonschema: Sssiiig, Tyyyrrr, Sssiiig, Tyyyrrr, Sssiiig Tyyyrrr.
Die Sig-Tyr-Rune ist die elfte Rune. Bedeutung nach alter Überlieferung aus der Edda: Ein elftes kann ich, wenn ich zum Angriff soll die treuen Freunde führen, in den Schild sink ich's, so ziehen sie siegreich, heil in den Kampf, heil aus dem Kampf, bleiben heil, wohin sie ziehn. Runenspruch (Leitsatz aus den Runenliedern): Ich lasse Wolken steigen

140

Sig-Tyr-Runen-Stellung

und lach' in die Flut des sanften Mondes.
Wirkung: Die stärkste Rune überhaupt. Sie gibt lebensmüden Menschen neuen Lebenswillen, pflanzt sozusagen neues Leben ein. Ausgezeichnet in Verbindung mit der Man-Rune. Sie verhilft zum Sieg, schenkt Erfolg, gibt Stärke und Durchsetzungskraft. Ebenso wie die Tyr-Rune verleiht sie sexuelle Potenz, geistige Entwicklung, Erkenntnis, Macht. Sie führt zu einem erweiterten Horizont, hilft Probleme leichter lösen, gibt ein Unabhängigkeitsgefühl.
Gesundheit: Sie stärkt die Potenz, heilt Nervenstörungen, Lähmungen, gibt Herzenskraft. Sie wirkt auf die Wirbelsäule positiv, ebenso wie auf Hals, Ohren, Augen, Haare.

Tyr-Rune

Nehmen Sie die Grundstellung der Is-Rune ein. Strecken Sie beide Arme zur Seite, sie sollen einen Winkel von 45 Grad zum Körper bilden. Die Handflächen sind gestreckt,

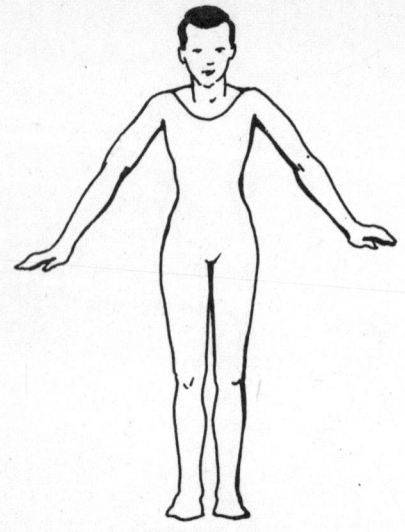

Tyr-Runen-Stellung

zeigen zur Erde. Tonschema: Tyyyrrr, Tyyyrrr, Tyyyrrr.
Die Tyr-Rune ist die zwölfte Rune. Bedeutung nach alter
Überlieferung aus der Edda: Ein zwölftes kann ich, wo am
Zweige hängt vom Strang erstickt ein Toter, wie ich ritze das
Runenzeichen, so kommt der Mann und spricht mit mir.
Runenspruch (Leitsatz aus den Runenliedern): Wahr sagt's,
daß der Schlag auf den Stein den Gott bringt.

Wirkung: Eine der stärksten Runen überhaupt. Sie schenkt
Macht, Erfolg, Weisheit, Intuition, Stärkung der Sexual-
kraft. Die Rune des materiellen, beruflichen Erfolges. Sie
verleiht Durchsetzungskraft, eignet sich besonders für Personen, die zaghaft, ängstlich oder psychosomatisch belastet
sind. Sie gibt Selbstsicherheit, Ruhe und löst schwierige
Probleme.

Gesundheit: Sie hilft bei Gicht, rheumatischen Beschwerden, Blutkrankheiten, Arterienverkalkung, Sexualschwä-
che, stärkt die Potenz.

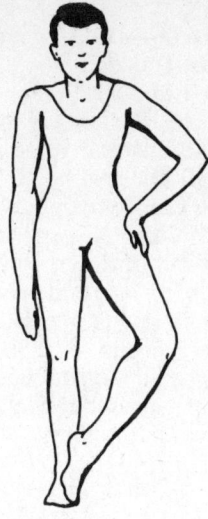

Bar-Runen-Stellung

Es gibt viele Berichte von Personen, die mit den Runenkräften bei Beschwerden der Hüfte, Knochen, Gelenke, Nervenkrankheiten, Herz, Magen, Galle, Leber ihr Leiden erheblich lindern konnten. Manche hatten sogar so einen großen Erfolg, daß sie ganz gesund wurden.

Bar-Rune

Nehmen Sie wieder die Grundstellung der Is-Rune ein. Winkeln Sie den linken Arm an, legen die Handfläche auf die linke Hüfte. Dann winkeln Sie das linke Bein an, legen den Fuß an die Innenseite des rechten Beines. Die Zehenspitzen berühren den Boden. Das Tonschema: Baaarrr, Baaarrr, Baaarrr.
Die Bar-Rune ist die dreizehnte Rune. Bedeutung nach alter Überlieferung aus der Edda: Ein dreizehntes kann ich, soll ich ein Degenkind mit Wasser bewerfen, so mag er nicht

fallen im Volksgefecht. Kein Schwert mag ihn versehren. Runenspruch (Leitsatz aus den Runenliedern): Der Fremde hat den Beginn wie Tod und Gerücht.

Wirkung: Die Bar-Rune ist die Rune des Gedeihens, der berechtigten Wünsche. Sie gibt Geborgenheit, Liebe, Freude und Harmonie. Sie ist die Rune des Gesanges und der darstellenden Kunst. Die große Erfolgsrune für Sänger. Sie verleiht der Stimme große Anziehungskraft. Durch sie wird ein Mensch anziehend, ausgeglichen, harmonisch. Sie schützt uns gegen Neid, Intrigen, Feindschaften. Alles, was wir unternehmen, wird langsam, aber stetig wachsen.

Gesundheit: Wirksam gegen alle Hüftgelenkbeschwerden, Unterleibsstörungen, gegen die Parkinsonsche Krankheit, günstig bei Epilepsie und motorischen Störungen. Sie ist die Rune der elektro-magnetischen Heilung. Auch die Nieren und Harnorgane werden positiv beeinflußt.

Laf-Rune

Nehmen Sie die Grundstellung der Is-Rune ein. Stellen Sie beide Füße nebeneinander. Heben Sie beide Arme in einem Winkel von etwa 60 Grad gerade nach vorn hoch. Die Handflächen weisen nach unten. Der Kopf ist gerade, die Augen sehen an ihren Armen entlang auf die Fingerspitzen. Tonschema: Lllaaafff, Lllaaafff, Lllaaafff.

Die Laf-Rune ist die vierzehnte Rune. Bedeutung nach alter Überlieferung aus der Edda: Ein vierzehntes kenn ich, soll ich des Volkes Schar, der Götter Namen nennen, Asen und Alben kenn ich allzumal; wenige sind so weise. Runenspruch (Leitsatz aus den Runenliedern): Wer euch verwundet, wird euch heilen.

Wirkung: Die Laf-Rune ist die Meeres-Rune. Alles, was mit dem Wasser-Element in Verbindung steht. Sie ist das Ur-Wasser der Schöpfer und auch die Liebes-Rune, umfaßt Gefühl, Herz, seelischen Bereich. Sie ist die Rune der Lebenserfahrung, gilt außerdem als Gesetzes-Rune: Dem Ur-Gesetz, der Schöpfung, des Karma, der Gerechtigkeit.

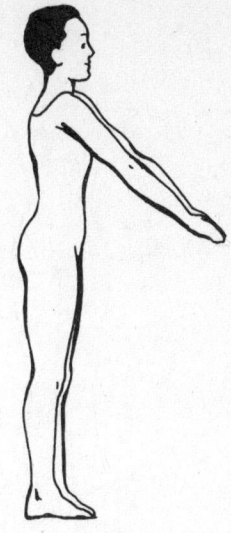

Laf-Runen-Stellung

Sie hilft uns bei allen Herzensangelegenheiten in der Liebe, gibt uns reale Erkenntnis, läßt uns das Schicksal besser verstehen. Sie verleiht ein liebevolles Wesen, Anziehungskraft. Auch bei gerichtlichen Angelegenheiten kann sie hilfreich beeinflussen. Sie ist die gefühlvollste Rune.

Gesundheit: Infektionskrankheiten, Hautleiden. Sie hilft uns bei seelischer Problematik, heilt das kranke Herz, organisch und seelisch. Gibt uns innere Festigkeit. Sie ist gut bei Unterleibserkrankungen, Kreislaufstörungen und Knochenerweichung.

Man-Rune (Mannes-Rune)

Sie stellen sich in die Grundstellung (Is-Runenstellung). Warten Sie, bis Sie das Gefühl haben, ganz ruhig zu stehen. Heben Sie die Arme seitwärts hoch, sie sollen einen Winkel von 45 Grad zum Kopf bilden. Die Handflächen zeigen

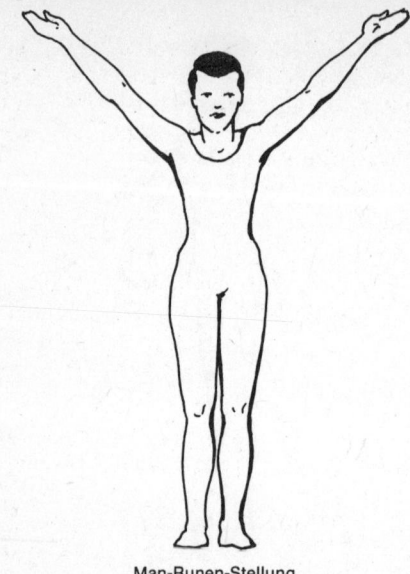

Man-Runen-Stellung

nach oben. Diese Rune wird auf einem einzigen Ton gesungen. Die Konsonanten m und n werden stimmhaft gesummt. Zwischen m und n dehnen Sie den Vokal a lang: Mmmaaannn, Mmmaaannn, Mmmaaannn. Sie atmen kräftig ein, ziehen das Ausatmen so lange wie möglich in die Länge. Die Man-Rune verleiht nicht nur den Männern, sondern auch den Frauen Kraft. Sie gilt aber speziell als Mannes-Rune.

Sie ist die fünfzehnte Rune. Bedeutung nach alter Überlieferung aus der Edda: Ein fünfzehntes kann ich, das Volkrörir, der Zwerg, vor Dellungs Schwelle sang; den Arsen Stärke, den Alben Gedeihn, Hohe Weisheit dem Hroptatyr. Runenspruch (Leitsatz aus den Runenliedern): Nun wahre dich, damit ich in dich kehre; wenn die Zeit sich wandelt.

Wirkung: Mehrung, Fülle, Erfolg, Macht, Gesundheit, Magie, Tagbewußtsein, geistige Entwicklung, Ausstrahlung.

Gesundheit: Schnelle Heilung bei Verletzungen, bei Nerven- und Gehörleiden, Schmerzen, zur Stärkung stark geschwächter Nerven, Konzentrationsmangel, schlechte Kopfdurchblutung, Lähmungen einzelner Körperteile (Beine, Arme, Wirbelsäule), Anämie.

YR-Rune

Die sechzehnte Rune wird nicht geübt. Sie ist die Rune der Vernichtung und Triebgier. Kann sehr negative Wirkungen ausüben.

Gruppenübungen

Mit der Man-Rune können Sie auch innerhalb einer Gruppe eine „Aufladung" ihrer Kraft machen. Die Wirkung wird dann um ein Vielfaches stärker.
Sie stellen sich mit 3, 4 oder mehr Personen im Kreis auf, nehmen die Man-Runen-Position ein. Und zwar so, daß sich die kleinen Finger gegenseitig berühren. Eine Person sollte das Tonschema anstimmen, dann fallen alle nach und nach ein. Bei jeder Wiederholung den Ton in seiner Höhe variieren. Zum Schluß sollten alle in gleicher Höhe singen. Mit dieser Gruppenübung bekommen Sie viel Energie. Natürlich können Sie die Übung auch mit Ihrem Partner machen.
Weitere Runen, die sich für Gruppenübungen eignen: Die Tyr- und die Sig-Tyr-Rune.

Eh-Rune

Sie nehmen die Grundstellung (Is-Rune) ein. Dann heben Sie beide Arme seitlich hoch, bis zur Waagerechten. Nun senken Sie den rechten Arm, den linken heben Sie an, so daß beide Arme eine Gerade bilden. Die Hände zeigen nach unten. Balancieren Sie so lange, bis Sie das Gefühl haben, daß Sie die Position mühelos halten können. Das Tonschema ist e, geht dann in hee über: Eeheee, Eeheee, Eeheee.
Die Eh-Rune ist die siebzehnte Rune. Bedeutung nach alter

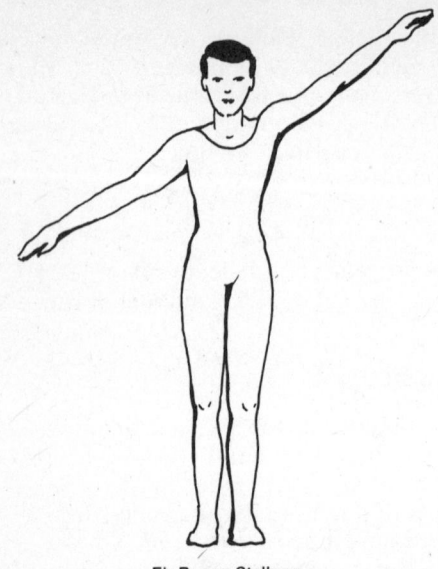

Eh-Runen-Stellung

Überlieferung aus der Edda: Ein siebzehntes kann ich, daß schwerlich wieder die holde Maid mich meidet. Diese Lieder magst du, Loddfafnir, lange ledig bleiben. Doch wohl dir, weißt du sie, Heil dir, behältst du sie, selig, singst du sie! Runenspruch (Leitsatz aus den Runenliedern): Bedürftig also wird steigen der Gott aus der Ruhe.

Wirkung: Ehe, Liebe, Treue, Gesetz, Gerechtigkeit, Hoffnung. Es ist die Rune der Ehe, der Gemeinschaft, der Liebe, des Füreinander und Miteinander. Sie löst Eheprobleme, wirkt hier ausgleichend und besänftigend. Sie läßt Hoffnungen wahr werden, gibt Optimismus und Sinn für Gerechtigkeit. Sie eignet sich für Eheleute, die ständig Streit haben.

Gesundheit: Seelische Ausgeglichenheit, Nervenstärke und Gleichmut. Sie läßt hoffen, verleiht eine harmonische Ausstrahlung, gibt auch dem Ehepartner Sicherheit, weckt Liebe und Sympathie, wirkt gegen Schwermut, lindert bei Drüsenentzündungen und wirkt positiv auf die Lymphe.

Gibor-Runen-Stellung

Gibor-Rune

Nehmen Sie wieder die Grundstellung ein. Gehen Sie mit dem linken Bein einen Schritt nach vorn. Dann knien Sie sich mit dem rechten Bein auf die Erde. Die Wirbelsäule ist durchgedrückt, bildet eine gerade Linie. Strecken Sie den linken Arm nach vorn, winkeln ihn nach oben an, die Handfläche zeigt nach innen. Den rechten Arm strecken Sie nach hinten, winkeln den Unterarm nach unten an, die Handfläche zeigt nach innen. Tonschema: Giiibooorrr, Giiibooorrr, Giiibooorrr.
Die Gibor-Rune ist die achtzehnte Rune. Bedeutung nach alter Überlieferung aus der Edda: Ein achtzehntes weiß ich, das ich aber nicht singe vor Maid noch Mannesweibe, als allein vor ihr, die mich umarmt, oder sei es, meiner Schwester. Besser ist, was einer nur weiß; so frommt das Lied mir lange. Runenspruch (Leitsatz aus den Runenliedern): Neulich, und der Gott gibt sich zum Tode frei.

Wirkung: Die Gibor-Rune ist die Gottesrune. Sie erzeugt kosmisches Bewußtsein, das zeugende und empfangende Prinzip. Geistige Liebe, göttliche Liebe, Erfüllung der Karmas, die Selbsterkenntnis. Sie verleiht uns ein erweitertes Bewußtsein, gibt uns Liebe. Sie ist die Rune der Priester, Esoteriker, Philosophen, der Heiligen. Sie verleiht uns Inspiration und die Erkenntnis, daß das Leben nur eine vorübergehende Station ist. Eine Bühne, auf der jeder seine Rolle spielen muß. Alles ist nur für kurze oder längere Zeit verliehen. Wir kommen ohne etwas und gehen ohne etwas. Diese Rune schenkt uns die wahre Einsicht, daß alles vergänglich ist, außer unser erworbenes geistiges Potential.
Gesundheit: Heilt alle seelischen Störungen, gibt Harmonie, Ruhe und Frieden. Wirkt günstig auf das Gehirn und die Wirbelsäule ein. Stärkt die Füße.

Kabbala –
Magie der Buchstaben

Geschichte der Kabbala und ihre Lehre

Kabbala bedeutet Tradition. Sie geht auf die Weisheit Altägyptens und Israels zurück und ist eine Offenbarung für die ganze Menschheit.

Moses Ben Schemtob de Leon (1300 n. Chr.) gab seine Lehren in zwei Teilen heraus. Der erste Teil ist der geschriebene, der zweite Teil der mündliche, der Geist oder die Seele der Lehre. Die Verbindung zwischen beiden Teilen ist der Talmud. Er ist eine Sammlung von Kommentaren und Berichten, Anmerkungen, Abhandlungen über religiöse und gesellschaftliche Probleme. Der sogenannte Jerusalemer Talmud wurde zu Beginn des 4. Jahrhunderts abgeschlossen. Im 5. Jahrhundert entstand der babylonische Talmud. Er ist größer und bekannter.

Die Kabbala ist die Wissenschaft von der Seele, von Gott und den Beziehungen, die zwischen beiden besteht. Ihr Kernsatz: Alles ist in Einem und eines ist in Allem.

Nehmen wir das Alphabet. Für die Kabbalisten war zum Beispiel ein Buchstabe so etwas wie eine kleine Welt. Und alle 22 Buchstaben des Alphabets das Universum. Buchstabe und Alphabet enthalten die drei Welten: die obere, mittlere und untere Welt. Diese drei Welten finden wir in der ganzen Schöpfung: In Gott, im Universum, im Menschen, im Tier, in einer Blume, einem Stein und auch in einem Buchstaben.

Der Besitz des kabbalistischen Schlüssels öffnet jeder Religion die Zukunft, den Erfolg, den Himmel. Wer diesen Schlüssel besitzt, muß ihn vor seinem Tod an einen Würdigen weitergeben, sonst wird er dafür bestraft.

Wer sich mit Kabbala befaßt, vertieft sich in eine geheime

Tradition, die bis zum Ursprung unserer Menschheit zurückgeht. Die Laut- und Wortmystik geht auf die im Urwort begründete Kraft der Laute zurück. „Am Anfang war das Wort, und das Wort war bei Gott."

Diese Kraft der Buchstaben offenbart uns Geheimnisse. Wir erkennen, daß ein innerer Zusammenhang des Menschen mit dem ganzen Kosmos besteht. Schon im persisch-mazedonischen Zeitalter finden wir ähnliche Lehren, auch in der orientalischen Emanationslehre (emare = ausströmen, der Austritt einer göttlichen Kraft, die unter einem unumstößlichen Gesetz stattfindet). Das älteste Buch der Kabbala ist das Buch Jesira. Es beschreibt die Erschaffung des Universums. Und stellt sie mit den 22 Buchstaben des hebräischen Alphabets in Verbindung. Mit Hilfe dieses Buches kann man übernatürliche Wirkungen erzielen, Krankheiten heilen, böse Geister beschwören.

Viele Gelehrte haben sich mit der Kabbala beschäftigt und sich ihre praktischen Lehren zunutze gemacht. Casanova (1725 – 1798) zum Beispiel. Er wird heute meist nur als toller Liebhaber erwähnt, doch er war ein sehr gelehrter Mann, der sich viel mit Mystik beschäftigte. Er wandte die 22 Buchstaben des hebräischen Alphabets an, als er den venezianischen Senator Matteo Bragadin mit diesen Formeln heilte.

Aus der Kabbala haben wir zum Beispiel zwei Wörter übernommen: Tohuwabohu. Es stammt aus dem mystischen Hauptwerk der Kabbala, dem ersten Buch Sohar. Tohuwabohu heißt übersetzt: Erst war das Chaos, dann kam die Ordnung. Von der Weltenschöpfung ist die Rede, die aus dem Chaos entstand.

Oder „Abrakadabra". Das Wort, das heute noch vor jeder Zauberei gesagt wird. Es war die mystische Formel der Kabbala. Diese Buchstabenfolge galt als Symbol des Göttlichen. Die Engel hatten mit dieser Formel die Macht über alle Zahlen und Buchstabenkombinationen, beherrschten die Himmelsphären. Die Kabbala kann man in zwei Hauptströmungen einteilen. 1. die praktische Schule, die hauptsächlich in Deutschland in der ersten Hälfte des 19. Jahrhunderts entstand. 2. die französisch-spanische Schule, die vom 12. – 14. Jahrhundert in Südfrankreich und in Spanien zur Blüte kam.

Die praktische Schule geht auf die Mystik aus der Zeit der Geonim (Gaon = Hoheit, Exillenz, die intellektuellen Führer), die 650 – 1050 n. Chr. wirkten. Sie wurden als höchste Autoritäten anerkannt. Sie waren es auch, die als erste in weit abgelegene Gemeinden Botschafter entsandten, um andere Getreue über die letzten Kommentare des Talmuds zu informieren. Die ersten Gebetbücher wurden von den Geonim zusammengestellt.

Die Kabbala ist ein Werk der Weisheit und Übungen, das sämtliche Schlüssel enthält, die uns zu höheren Welten und zum ewigen Leben führen. Sie weist uns einen Weg in das Mysterium Gottes, gibt uns Antworten auf Fragen um Geburt und Tod, Auferstehung und Leben sowie Ursprung, Sinn und Bestimmung unseres Menschseins.

Das Wort Kabbala kommt aus dem Hebräischen und leitet sich aus dem Wort „Kibel" ab, was so viel heißt wie empfangen. Die Kabbala soll uns also empfänglich machen und öffnen für die Geheimnisse des Lebens und der Ewigkeit. Sinn und Ziel der Kabbala ist das Erlangen von Glück, Erfüllung, Vollendung und Seligkeit. Wir sollen das, was wir suchen, hier und jetzt finden. Der Weg der Kabbala ist ein lebensnaher, lebensbejahender und weltzugewandter Weg.

Sie beantwortet uns drei Fragen. Die erste heißt: Wie finde ich die Beziehung zum Göttlichen? Viele Menschen glauben an Zufälle, an denen sie nichts ändern können. Das stimmt nicht. Alles folgt einem ewigen Gesetz innerhalb der umfassenden göttlichen Ordnung. Es ist deshalb für jeden von uns wichtig zu begreifen, daß eine Veränderung in unserem Dasein erst dann geschieht, wenn wir Gott gefunden haben.

Die zweite Frage heißt: Wie meistere ich mein Leben? Die Kabbala gibt uns innere Kraft und Verständnis für die wahren Werte des Lebens. Sie lenkt unseren Blick auf das Wesentliche, auf das, was nach dem Tod von uns übrigbleibt.

Die dritte Frage heißt: Wer bin ich überhaupt? Wir müssen an uns arbeiten, unsere Fähigkeiten erkennen. Gott hat uns seine Lehren in die Hand gegeben. Er hat den Menschen aber auch mit einem eigenen Willen erschaffen. Jeder muß seine Bestimmung auf Erden selbst herausfinden.

Dafür muß man sich Zeit nehmen, über sich nachdenken. Wenn wir jeden Tag so vollstopfen, daß wir gar nicht mehr zu uns selbst finden, können wir uns nicht weiterentwickeln. Die Kabbala hilft uns, unser Leben zu meistern, zu erkennen, was unsere wahre Bestimmung ist, wo die wahren Werte des Lebens liegen.

Die drei Seelen-Körper des Menschen

Ich möchte Ihnen noch etwas über die drei Seelenkörper des Menschen erklären, die wir in der Jakobsleiter und auch im Lebensbaum finden.

Die drei Körper unserer Seele sind:

1. Nefesch - Astralleib

2. Ruach - Mentalleib

3. Neschamah - Kausalleib

Auch hier haben wir wieder die Dreieinheit, die wir in der gesamten Schöpfung finden. In der Kabbala spricht man von den drei Welten oder drei Ebenen. In unserem psychischen Leib wohnt unsere Seele. Sie muß drei Stufen durchwandern, um zur höchsten Erfüllung zu kommen.

Der physische Leib ist die Hülle des Menschen. Er wird in der Kabbala Guf genannt. Wenn der physische Leib in seine Elemente zerfällt, ist der Mensch scheintot. Der physische Leib ist der Erde entnommen und kehrt auch zu ihr zurück. Seine Nahrung bezieht er aus den vier Elementen: Wir brauchen Sauerstoff zum Atmen (Luftelement). Wir ernähren uns mit fester Nahrung, die aus der Erde kommt oder auf ihr wächst (Erdelement). Wir brauchen Flüssigkeit, damit unser Körper nicht austrocknet (Wasserelement). Wir brauchen Licht, also Sonne, für unser Wohlbefinden, Wärme, um den Körper am Leben zu erhalten (Feuerelement).

Der Astralleib ist mit unserem psychischen Leib eins. Der

Astralleib ist das Wesen des Menschen mit seinen Trieb-
kräften, Emotionen, seinem Ich, seinem weltbezogenen
Denken, seinen Wünschen. Manche Menschen erreichen
nie eine höhere Stufe, weil sie sich ganz auf weltliche Dinge
konzentrieren. Für sie sind Besitz, materielles Streben
wichtiger als geistige Fähigkeiten. Wir müssen unsere Seele
reinhalten, uns genau überlegen, was wir denken, tun, und
wie wir handeln. Nur dann können wir Erleuchtung finden.
Wenn wir unsere geistigen Fähigkeiten und Talente entwickeln, dann wachsen wir in den Mentalleib. Der Mentalleib ist die Wandlung unserer Seele. Wir haben sie sozusagen gereinigt, um all unsere Qualitäten, Fähigkeiten und
Kräfte einzusetzen. Jetzt können wir über unsere wirkliche
Bestimmung nachdenken, nach dem Sinn des Lebens forschen, uns den geistigen Gütern zuwenden. Dieser Schritt
kann sehr lange dauern.
Um in die höchste Stufe der menschlichen Seele, den
Kaussalleib, zu gelangen, brauchen wir eine große geistige
Kraft. Der Kaussalleib vereinigt Geist und Seele. Es ist die
Bestimmung eines jeden Menschen, seinen Geist mit der
Seele zu vereinen. Nur so gelangen wir zu Vollkommenheit
und Seligkeit, leben in Harmonie und Zufriedenheit. Wir
sind dann so gefestigt in uns selbst, daß Kummer und Leid
uns nichts mehr anhaben können.

Der Sefirot-Baum –
Schlüssel zum Aufbau des Lebens

Der Sefirot-Baum ist das Symbol des Lebens. In nahezu
allen Kulturen wird der Baum als Urbild des Kosmos und
des Lebens angesehen. In der indischen Philosophie gab es
den Banyun-Baum, in der nordischen Mythe den Yggdrasil,
in der Edda die Weltenesche. Fast alle Völker verehrten die
Bäume als Wohnsitz der Götter.
Ein Baum besteht aus Wurzel, Stamm und Krone. Auch
hier ist wieder die Dreieinheit, die wir in der ganzen
Schöpfung finden. Die Wurzel gibt dem Baum Halt. Auch
der Mensch ist im übertragenen Sinne verwurzelt. Der eine

155

KABBALA – MAGIE DER BUCHSTABEN

אין סוף אור · אין סוף · אין

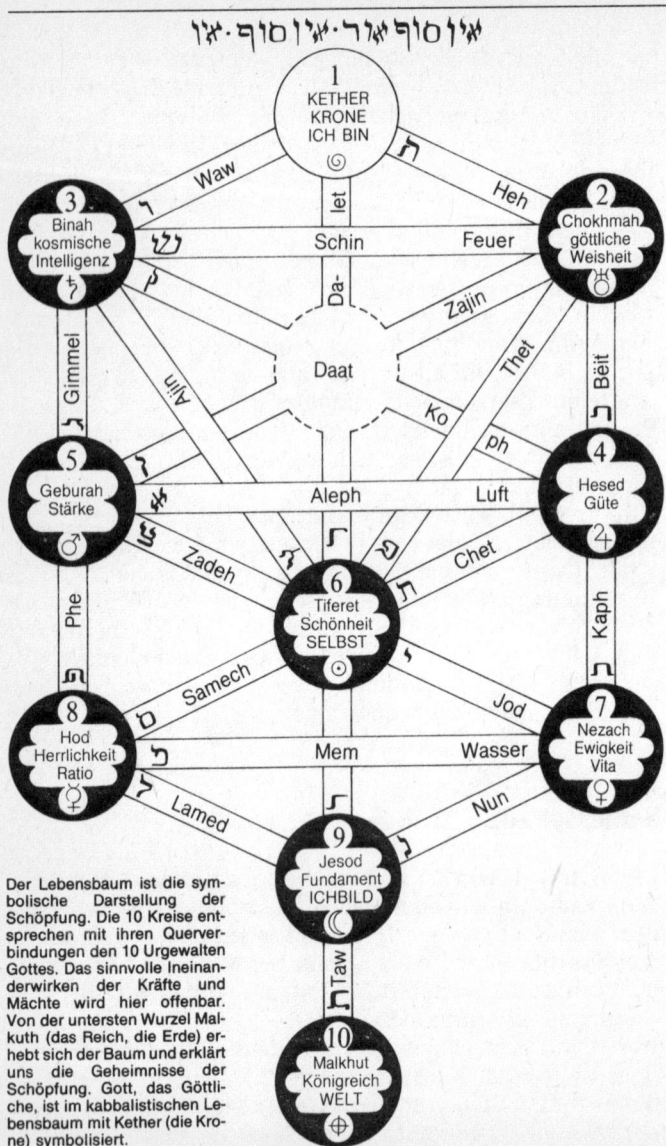

1
KETHER
KRONE
ICH BIN

3
Binah
kosmische
Intelligenz

2
Chokhmah
göttliche
Weisheit

Waw · Jet · Heh

Schin · Feuer

Da-

Zajjin · Thet

Daat

Gimmel · Aijn · Ko · ph · Bëit

5
Geburah
Stärke

Aleph · Luft

4
Hesed
Güte

Zadeh · Chet

6
Tiferet
Schönheit
SELBST

Kaph

Phe

Samech · Jod

8
Hod
Herrlichkeit
Ratio

Mem · Wasser

7
Nezach
Ewigkeit
Vita

Lamed · Nun

9
Jesod
Fundament
ICHBILD

Der Lebensbaum ist die sym-
bolische Darstellung der
Schöpfung. Die 10 Kreise ent-
sprechen mit ihren Querver-
bindungen den 10 Urgewalten
Gottes. Das sinnvolle Ineinan-
derwirken der Kräfte und
Mächte wird hier offenbar.
Von der untersten Wurzel Mal-
kuth (das Reich, die Erde) erhebt sich der Baum und erklärt
uns die Geheimnisse der
Schöpfung. Gott, das Göttliche, ist im kabbalistischen Lebensbaum mit Kether (die Krone) symbolisiert.

Taw

10
Malkhut
Königreich
WELT

mehr, der andere weniger. Er hängt an seinem Besitz, klammert sich an alles Irdische. Aus kräftigen Wurzeln entsteht ein starker Stamm. Auf den Menschen bezogen heißt das, daß er aus seinen Wurzeln die richtige Nahrung ziehen muß, um kräftig zu werden. Seine Wurzeln machen ihn stark für das Leben. Er muß seinem Geist also die richtige Nahrung geben, um sein wahres Wesen zu entfalten. Die Baumkrone ist das innerste Wesen des Baumes. Sie strebt zum Licht, kann ohne Licht nicht wachsen. Die menschliche Krone sind Geist und Seele. Sie wachsen durch das Licht unseres Schöpfers. Nur mit Hilfe dieses Lichtes können wir unser Wesen entfalten.

In der Kabbala ist der Sefirot-Baum Sinnbild für den geistigen Aufbau der Welt und das Innere des Menschen. Er weist uns einen Weg zu uns selbst und zu Gott.

Der Baum besteht aus 10 Kreisen und 22 Pfaden, die die Kreise miteinander verbinden. Die 1o Kreise sind die 10 Urgewalten Gottes, die Schöpfungskräfte also. Diese Kräfte werden den Zahlen 1 – 10 zugeordnet. Man nennt diese 10 Kreise Sefirot (Sefira = die Ziffer). Die 3, die 4, die 7, die 12 haben universelle Bedeutung. Die drei oberen Sefirots (kreise) stellen die Dreieinheit Gottes, die Schöpfungsgeschichte dar: Kether = die Krone, Chokhamah = Intelligenz, Binah = Weisheit. Die sieben anderen Sephirots sind mit den sieben Sphären der Schöpfung zu vergleichen (unsere Welt wurde sinnbildlich in sieben Tagen erschaffen).

Die 22 Pfade sind mit den 22 Buchstaben des hebräischen Alphabets verbunden. Sie enthalten einen Schlüssel zu den Erfahrungen in unserem Leben, bilden den Baum der Welt. Alle 10 Kreise des Baumes bedeuten die zehn göttlichen Eigenschaften Gottes, auch seine Zehn Gebote. Durch die Kabbala können wir uns mit jedem Kreis verbinden und so dessen Kraft für uns erbitten. Das geschieht durch gesungene, tonlose oder gesprochene Wiederholung der zu ihnen gehörenden Buchstaben. Eine Technik, die im Fernen Osten unter dem Namen Mantrik bekannt ist.

Es würde zu weit führen, alle Symbole des Sefirot-Baumes zu erklären. Wir wollen uns in erster Linie mit dem

Seelenbaum beschäftigen. Aus ihm können wir den meisten Nutzen für unser alltägliches Leben ziehen.

Malkhut (Körper)

Organ: Haut, Sinne
Pflanze: Taubnessel, Brennessel
Sinnbild: Nelke
Edelstein: Bergkristall, Granat
Planet: Erde

Der Seelenbaum hat seine Wurzeln im Leib des Menschen. Malkhut ist der Sitz des Körperbewußtseins, des Körperempfindens. Wir sollen unseren Körper pflegen, ihm geben, was er braucht. Wann haben Sie zuletzt in Ihren Körper hineingehört? Bewußt auf Ihre Atmung geachtet? Wer körperbewußt lebt, achtet auf Signale. Krankheiten kommen manchmal nur zustande, weil Seele und Körper nicht im Einklang sind. Der Körper ist immer Ausdruck der Seele. Schon an der Haltung eines Menschen kann man sehen, wie er dem Leben gegenübersteht, wie er sich wertet, fühlt. Der Körper ist also ein Instrument. Es ist nicht Lebenssinn, ihn zu bemalen, aufzumachen, nur für ihn zu leben oder ihn zu kasteien. Wer nur für seinen Körper lebt, geht am Sinn des Lebens vorbei. Malkhut lehrt uns, unseren Körper zu ernähren, gesund zu erhalten, zu pflegen. Nicht mehr und nicht weniger. Durch unseren Körper kann sich die Seele offenbaren. Deshalb müssen wir ein gesundes Körperempfinden entwickeln.

Jesod (Fundament, Ich-Bild)

Organ: Drüsen, Hormone
Pflanze: Hopfen, Schachtelhalm
Sinnbild: Passiflora
Edelstein: Quarz, Mondstein
Farbe: Silbergrau
Planet: Mond

Das Fundament ist die Grundlage unseres Lebens. Alles, was wir in unserem Leben erlebt haben, wie wir sind, gehört zu Jesod. Es beinhaltet die Erfahrungen, die Entwicklung, das Wachstum. Alle Wünsche, Ängste, unsere Phantasie, die Trug- und Wahnvorstellungen, all das wird zu unserem Ich-Bild. Leider bauen wir uns in unserem Leben oft falsche Fundamente auf. Wir leiten unseren Sinn und Wert davon ab, ob andere uns schätzen, brauchen, lieben. Wir werten Menschen nach ihrem Äußeren, nach ihrer Ausbildung. Überhaupt sind wir mit Wertungen rasch bei der Sache, haben ein Schubladendenken entwickelt. Kaum einer darf sein, was er wirklich ist. Wenn wir keinen Halt in uns selbst haben, werden wir immer wieder enttäuscht. Unser Fundament steht auf wackligen Füßen. Wir leiden unter den Bildern, die wir uns selbst schaffen. Sie versklaven uns, nehmen uns die Sicht für das Wirkliche. Jesod lehrt uns, sich dieser Bilder (Vorurteile, Erfahrungen usw.) bewußt zu werden und sie zu beseitigen. Nur dann können wir zu unserem wahren Ich finden.

Hod (Herrlichkeit, Empfinden)

Organ: Lunge, Nerven
Pflanze: Eisenhut, Kampfer
Sinnbild: Mohn
Edelstein: Opal, Chrysopas
Farbe: Gelb
Planet: Merkur

Hod umfaßt den ganzen Bereich unseres Denkens. Dazu gehören unser Gedächtnis, unsere Empfindungen, unsere Sprache, die Fähigkeit zu rechnen, handwerkliches Geschick, Neugier, Forscherdrang. Hod liegt links von Jesod (Fundament).
Unser Denken ist Ausdruck unserer inneren Haltung und der Weise, wie wir dem Leben gegenüberstehen. Wenn unser Denken nur vom Verstand bestimmt wird, ist es leblos, leer. Hod lehrt uns, nicht einfach etwas zu übernehmen, sondern über alles nachzudenken, selbst zu erleben oder zu erfahren. Wir neigen heute dazu, den Verstand über das Gefühl zu stellen. Alles wollen wir logisch erfassen, wir zerpflücken und analysieren. Wäre es nicht besser, erst mal

alles auf uns wirken zu lassen? Nehmen wir zum Beispiel die Natur. Nie können wir sie mit Worten so beschreiben, wie wir sie empfinden. Unser Verstand kann uns blenden, betrügen, täuschen. Deshalb sollten wir alles, was wir mit dem Verstand erfassen, auch mit dem Herz prüfen. Nur im Herzen findet jeder für sich selbst seine eigene Gewißheit, Wahrheit, Sicherheit.

Nezach (Ewigkeit, Wünschen)

Organ: Nieren
Pflanze: Wegwarte
Sinnbild: Jasmin
Edelstein: Smaragd, Onyx
Farbe: Grün
Planet: Venus

Nezach liegt Hod gegenüber. Es ist der Kreis der Sinnlichkeit, der Triebkräfte, der Lust am Leben. Hierzu gehören auch unsere Bedürfnisse, Wünsche, Begierden, der ganze Bereich unserer künstlerischen Fähigkeiten.
Alle Menschen sehnen sich nach Zärtlichkeit, Nähe. Doch viele Menschen verwechseln dieses Bedürfnis mit Sex, also rein körperlicher Begierde. Sie leben ihre Triebe voll aus, merken dabei nicht, daß sie das niemals befriedigen kann. Dieser Sefirot legt uns nahe, unsere wahren Bedürfnisse zu erkennen. Wir sollen diese Kräfte, die uns der Schöpfer geschenkt hat, in richtige Bahnen leiten. Triebe und Begierden dürfen uns nicht beherrschen.
Malkhut, Hod und Nezach bilden die Dreieinheit der untersten Stufe des Menschen, des Naturreichs. Das eine geht ohne das andere nicht. In unserem Körper müssen sich also Gefühl und Vernunft die Waage halten. Nur so entwickeln wir unsere volle Lebenskraft.

Tiferet (Wesen, Individualität)

Organ: Herz
Pflanze: Schlehe, Digitalis
Sinnbild: Rose, Orangenblüte
Edelstein: gelber Diamant, Topas

Farbe: Goldorange
Planet: Sonne

Tiferet liegt über dem Fundament. Es ist das Wesen des Menschen, der Sitz unseres Bewußtseins und wahren Ichs. Das Herz ist der wichtigste Teil unseres Körpers. Nur wenn es richtig schlägt, können unsere Organe arbeiten, nur so bleiben wir am Leben. Dieser Kreis lehrt uns, unser Wesen zu erfassen und unsere wahre Bestimmung auf der Erde kennenzulernen.

Manche Menschen leben so, als würden sie ewig leben. Sie verschenken Zeit mit Dingen, die sie nicht weiterbringen. Überprüfen Sie Ihr Leben auf seinen Wert, seine Bedeutung. Machen Sie sich bewußt, was Sie wollen. Fragen Sie sich nach Ihren Zielen. Nicht umsonst ist dieser Kreis dem Planeten der Sonne zugeordnet. Das Licht der Sonne soll uns die Kraft geben, uns vom Unwesentlichen zu befreien. Erst durch die Erleuchtung kann uns der Schatten, das Leid, nichts mehr anhaben. Manchmal erkennen wir erst durch Leid und Schicksalsschläge unseren Weg. Sinnbildlich: Erst in großer Dunkelheit erkennen wir das Licht (unsere Bestimmung). Und plötzlich offenbart sich uns etwas ganz Neues.

Geburah (Stärke, Festigkeit, Tatkraft)

Organ: Blut
Pflanze: Weißdorn, Hafer, Kaktus
Sinnbild: Orchideen
Edelsteine: Rubin, Hyazinth, Turmalin
Farbe: Rot
Planet: Mars

Geburah ist der Kreis der Kraft, des Wollens und des Entscheidens, der Selbstbehauptung, des Mutes und der Aktivität. Er liegt links von Tiferet.

Seine Lehre für uns: Wir brauchen Kraft im Leben, um unseren Alltag zu meistern. Es erfordert Mut, seine eigene Meinung zu sagen, für seine Ideen zu kämpfen. Vielen Menschen fehlt die Kraft, sich selbst zu behaupten. Wir müssen sie trainieren. Denn wenn wir uns nicht durchsetzen können, bestimmen andere unser Leben. Nie dürfen wir unser Wesen verleugnen oder uns aufgeben. Jeder Mensch muß nach Unabhängigkeit streben. Innere Kraft, Stärke und Mut sind Ausdruck einer Persönlichkeit. Doch dieser Mut, diese Stärke dürfen wir nie einsetzen, um damit einen Menschen zu bekämpfen. Wir sollen unsere Wünsche, Ziele nicht mit Ellenbogen durchsetzen. Das sind die Schattenseiten der Kraft. Wenn wir sie so anwenden, heißt das, daß wir sie vergeuden. Nur für das Wesentliche sollen wir uns stark machen.

Hesed (Güte, Barmherzigkeit, Hingabe)

Organ: Leber
Pflanze: Minze, Melisse
Sinnbild: Enzian
Edelstein: Amethyst, Beryll
Farbe: Blau
Planet: Jupiter

Hesed ist der Gegensatz von Geburah und liegt ihm gegenüber. Dieser Kreis verkörpert Offenheit, Weite, Herzenswärme, Großmut, Hingabe, Zuneigung, Liebe, Mitgefühl. Die umfassende Ehrfurcht vor dem Leben.
Er lehrt uns, unsere Mitmenschen so zu lieben wie uns selbst. Wir sollen teilnehmen am Schicksal des anderen, ihm helfen. Liebe heißt Hingabe an den anderen. Wie oft und schnell beteuern sich heute Mann und Frau die Liebe. Sie heiraten, versprechen sich gegenseitig zu lieben in guten wie in schlechten Tagen. Doch wenn dann die ersten Probleme auftauchen, wenn Taten gefordert werden, hört die Liebe auf. Liebe ist nicht blind gegenüber Schwächen. Sie erkennt sie, versucht dem anderen darüber hinwegzuhelfen. Nur wer in sich selbst ruht, kann wahre Liebe geben. Denn sie braucht Festigkeit im Herzen. Wir müssen also ein Gleichgewicht zwischen Geburah und Hesed herstellen. Tiferet, Geburah und Hesed bilden die Dreieinheit der mittleren Stufe des Menschen, des Gefühlsbereichs. Das eine geht ohne das andere nicht. Sie sind eng miteinander verbunden.

Die ersten sieben Kreise des Sephirot-Baumes zählen zu der
Ausführung des Universums.
Binah (Weisheit), Chokham (Intelligenz) und Kether (Kro-
ne) bilden zusammen die obere Stufe des Menschen, den
Vernunftsbereich. Diese Dreieinheit ist Sitz unseres höhe-
ren Selbst. Und steht für den göttlichen Plan.

Kether (Krone, Licht, der göttliche Kern)

Organ: Gehirn
Pflanze: Arnika
Sinnbild: Lotus
Edelstein: Diamant

Er steht an der Spitze, ist die Krone des Menschen, das
Himmelreich, das höchste, was er überhaupt erreichen
kann.

Binah (Intelligenz)

Organ: Milz, Knochen
Pflanze: Eukalyptus, Clematis
Sinnbild: Steinbreche, Stiefmütterchen
Edelstein: Jaspis, Perle
Farbe: Indigo, Schwarz
Planet: Saturn

Binah liegt links unter Kether, ist der Kreis für die kosmische Intelligenz, die göttliche Ordnung, das Gesetz, dem
alles unterliegt. Sie ist die höchste Vernunft, das Verständnis, die Einsicht, die innere Logik. Die Lehre für den
Menschen: Jede Veränderung in der Welt beginnt in uns
selbst. Durch Binah sind wir in der Lage, in uns hineinzu-
schauen, uns zu erkennen. Das heißt, daß alles in unserem
Herzen stattfindet. Denn nur in der Tiefe unseres inneren
Wesens können wir unsere Bestimmung erkennen. Wir
müssen also unser Wesen mit dem Geist (Gottes) vereinen.
So können wir auch die Zehn Gebote Moses verstehen. Sie
sind sinnbildlich gemeint. Das Gesetz ist Ausdruck der
Intelligenz, der inneren Ordnung in der Welt. Wir sollen das
eherne Gesetz erkennen. Wer sich nur dem Weltlichen

zuwendet, für sein kleines Ich, seine begrenzten Vorstellungen und Wünsche lebt, wird nie zu einer höheren Intelligenz gelangen.

Chokhmah (Weisheit, Gnade)

Organ: Lymphe
Pflanze: Orangenblüte, Mohn
Sinnbild: Akelei
Edelstein: Türkis , Saphir
Farbe: Spektralfarben
Planet: Uranus

Dieser Kreis verkörpert das geschaffene, erzeugte Leben. Die Weisheit von Chokhmah strömt als göttliche Gnade in unsere Herzen. Die Lehre für den Menschen: Wir sollen sein Geschenk erkennen, uns um unsere Seele bemühen. Sie ist das, was in der Ewigkeit bleibt. Wir sollen die Bestimmung unseres eigenen Lebens erkennen, in die Geheimnisse der Schöpfung eindringen. Nur so werden wir vollkommen.

Einführung in die praktische Kabbala

Nun zu der praktischen Seite der Kabbala. Ich habe für Sie Übungen zusammengestellt, die so einfach sind, daß jeder sie leicht nachmachen kann. Würde man sämtliche Analogien der Kräfte, Mächte und Zusammenhänge erlernen, würde das viel Zeit in Anspruch nehmen, einem Studium gleichkommen.

Die Ur-Kabbala ist die Wissenschaft der Schwingungen, die in unserem und anderen Universen in allen geistigen, seelischen und materiellen Bereichen vorhanden ist. Schon der große Evangelist Johannes sagte: „Am Anfang war das Wort" (Schwingung). Gott hat alles durch Schwingungen bestimmter, machtvoller Worte erschaffen. Diese machtvollen Worte waren kabbalistische Formeln. Daher beinhaltet auch die wahre Kabbala die Lehre von der Entstehung der Schöpfung. Das höchste Wissen überhaupt.

In diesem Buch kann ich dieses Gebiet nicht detailliert

erläutern. Es würde einen zu großen Rahmen einnehmen. Ich will mich auf die praktische Anwendung eines kleinen Teils dieses wunderbaren Wissens beschränken. Ich möchte Ihnen nur ganz kurz die Ur-Kabbala erklären.

Jahrtausende wurde der Schlüssel zu den Mysterien gehütet und geheimgehalten. Es gelangten stets nur Bruchstücke an die Öffentlichkeit. Dies ist sowohl im fernöstlichen wie im abendländischen Geisteswissen der Fall. Die Ur-Kabbala ist hebräischen Ursprungs. Sie beschreibt die Entstehung der Schöpfung, die Kräfte und Mächte sowie die hierarchische Einteilung und Abstufung des Lebensbaumes bis hin zu Kether, zu Gott, zur Krone.

Sämtliche Ur-Völker unserer Erde haben seit Jahrtausenden ihre Religionen gehabt, also eine Lehre über Gott. Die Macht und der Einfluß, die die obere und herrschende Schicht ausübten, waren verbunden mit dem streng gehüteten Geheimnis der Magie. Dieses Wissen verwaltete die Priesterschaft, damit Macht und Einfluß über das Volk nicht verlorengingen. Man wollte auch eventuellen Mißbrauch vermeiden, denn schon vor Jahrtausenden wurden im Orient die Kunst der wahren Magie und Kabbala praktiziert.

Die für das Volk geschaffenen Gesetze unserer Vorfahren, die mit dem magischen enger vertraut und verbunden waren, enthielten niemals etwas über Magie, Astrologie oder Kabbala. Nur einem würdigen Schüler wurden nach jahrelangen harten Prüfungen und nach Ablegen strengster Schweigepflicht die erhabenen Geheimnisse der Mysterien und Magie anvertraut. Wer die Schweigepflicht verletzte, wurde mit dem Tode bestraft. So ist es nicht verwunderlich, daß das wahre Wissen über die Elemente, die Schöpfung und über Gott nur einem kleinen Kreis von Auserwählten vorbehalten war.

Die Übungen, die ich Ihnen in diesem Buch erkläre, stehen mit den allgemein bekannten und theoretisch dargelegten Kräften der ursprünglichen Kabbala in Verbindung. Die Grundprinzipien und der hierarchische Aufbau stimmen in bezug auf Mächte und Kräfte überein. Lediglich die praktische Anwendung unterscheidet sich von dem rein intellektuellen Wissen. Ich will Ihnen dieses an einem praktischen Beispiel erklären: Ein Wissender ist kein Weiser. Ein Wissender kann Bücher über Gott, Religion, Magie und ähnliches gelesen und sich dadurch ein Wissen angeeignet haben. Aber er ist noch lange kein Weiser. Ein Weiser hat praktische Erfahrungen. Er weiß um die Dinge. Es gibt ein Sprichwort, das heißt: Ein Quentchen Praxis ist besser als 1000 Unzen Theorie. Die Übungen sollen Ihnen Praxis vermitteln. Sie können selbst feststellen, wie sie wirken, während Sie die Erklärung des Lebensbaumes zum Beispiel nur zu einem Wissenden macht. Ich will Sie mit der Ur-Kabbala vertraut machen.

Wir müssen uns vorstellen, daß alles schwingt, und durch Unterschiede der atomaren Struktur und Schwingung unterscheiden sich die Stoffe. Dieses habe ich Ihnen auch schon im Kapitel über die Runen erklärt.

Unsere Sprache besteht aus Vokalen und Konsonanten. Das heißt: Wenn wir sprechen oder singen oder auch denken, setzen wir Schwingungen, also Energie frei. Wir können diese Worte (Energie) nicht wieder zurückholen. Sind sie einmal aus unserem Mund gekommen, stehen sie schicksalhaft im Raum. Ebenso verhält es sich mit dem, was wir uns vorstellen. Daher lehren die Weisen, keinem Menschen etwas Schlechtes zu wünschen, negativ zu reden oder zu denken. Denn es ist ein geistiges Gesetz, daß alles zu uns zurückkehrt, was wir in Bewegung gesetzt haben. Sie können es mit einem Bumerang vergleichen. Wenn wir einem Menschen „Alles Gute" wünschen, jedem sagen „Mögen sich deine Wünsche erfüllen", haben wir es – wenn auch stark verdünnt – mit Magie zu tun. Wer Verwünschungen ausspricht – und dies ist von altersher etwas Unheimliches – erleidet irgendwann selbst Schaden. Der Fluch kommt zu ihm zurück. Wir sollten uns also genau überlegen, was wir sagen und wünschen, selbst wenn wir noch so zornig auf jemanden sind.

Mit geistigen Kräften und Wünschen, mit unseren Gedanken und Gesprächen, die wir täglich im Alltag führen, müssen wir sorgfältig umgehen, damit uns nur Positives trifft und wir uns wegen des Bumerang-Effektes nicht selbst schaden. Positives Denken macht gesund und stark. Negatives oder sogar haßerfülltes Denken macht elend, krank und unzufrieden.

Nach alter, orientalischer Lehre haben die Buchstaben oder Schriftzeichen einer beliebigen Sprache ganz spezielle Kräfte. Sie stehen für Schwingungen besonderer Art. Mit diesen Schwingungen kann alles erschaffen oder vernichtet werden. Dies kann selbstverständlich nur dann passieren, wenn man diese Möglichkeit praktisch ausübt.

Auch die Ägypter, die Kelten und Druiden (Runen) hatten ihre Kabbala, ihre Laute und Schwingungen und konnten so geheime Kräfte anwenden und nutzen. Das hohe Wissen um die Kabbala und die Magie ging im Laufe der Jahrhunderte mehr und mehr verloren. Nur im Orient wußten noch einige Eingeweihte hiervon. Die gesamte Thematik theoretisch und praktisch darzustellen, ist in diesem Buch wie gesagt nicht möglich. Ich werde Ihnen nur die sehr einfachen Kräfte der Kabbala näherbringen. So hat jeder Interessierte die Möglichkeit, sich innerhalb von kurzer Zeit mit diesem Wissen unserer Vorfahren vertraut zu machen und die Anwendung speziell für seinen Alltag zu erlernen. Sie werden spüren, was für große Vorteile diese Übungen, die Sie allerdings regelmäßig machen müssen, Ihnen bringen. Sie werden eine wirkliche Hilfe in Ihrem Leben sein.

Buchstaben-Übungen

Das „A"

Das „A" gehört zu den Luftelementen. Es hat daher ein Gefühl der Leichtigkeit und Schwerelosigkeit. Wir sprechen den Buchstaben ganz normal halblaut aus: „Aaaa". Er sollte gut schwingen, fast so wie ein Gesang. Am besten Sie singen ihn mit einem Atemzug drei- bis viermal, später siebenmal. Die Atmung nicht forcieren.

Später werde ich Ihnen noch erklären, daß durch das normal laute Aussprechen die Wirkung in erster Linie auf den grobstofflichen, materiellen Körper wirkt. Wenn Sie die Buchstaben flüstern, sprechen Sie unseren Astralkörper, also den Sitz unserer Gefühle und Empfindungen, an. Buchstaben, die Sie nur denken, wirken auf den Mentalkörper, also unseren Geist, den Sitz und Träger unserer Ideen und Gedanken.

Das A: Luftelement, entspricht den Tierkreiszeichen Wassermann, Waage und Zwillinge

Wirkung: Es hat philosophische Qualitäten, läßt intellektuelle Zusammenhänge gut verarbeiten, erweitert den Horizont. Sie empfinden Leichtigkeit und Schwerelosigkeit. Es wirkt auf die intellektuellen Fähigkeiten, entwickelt den Verstand, schärft ihn. Auch Gedächtnis und Rhetorik werden verbessert. Dieser Buchstabe ist besonders Rednern, Sängern, Schauspielern, Anwälten, Literaten, Journalisten und allen „Kopfarbeitern" zu empfehlen.

Gesundheit: Wirkt gegen alle Bronchialleiden, Asthma, Halsprobleme, Kurzatmigkeit und Brustbeklemmungen.

Das „B"

Das „B": Wasserelement, entspricht den Tierkreiszeichen Fisch, Skorpion und Krebs

Wirkung: Verleiht uns den Durchblick in bezug auf Karma. Wir erkennen die Zusammenhänge zwischen Gut und Böse oder Positiv und Negativ. Wir lernen, daß bis zu einem gewissen Grad das Böse oder das negative Prinzip daseinsberechtigt ist. Die Schwingung des „B" gibt uns die Möglichkeit, unser Schicksal positiv zu verändern oder zu beeinflussen. Das „B" verleiht uns eine starke Ausstrahlung, erzeugt Macht und Einfluß, die natürlich niemals mißbraucht werden dürfen. Das „B" entwickelt die Intuition und das Einfühlungsvermögen.

Gesundheit: Unsere elektromagnetischen Kräfte werden gestärkt. Die Schwingung des „B" stärkt das Augenlicht und das innere Sehen.

Das „C"

Das „C": Feuer- und Luftelement, entspricht den Tierkreiszeichen Wassermann, Zwillinge, Waage, Widder, Löwe und Schütze

Wirkung: Die C-Schwingung gibt Einblick in tiefe Myste-rien, die Zusammenhänge vom Leben, Tod und dem Jen-seits. Man kann sein Bewußtsein durchdringen mit dem, was man sich wünscht. Diese Schwingung steht mit der Alchimie in Verbindung. Sie befähigt den Menschen, sich so zu entwickeln, wie er es sich vorstellt. Das „C" ist gut für Chemiker, Physiker, Theologen, Mediziner und Heilprakti-ker. Es entwickelt das Verständnis für Umwelt und Natur.
Gesundheit: Das „C" verjüngt den Körper. Es erhält die Lebenskraft. Nach jahrelangem Üben werden Sie merken, daß sie sich innerlich nur halb so alt fühlen, wie Sie den Jahren nach sind. Das „C" besitzt die Kraft, unsere Zellen zu erneuern und zu verjüngen. Die C-Schwingung wirkt vorteilhaft auf Herz und Blutdruck. Es gibt Ihnen ver-brauchte Kräfte zurück.

Das „D"

Das „D": Erdelement, entspricht den Tierkreiszeichen Steinbock, Jungfrau, Stier
Wirkung: Es fördert Macht und Einfluß über andere Men-schen. In erster Linie ist dies erotisch und sexuell zu verstehen. Das „D" gibt Ihnen eine gute Kombinationsgabe für alle praktischen Bereiche. Diese Schwingung stärkt das „Ich"-Bewußtsein. Bei übertriebener Anwendung wird aber auch der Egoismus vergrößert (also Vorsicht!). Sexuel-les und erotisches Interesse werden durch diesen Buchsta-ben geweckt. Er erhöht auch die Fruchtbarkeit der Frau. Alles, was mit greifbaren, realen Dingen im Vordergrund steht, wird gefördert. Das „D" entwickelt auch die Gabe, mit Menschen besser und leichter in Kontakt zu kommen.
Gesundheit: Es stärkt die Potenz. Harn- und Zeugungsorga-ne werden günstig beeinflußt (nach der ärztlichen Verord-nung). Das „D" verleiht Ausdauer und Stärke in jeder Beziehung.

Das „E"

Das „E": Feuerelement, entspricht den Tierkreiszeichen Widder, Löwe und Schütze
Wirkung: Es erweitert das Bewußtsein. Sie haben mehr

Verständnis für alles. Es gibt Ihnen Intuition. Das „E" läßt Zeit und Raum zusammenfließen, die Liebe zur Natur und zum Tierreich wachsen. Sie bekommen auch die Fähigkeit, die „Sprache der Tiere" besser zu verstehen. Durch die „E"-Schwingung können Sie Entdeckungen und Erfindungen machen, Neues erforschen. Das „E" ist gut für Forscher, Botaniker, Naturwissenschaftler, Gärtner, Zoologen, Chemiker, Psychologen, Psychiater.

Gesundheit: Störungen in Ihrem Unterbewußtsein werden behoben, geistige Störungen beseitigt. Das „E" entspannt das gesamte Nervensystem. Es ist gut für Kopforgane und Wirbelsäule.

Das „F"

Das „F": Wasserelement, entspricht den Tierkreiszeichen Fische, Skorpion und Krebs

Wirkung: Diese Schwingung beinhaltet das Geheimnis der absoluten Harmonie. Das „F" stärkt die Nerven. Es verleiht Ihnen die Fähigkeit, Harmoniegesetze und -lehren zu erkennen und zu verstehen. Die „F"-Schwingung gibt sehr viel Selbstbeherrschung, fördert das Verständnis für unsere Mitmenschen. Die Ausgeglichenheit, die Sie durch die „F"-Schwingung erreichen, läßt sich sogar bei entsprechend langer Übung auf andere Personen übertragen, ohne daß sie wissen, was die Ursache für ihre innere Harmonie ist. Eine gute Schwingung für Eheleute oder Partner, sie glättet jeden Streit. Das „F" ist gut für Psychologen, Geistesarbeiter, Eheberater, Mediziner, Politiker, Krankenpfleger.

Gesundheit: Es ist gut für das Nervensystem, gibt Ihnen große Ausgeglichenheit. Sie fühlen sich wohl. Das „F" stärkt Ihre Lebenskraft, ist gut für Kopforgane, Magen und Darm.

Das „G"

Das „G": Wasserelement, entspricht den Tierkreiszeichen Fische, Skorpion und Krebs

Wirkung: Es gibt Ihnen Verständnis für Ihre Mitmenschen und fördert Ihre Zufriedenheit. Diese Buchstabenschwingung entwickelt das Verständnis für die Naturgesetze und die Verbindung zum Göttlichen. Sie erzeugt Frieden und Harmonie. Durch das „G" fühlen Sie sich glücklich, unbeschwert, bekommen Lebensfreude. Durch intensives Üben werden auch Glück, Erfolg und Wohlstand gefördert. Die „G"-Schwingung ist gut für Theologen, Sozialarbeiter. Choleriker und nervöse Menschen werden ruhiger. „Pechvögel" können ihr Leben positiv beeinflussen.

Gesundheit: Das „G" stärkt die Nerven, verleiht seelische Stärke. Es fördert die innere Zufriedenheit. Sie fühlen sich ausgeglichen und glücklich. Es stärkt die Konzentration. Es ist gut für die Kopforgane sowie für Knochen und Gelenke.

Das „H"

Das „H": Wasserelement, entspricht den Tierkreiszeichen Fische, Krebs und Skorpion

Wirkung: Durch das „H" können Sie verstandesmäßig alles besser erfassen. Es verleiht Ihnen Intellekt, Macht und Einfluß, macht Sie ausgesprochen sprachbegabt und weckt die Intuition. Die Beherrschung dieser Schwingung gibt die Fähigkeit, das eigene Schicksal günstig zu beeinflussen. Wenn Sie es ständig anwenden, besteht sogar die Möglichkeit, ein negatives Schicksal abzuwenden. Es ist gut für Übersetzer, Korresspondenten, Journalisten, Redner, Propagandisten, für Erfinder, Forscher und magisch Interessierte, um Intuition zu erlangen.

Gesundheit: Gelähmte Körperteile werden wiederbelebt. Es verleiht eine starke Intensität und Ausdauer, die zum Beispiel für Sportler wichtig ist. Das „H" stärkt Herz und Wirbelsäule, schärft den Geist. Es ist gut gegen alle Schmerzen im Kopfbereich.

Das „CH"

Das „CH": Wasserelement (Aussprache wie bei Buch), entspricht den Tierkreiszeichen Fische, Krebs und Skorpion

Wirkung: Es gibt Klarheit und Reinheit im Denken. Sie können mit Hilfe des „Ch" Richtiges und Unrichtiges besser unterscheiden. Die Schwingung erleichtert Ihnen Entscheidungen und Beurteilungen, macht Ihnen Unklares klar, räumt Hindernisse aus dem Weg. Auch das „Ch" macht sprachbegabt. Sie bekommen die Fähigkeit, alle Sprachen zu verstehen oder sehr schnell zu lernen. Auch Symbole können Sie schnell erfassen und erkennen. Rhythmus und Tanz können Sie auch mit dieser Schwingung besser erlernen. Es ist gut für Seeleute, Kapitäne, Philosophen, Archäologen, Richter, Anwälte, Politiker, Mediziner, Tänzer. **Gesundheit:** Es ist gut fürs Herz, für die Luftorgane und die Beine. Es hilft gegen Tuberkulose, Infektionen und schützt vor Ansteckung bei Seuchen.

Das „I"

Das „I": Erdelement, entspricht den Tierkreiszeichen Stier, Jungfrau und Steinbock
Wirkung: Diese Schwingung beeinflußt das Schicksal oder auch das Karma, das Gesetz von Ursache und Wirkung. Magisch interessierte Menschen werden großen Nutzen von der „I"-Schwingung haben. Es ist die Schwingung der Entwicklung des Menschen. Auch das Erinnerungsvermögen, sogar aus dem vorigen Leben, kann durch das „I" wieder bewußt gemacht werden. Aber auch das Gegenteil ist möglich: Sie können jede schlimme Erinnerung für bestimmte Zeit oder für immer auslöschen. Besonders sensible Menschen sollten davon Gebrauch machen. Es ist der Buchstabe der großen Möglichkeiten. Das „I" ist gut für Ärzte, Forscher, Psychologen, Therapeuten, Philosophen, Theologen, Berater. Für alle, die im Beruf mit Menschen in Kontakt kommen.
Gesundheit: Es ist gut für das Gehirn, das Nervensystem, den seelischen Bereich. Es stärkt das Herz und den Magen-Darm-Bereich.

Das „J"

Das „J": Wasserelement, entspricht den Tierkreiszeichen Fische, Krebs und Skorpion
Wirkung: Die Jod-Schwingung (Jod) beeinflußt alles, was mit dem Bereich Liebe in Verbindung steht. Das ist die Liebe zu den Mitmenschen, die göttliche Liebe, die partnerschaftliche Liebe bis hin zum sexuellen/erotischen Bereich.

Das „J" bewirkt ein ausgesprochenes Glücksgefühl. Wenn Sie diese Buchstaben-Schwingung beherrschen, wirkt sie wie ein Rausch. Alles, was mit dem Liebeselement in Verbindung steht, können Sie verwirklichen. Gefühlskalte Menschen, die nur vom Verstand beherrscht werden, sollten diesen Buchstaben üben. Er beseitigt Gleichgültigkeit, gibt intensive Gefühle, stärkt die Potenz. Die „J"-Schwingung ist gut für Mediziner, Psychiater, Schauspieler, Tänzer, Theologen, Musiker, Komponisten, für Menschen, die einen analytischen Beruf haben. Mit dem „J" können Sie einen Ausgleich zu Bauch und Kopf schaffen.
Gesundheit: Es hilft gegen Gefühlskälte und Impotenz, stärkt die Vitalität und den gesamten Körper.

Das „K"

Das „K": Feuerelement und Luftelement, entspricht den Tierkreiszeichen Widder, Löwe, Schütze, Wassermann, Zwillinge und Waage
Wirkung: Es ist die Schwingung der Macht und Verwirklichung. Mit dieser Buchstaben-Schwingung können Sie an sich selbst Wunder vollbringen. Wenn Sie regelmäßig üben, werden Sie selbstsicherer, setzen sich besser durch, sehen klarer. Alles, woran Sie glauben, können Sie verwirklichen. Das „K" ist die stärkste Schwingung. Es macht Sie ruhiger, unerschütterlicher. Besonders ängstliche Personen sollten das „K" ständig üben, es hilft bei ihren Problemen, gibt Mut und Entschlossenheit. Es ist gut für Firmenchefs, leitende Angestellte, Politiker. Wenn Sie neue Ideen oder Reformen durchführen wollen, verleiht Ihnen das „K" enorme Ausdauer, Beharrlichkeit.
Gesundheit: Es stärkt Herz, Nerven, Kreislauf und die Drüsen. Es gibt Ruhe und Selbstsicherheit, vergrößert die Persönlichkeit.

Das „L"

Das „L": Luftelement, entspricht den Tierkreiszeichen Zwillinge, Waage und Wassermann
Wirkung: Es steht für tiefe Gefühle, für die Reinheit der Ideen und Gedanken. Es läßt die wahre Moral und die

wahren Gesetze erkennen, und Sie bekommen ein gutes Urteilsvermögen. Diese Schwingung verleiht Ihnen Jugendlichkeit, hält das Altern auf, macht Sie anziehend, konserviert die Lebenskraft. Alles, was mit Erhaltung, Konservierung, Schönheit, Harmonie und Gesundheit in Verbindung steht, kann durch die „L"-Schwingung erreicht werden. Sie ist gut für Chemiker, Forscher, Mediziner, Richter, Anwälte. Auch Arzneimittelhersteller können von dieser Buchstaben-Schwingung profitieren. Sie können neue Entdeckungen machen, um den Menschen ihr jugendliches Aussehen zu erhalten. Jede Disharmonie verwandelt sich in Harmonie und Zufriedenheit.

Gesundheit: Es hilft gegen Depressionen, vertreibt die Angst vor dem Alter, ist gut für Luftorgane, Hautprobleme und für die Leber. Es fördert die Verdauung.

Das „M"

Das „M": Wasserelement, entspricht den Tierkreiszeichen Fische, Krebs, Skorpion

Wirkung: Das „M" steht für Gefühl und Liebe. Durch diese Buchstaben-Schwingung werden die Gedanken, Gefühle und das gesamte Bewußtsein kontrolliert und nach Belieben beeinflußt. Das „M" ist gut für Magnetiseure, für gefühlskalte Menschen. Politiker, die in der Öffentlichkeit Sympathie gewinnen wollen, sollten es täglich üben. Ebenso Menschen, die sich mit darstellender Kunst beschäftigen, Meeresforscher und Biologen, Schwimmer, Taucher, Fischer.

Gesundheit: Es ist gut für Magen, Darm, Harnorgane und das gesamte Flüssigkeitssystem des Körpers (Blut). Es hilft gegen Wassersucht, Herzschwäche und Galle.

Das „N"

Das „N": Feuerelement, entspricht den Tierkreiszeichen Widder, Löwe, Schütze

Wirkung: Es schenkt den Menschen höchste Glücks- und Wonnegefühle. Wer sehr gefühlsarm ist, häufig enttäuscht wurde, kann durch diesen Buchstaben inneres Glück und Gefühlsreichtum erlangen. Diese Buchstaben-Schwingung gibt Ihnen die Fähigkeit, die Gedanken Ihrer Mitmenschen zu erkennen. Auch wenn sich Menschen verstellen, können Sie sie durchschauen. Das „N" schenkt Ihnen absolute Freiheit und Unabhängigkeit. Es erzeugt ein Gefühl des Ungebundenseins, ohne daß Sie die eigenen Verpflichtungen außer acht lassen. Es gibt Ihnen Selbstsicherheit. Das „N" ist gut für Berufe, die mit Menschen zu tun haben wie: Theologen, Redner, Politiker, die durch diesen Buchstaben mehr Einfühlungsvermögen und Gefühlstiefe bekommen. Richter und Anwälte können besser beurteilen, ob ein Mensch die Wahrheit sagt. Auch Psychotherapeuten können mit ihren Patienten besser umgehen, wenn sie das „N" täglich üben.

Gesundheit: Es hilft gegen Lähmungen, Herzstörungen, bei Problemen mit den Beinen. Es ist gut für das gesamte psychosomatische System und die Hypophyse.

Das „O"

Das „O": Feuerelement, entspricht den Tierkreiszeichen Widder, Löwe, Schütze

Wirkung: Durch diesen Buchstaben wird die Gerechtigkeit, das logische Denken gefördert. Sie können die Gesetze des Universums besser erkennen und verstehen – im großen wie im kleinen. Alles, was mit den Planeten und Gestirnen im Universum sowie im Mikrokosmos der Welt in Verbindung steht, ist dadurch zu erfassen. Sie bekommen aber auch eine enorme Urteilskraft, was die weltlichen Dinge angeht. Menschen, die das „O" täglich üben, werden zufrieden, ausgeglichen und gerecht. Sie kommen zu der Einsicht, daß man niemanden schaden oder ungerecht behandeln darf. Diese Buchstaben-Schwingung macht Sie glücklich und erfolgreich. Sie eignet sich deshalb besonders für Menschen, die vom Schicksal nicht gerade verwöhnt wurden. Das „O" ist gut für Richter, Anwälte, Naturforscher, Chemiker, Physiker, Astronomen, Sozialarbeiter, Mediziner, Atomforscher.

Gesundheit: Das „O" stärkt den seelischen Bereich. Es beseitigt innere Spannungen und Disharmonien. Es ist gut für Magen, Leber, Galle, Kopforgane, Hals und Rachen.

Das „P"

Das „P": Erdelement, entspricht den Tierkreiszeichen Steinbock, Stier und Jungfrau

Wirkung: Das „P" steht für Religion. Es macht fromm, vergeistigt. Es ist des religiösen Empfindens. Durch diesen Buchstaben können Atheisten religiös beeinflußt werden. Gemeint ist nicht eine konfessionelle Religion, sondern die wahre, geistige Beziehung zum Göttlichen, die in allen Religionen gleichermaßen vorhanden ist (Religio = Rückverbindung). Der Mensch, der sich mit Magie, Mystik und Kabbala beschäftigt, wird feststellen, daß es nur einen Gott gibt, der mit dem dogmatischen Glauben nichts zu tun hat. Das „P" ist die Schwingung der inneren Erleuchtung und Erkenntnis, der tiefen Demut, der Nächstenliebe. Auch die Liebe zu dem Partner, zur Familie, zu Eltern und Kindern wird durch das „P" gefestigt. Es harmonisiert das Zusammenleben. Dieser Buchstabe ist gut für Theologen, Sozialarbeiter, Eheberater.

Gesundheit: Es ist gut für den Nasen-, Nasennebenhöhlen-Bereich, die Ohren und den Halsbereich. Es beseitigt alle Probleme mit den Füßen oder den Hüftgelenken.

Das „Q"

Das „Q" wird nicht gewertet. Es entspricht in etwa dem Buchstaben „K".

Das „R"

Das „R": Feuerelement, entspricht dem Tierkreiszeichen Widder, Löwe und Schütze

Wirkung: Das „R" ist die Schwingung absoluter Freiheit. Es verleiht Unabhängigkeit, macht frei von Gesetzen und sonstigen Belastungen. Auch dem Zustand innerer Sicherheit untersteht das „R". Es ist der Buchstabe der Intuition, der genialen Ideen und Vorstellungen. Alles Wissen wird schnell und logisch erfaßt und verarbeitet. Das „R" hilft Unterdrückten und seelisch Belasteten. Es ist gut für Erfinder, Forscher, Dichter und Literaten, Philosophen, Ideologen, Verkünder neuer, positiver Ideen.

Gesundheit: Es ist gut für die Wirbelsäule, den Rücken, für depressive Menschen. Die Schwingung macht heiter und optimistisch, hilft im Kopf- und Nierenbereich.

Das „S"

Das „S": Feuerelement, entspricht den Tierkreiszeichen Widder, Löwe und Schütze

Wirkung: Das „S" stellt die alles durchdringende, schöpferische Kraft dar. Es ist die Schwingung des göttlichen Urfeuers, durch das alles erschaffen wurde. Das „S" verleiht geistige Kraft sowie schöpferische Energie und Ideen. Es löst sämtliche Probleme des Geistes, gibt Erleuchtung und hilft Ihnen, Ihre Wünsche zu realisieren. Auch das Hellsehen steht unter der „S"-Schwingung. Das eigene Bewußtsein und das anderer Personen können Sie durch das „S" beherrschen. Wer lange übt und magisch begabt ist, bekommt die Fähigkeit, Mensch und Tier in Hypnose zu versetzen. Sie können sich besser durchsetzen. Es hilft Menschen, die viel Pech in ihrem Leben hatten. Die „S"-Schwingung ist gut für Pyrotechniker, Chemiker, Mystiker, Hellseher, Träger neuer Ideen, Hypnotiseure, für alle Menschen, die in ihrem Leben viel erreichen wollen.

Gesundheit: Es hilft gegen Kopfschmerzen, Migräne, Entzündungen. Es ist gut für Herz und Wirbelsäule, gibt Kraft und Energie, stärkt das Selbstbewußtsein, verleiht starke Ausstrahlungskraft.

Das „Sch"

Das „Sch": reines Feuerelement, entspricht dem Tierkreiszeichen Widder, Löwe, Schütze

Wirkung: Das „Sch" ist die stärkste aller Schwingungen. Es beherrscht das Ur-Element des göttlichen Feuers. Alles ist hieraus hervorgegangen. Nach alter Kabbala-Lehre wurde durch die Buchstaben-Schwingung „A", „M" und „Sch" alles erschaffen, was existiert. Das „A" entspricht dem Luftelement, das „M" dem Wasser-Element und das „Sch" dem Feuerelement. Das „Sch" stellt den höchsten Buchstaben dar. Es gibt höchste Erleuchtung, höchste Vergeistigung des Bewußtseins, absolute Überzeugung für alles, woran man interessiert ist. Durch die völlige Beherrschung

dieser Schwingung kann man von keinem Menschen ange-
griffen werden. Das „Sch" schützt vor heimlichen und
offenen Feindschaften. Wer diesen Buchstaben beherrscht,
kann bei anderen Menschen hypnotisieren und eine mo-
mentane Bewußtseinstrübung im Notfall herbeiführen. Das
„Sch" ist gut für Berufe wie unter „S" beschrieben, nur mit
noch einer wesentlich stärkeren Tendenz.

Gesundheit: Mit dem „Sch" können Sie jede Disharmonie
ausheilen, Ihr Nervensystem und Ihren Willen völlig beherrschen. Sie haben Überzeugungskraft, Ihre Persönlichkeit wird gestärkt (Vorsicht vor Übertreibung).

Das „T"

Das „T" : Erdelement, entspricht den Tierkreiszeichen
Steinbock, Stier und Jungfrau

Wirkung: Diese Schwingung verleiht Ihnen eine hohe Inspi-
ration und Intuition. Sie bekommen die Fähigkeit, große
Sachen zu erfinden und alles in die Praxis umzusetzen. Die
„T"- Schwingung gibt Ihnen ein geniales Gedächtnis. Sie
behalten Zahlen, Formeln, Namen, Gelerntes viel besser.
Sie ist gut für Kopfarbeiter, Erfinder, Firmenchefs, für
Menschen, die in der Öffentlichkeit arbeiten, Mathemati-
ker, Schauspieler, Studenten, für Computertechniker und
Programmierer.

Gesundheit: Das "T" ist gut für den Nierenbereich, den
Magen, die Kopforgane, die Knochen- und die Zeugungsorgane.

Das „U"

Das „U": Wasserelement, entspricht den Tierkreiszeichen
Fische, Krebs und Skorpion

Wirkung: Es ist die Schwingung des Karmas und des
Schicksals. Sie vertritt alles, was mit Gut und Böse, mit
Positiv und Negativ in Verbindung steht. Das „U" hilft
Ihnen, das Schicksal zu durchschauen, so daß man weiß, wie
man handeln muß. Die Schwingung verleiht Intuition und
Erkenntnis. Das gesamte Bewußtsein kann in „schwierige"
Bereiche versetzt werden, z. B. sind Trancezustände hier-
mit möglich. Mit Hilfe dieses Buchstabens erkennen Sie

auch bei anderen Personen das Karma. Er ist gut für Philosophen, Erfinder, Forscher, Politiker, Therapeuten und Sozialarbeiter.

Gesundheit: Das „U" ist gut für die Bauchspeicheldrüse, den gesamten Drüsenapparat, für die Milz und die Psyche. Sie werden ausgeglichener. Die „U' -Schwingung erzeugt Harmonie.

Das „V"

Das „V" wird wie das „F" bewertet.

Das „W"

Das „W": Wasserelement, entspricht den Tierkreiszeichen Fische, Krebs und Skorpion

Wirkung: Diese Buchstaben-Schwingung erzeugt Intuition und All-Liebe, gibt mediale Fähigkeit, mystische Versenkung und Religiösität. Sie können sich besser konzentrieren, blicken hinter die Dinge, werden hellsichtig. Durch diese Schwingung begreift man, daß das Leben auf der Erde nur ein Theaterstück ist, wo jeder seine Rolle spielen muß. Mit Hilfe des „W" besinnen Sie sich auf die wahre Bestimmung, entwickeln sich hin zum Göttlichen. Auf dem Gebiet der Medizin und Heilkunst verleiht diese Schwingung großen Erfolg. Das „W" ist gut für Heilpraktiker, Ärzte, Theologen, Philosophen, Meeresforscher, Menschen, die sich mit Wasseranwendungen beschäftigen, und für alle, die mit den Medien zu tun haben.

Gesundheit: Das „W" ist gut für den Magen-Darm-Bereich, den seelischen Bereich, für das Gefühlsleben. Es hilft bei Gefühlskälte, fördert Religiösität.

Das „X"

Das „X": Es ist kein selbständiger Buchstabe. Es ist kabbalistisch die Verbindung von I, K und S. Deswegen entfällt die Wirkung.

Das „Y"

Das „Y" = „Ü": Feuerelement, entspricht den Tierkreiszeichen Widder, Löwe und Schütze

Wirkung: Dieser Buchstabe verleiht eine tiefe Liebe zum Göttlichen. Er erzeugt hohe Inspiration, verbreitet große Harmonie. Das Gesetz des Rhythmus und der Bewegung ist diesem Buchstaben unterstellt. Für Hellseher und Mystiker ist das „Y" eine der besten Schwingungen. Sie können alles klar erkennen, was in der Zukunft liegt. Religiöse Menschen bekommen durch diesen Buchstaben Kraft und Stärke für ihren Glauben, er fördert Hingabe und universelle Liebe und die Erkenntnis, daß der Astralkörper das wichtigste an einem Menschen ist. Wissenschaftler, die den Lebensrhythmus und die Atome erforschen, werden in bezug auf Menschen, Pflanzen und Tiere schneller zu Einsichten kommen. Das „Y" ist gut für Gärtner, Biologen, Zoologen.

Gesundheit: Herz- und Herzrhythmusstörungen können mit dieser Schwingung ebenso wie mit der CH-Schwingung positiv beeinflußt werden. Das „Y" ist gut für Bewegung, Gesang und Gang.

Das „Z"

Das „Z": Luftelement, entspricht den Tierkreiszeichen Zwillinge, Waage, Wassermann

Wirkung: Diese Schwingung verleiht Ihnen einen hohen Intellekt, große Inspiration und ausgezeichnete Rhetorik. Wenn Sie das „Z" regelmäßig üben, können Sie gut reden, sind schlagfertiger, haben ein besseres Gedächtnis. Durch diesen Buchstaben können Sie sich auch in Ihr voriges Leben zurückversetzen (ebenso wie mit der „I"-Schwingung. [Vorsicht!]). Sie bekommen größere Ausdauer und Zähigkeit, ermüden nicht so schnell. Auch Ihre Gedanken werden optimistischer, Bedrückungen, Ängste verschwinden. Das „Z" ist gut für Menschen, die ein gutes Gedächtnis brauchen, für Unterhaltungskünstler, Redner, Schauspieler, Interviewer, Journalisten, Literaten.

Gesundheit: Dieser Buchstabe stärkt das Herz, den Herzmuskel, den Kreislauf, die Nerven, ist gut für die Durchblutung des Kopfes, für die Fußgelenke und Beine.

Das „Ä"

Das „Ä": Luftelement, entspricht dem Tierkreiszeichen Zwillinge, Waage und Wassermann
Wirkung: Durch diese Schwingung offenbart sich das Geheimnis von Leben und Tod. Sie erkennen, daß es eigentlich keinen Tod gibt, sondern daß die Menschen nur eine andere „Sphäre" betreten. Durch das „Ä" können Sie durch die Macht Ihres Willens und des Wunsches auf das Materielle verzichten. Sie erlangen völlige Unabhängigkeit, Freiheit (wie beim „R") . Auch Leidenschaft können Sie mit der „Ä"-Schwingung beherrschen oder aber auch hervorrufen. Dieser Buchstabe eignet sich für Freidenker, Ideologen, Sexualforscher, Jenseitsforscher, Chemiker und Esoteriker, Selbständige.
Gesundheit: Das „Ä" ist gut für alle Zeugungsorgane, für den Kreislauf, die Lungen, die Nieren. Es hilft gegen Impotenz, Schwäche, gibt Zähigkeit und Ausdauer.

Das „Ö"

Das „Ö": Luftelement, entspricht den Tierkreiszeichen Zwillinge, Waage, Wassermann
Wirkung: Durch diese Schwingung können wir die Schöpfung und alles Göttliche besser verstehen. Wir erkennen die Kraft und die Macht der Liebe. Auch die Umwandlung von einem Stoff in den anderen wird durch das „Ö" bewirkt. Dieser Buchstabe eignet sich für Jenseitsforscher, Mystiker, Magier, Chemiker, Alchimisten, Naturwissenschaftler, Biologen und Mediziner.
Gesundheit: Es verhilft zu höherem Bewußtsein, fördert den Geist. Diese Schwingung verleiht Ausdauer, macht jugendlich, ist gut für die Bronchen und den Drüsenbereich (Schilddrüse speziell).

Die Formeln der Ur-Kabbala

Nun kennen Sie die einzelnen Buchstaben, ihre Beziehung zu den Elementen und Tierkreiszeichen. Ich will Ihnen jetzt einige Formeln näherbringen, die aus Buchstaben zusammengesetzt sind. Diese Formeln können Ihnen Erfolg im Beruf verleihen, Sie stark machen, Ihnen zu größerem Besitz verhelfen, Depressionen und andere Krankheiten lindern, Ihnen die ersehnte Liebe bringen. Sämtliche Zwei-Buchstaben-Formeln der Ur-Kabbala anzuführen würde einen viel zu großen Umfang einnehmen. Es müßten 26 x 26 Buchstaben – also 676 Buchstabenkombinationen – beschrieben werden.

Sie wissen, was für magische Kräfte Sie mit den Buchstaben in der Hand haben. Hüten Sie sich davor, wahllos mit Ihnen umzugehen. Kombinieren Sie nicht wahllos Buchstaben. Sie könnten Kräfte ansprechen, die Sie nicht meistern können. Die Formeln, die ich Ihnen näherbringe, sind erprobt, helfen in allen Lebensbereichen. Sie sollten von den aufgeführten Kombinationen höchstens 10 – 12 auswählen und täglich üben. Die wirkliche Beherrschung einer Formel kann bis zu einem Jahr dauern. Die Kräfte werden von Tag zu Tag größer. Das ist wie bei einem Akku. Wenn er leer ist, muß er an einen Stromkreis angeschlossen werden. Es dauert Stunden, bis er aufgeladen ist, die volle Kraft hat. Ich möchte auch dringend davor warnen, diese wunderbaren Kräfte für negative Zwecke zu benutzen. Dann wären Sie im Bereich der „Schwarzen Magie". Und wie schon in anderen Kapiteln beschrieben, kommt alles auf uns zurück – auch das Negative, und das sogar in doppelter Stärke. Sie dürfen nie vergessen, daß Sie Opfer Ihrer eigenen negativen Motive werden. Denn alles, was laut Karma-Gesetz, dem Gesetz von Ursache und Wirkung, in Bewegung gebracht wird, fördert und behindert uns in unserer Entwicklung. Wenn Sie also gut denken, kommt das Gute auf Sie zurück. Wenn Sie Böses wünschen, trifft es Sie in der Zukunft selbst.

Die meisten Schwarzmagier und Hexen, von denen häufig in den Zeitungen berichtet wird, sind in Wirklichkeit kaum fähig, starke Wirkung hervorzubringen. Sie benutzen lediglich primitive magische Kräfte. Ein echter Magier würde sich nie prahlerisch in der Öffentlichkeit zur Schau stellen, um sich interessant zu machen. Sie sehen also, wie vorsichtig man mit den Kräften umgehen muß. Sie können uns dienen, aber auch schaden. Leider gibt es in der heutigen Zeit eine nicht unwesentliche Gruppe von Menschen, die sich negativer Kräfte bedienen, um anderen Menschen zu schaden. Ich führe deshalb nach diesen Zwei-Buchstaben-Formeln noch spezielle Kombinationen an, mit denen Sie sich vor solchen Angriffen schützen können. Gerade Jugendliche tendieren heute zur Schwarzen Magie. In schwarzen Messen rufen sie negative Kräfte an. Die Führer in solchen Magischen Zirkeln sind meist gar nicht mit den Kräften, die sie da rufen, vertraut. Sie wissen nicht, was sie mit negativen Kräften auslösen und vor allem nicht, wie sie damit fertig werden. Wenn Sie merken, daß Ihr Kind sich mit Schwarzer Magie beschäftigt, sollten Sie die speziellen Kombinationen täglich üben. Wenn Sie sie richtig beherrschen, können Sie auch nahestehende Menschen vor Bösem bewahren.

Sie werden sich vielleicht wundern, daß ich über das Leben nach dem Tod oder aber über wunderbare Formeln und Runenwirkungen usw. schreibe, mit denen man sein ursprüngliches Leben erkennt. Einem Esoteriker und Magier ist dies vertraut, die Lehre gründet auf ein Leben nach dem Tod, auf eine Wiedergeburt. Ich schreibe auch immer von den „Körpern des Menschen". Ich werde Sie in einem Extrakapitel noch einmal genau erklären. In allen Religionen wird davon geredet, genau wie vom „Stein der Weisen", der Unsterblichkeit verleiht und nach dem die Menschen immer suchten und der tatsächlich hergestellt werden kann! (Alchimie). Wer die Übungen dieses Buches durchführt, dem wird sein Leben, seine Bestimmung mehr und mehr klar. Er wird allmählich zum Weisen und erreicht seine eigentliche Heimat: Das göttliche Bewußtsein, das Ziel aller Entwicklung!

Jeder Mensch muß sich täglich mit seinen Alltagssorgen auseinandersetzen, er muß im Beruf etwas leisten, um sein Geld zu verdienen, muß sich um die Kinder kümmern, den Haushalt versorgen. Diese Pflichten nehmen viel Zeit in Anspruch. Sie nehmen dem Menschen die Möglichkeit, sich mit sich selbst auseinanderzusetzen, sich besser kennenzulernen mit seinen Fähigkeiten, und nach dem Sinn seines Lebens zu forschen. Ich möchte Ihnen mit den Formeln

Anregungen geben. Sozusagen Schlüssel, mit denen Sie Türen in Ihrem Innern öffnen können. Es sind Schlüssel der Erkenntnisse. Sie helfen Ihnen im Alltag.
Ich beschreibe nur die wichtigsten kabbalistischen Buchstabenkombinationen für Beruf, Erfolg, Persönlichkeitsentwicklung, Bewußtsein, für Ehe, Partnerschaft, Liebe, Erotik und Sexuelles, für den gesundheitlichen und seelischen Bereich sowie für Glück und Gelingen.

Die Reinigungsformel

Am Anfang jeder Formelübung sollten Sie zuerst die Reinigungsformel üben. Sie ist eine Vorbereitung, hilft, daß alle anderen Formeln besser wirken. Ich will Ihnen das mit einem Beispiel klarmachen: Ein gedüngter Boden wird mehr und größere Früchte hervorbringen. Die Reinigungsformel wirkt wie Dünger für die anderen Formeln. Sie reinigt und harmonisiert das Nervensystem.
Die Reinigungsformel ist die Verbindung der Buchstaben:

„DC"-Formel

Sie sprechen die Buchstaben in normaler Lautstärke etwas gedehnt aus: DeeeCeeeDeeeCeeeDeeeCeee. Es darf zwischen den einzelnen Buchstaben keine Pause entstehen. Jeder Buchstabe wird im gleichen Ton gesprochen, und die Vokale, in diesem Fall jeweils das „E" , müssen eine Schwingung erzeugen, die im gesamten Körper spürbar ist. Sie sprechen die Formel also in einem monotonen Gesang. Auf einen Atemzug sollten Sie zunächst drei- bis viermal sprechen, später etwa siebenmal. Sie sollten die Atmung nicht forcieren oder sich dabei überanstrengen. Sie müssen darauf achten, daß der erste Buchstabe der Formel nicht zu kurz gesprochen wird. Übungszeit: etwa zehn Minuten täglich.
Es ist wichtig, daß Sie diese Formel wirklich täglich üben, denn nur bei regelmäßigem Üben entfalten die Schwingungen ihre volle Kraft. Sie laden sich sozusagen mit dieser Kraft auf und verlieren diese Fähigkeit nicht wieder. Schon nach ein paar Wochen spüren Sie die Wirkung, ihre volle

Kraft wird die Schwingung erst nach einem Jahr entfalten. Wie schnell Sie die volle Kraft spüren, ist von Mensch zu Mensch verschieden. Es kommt darauf an, wie oft Sie schon wiedergeboren wurden. Wer die nötige Ausdauer besitzt, bekommt mit diesen Formeln eine magische Kraft, die mit nichts anderem vergleichbar ist.

Zwischen den einzelnen täglich zu übenden Formeln muß ein Zeitabstand von einer Stunde liegen. Nach acht Wochen kann die DC-Formel abgesetzt werden.

Formel für Beruf, Erfolg, Geld, Besitz

„C-K"-Formel

Sie beseitigt Depressionen, Ängste. Sie hilft, wenn Sie bedrückt sind, Ihre Stimmung auf dem Nullpunkt ist. „CK" gibt Ihnen Mut, Elan und Entschlossenheit. Wenn Sie diese Formel mit Ausdauer üben, können Sie zu mehr Geld kommen und Ihren Besitz vergrößern. Wollen Sie im Beruf mehr Erfolg, dann sollten Sie die Formel nur halblaut aussprechen. Wie Sie wissen, wirken halblaut ausgesprochene Formeln im materiellen und körperlichen Bereich. Im Flüsterton wirkt diese Formel mehr auf den Gefühls- und Stimmungsbereich (Astralkörper). Wenn Sie „CK" denken, wirkt die Buchstabenkombination auf negative Gedanken, beseitigt sie (Mentalkörper).

„B-K"-Formel

Diese Buchstaben-Kombination verleiht einen enormen Glauben an alles, was man sich wünscht (keinen Lottogewinn). Sie gibt Ihnen Sicherheit in jeder Beziehung. Sie können Menschen mit dieser Formel beeinflussen. Ihre beruflichen Fähigkeiten werden verstärkt, Sie steigen in der Gunst von Vorgesetzten. Durch regelmäßiges Üben dieser kabbalistischen Formel werden Sie zu einer starken Persönlichkeit. Hüten Sie sich davor, Ihre Fähigkeiten in bezug auf Macht zu mißbrauchen, da das Karma, das Gesetz von Ursache und Wirkung, den Mißbrauch höherer Kräfte besonders bestraft. Wenn Sie für sich beruflichen Erfolg wünschen und mehr Einfluß gewinnen wollen, dürfen Sie diese Formel ohne weiteres üben.

„C-T"-Formel

Diese Formel verhilft Ihnen zu großem beruflichen und materiellen Erfolg. Sie verleiht Ihnen ein außerordentlich gutes Gedächtnis. Diese Buchstaben-Kombination schützt Sie vor Intrigen und heimlichen Feindschaften übelwollender Menschen. Wenn Sie sie täglich üben, können Sie im geistigen Bereich nicht mehr beeinflußt werden.

„A-T"-Formel

Auch diese Buchstabenkombination verleiht Ihnen ein gutes Gedächtnis. Sie eignet sich für Schauspieler, Redner, Studenten, die viel auswendig lernen müssen. Der Unterschied zur „CT"-Formel besteht darin, daß sie nur das Gedächtnis schärft, aber keinen Schutz bietet. Dafür wirkt sie aber sehr viel schneller.

„B-A"-Formel

Sie schärft den Verstand, verstärkt die Individualität des Menschen. Sie erlangen durch diese Buchstabenkombination ein höheres Niveau, verstehen und erkennen alles besser. Die „BA"-Formel steigert Ihr Selbstbewußtsein. Sie kommen bei den anderen Menschen an, können mit Ihren Mitmenschen besser umgehen.

„C-G"-Formel

Mit Hilfe dieser Formel können Sie sich selbst beherrschen. Sie schützt Sie vor Verschleiß am Arbeitsplatz, stärkt die Nerven. Im Beruf können Sie mit dieser kabbalistischen Formel zu Wohlstand und sogar Reichtum kommen, wenn Sie sie jahrelang beharrlich üben. Sie müssen allerdings in Ihrem individuellen Horoskop prüfen lassen, ob Ihr Karma nicht absolut dagegensteht.

„C-O"-Formel

Sie verleiht Ihnen vollkommene Harmonie und Ausgeglichenheit, die Grundvoraussetzung für den Erfolg ist. Diese
Buchstabenkombination macht Sie zu einem „Glückspilz".
Sie bewirkt Wohlstand, Glück und Erfolg, sorgt dafür, daß
Sie strebsam Ihre Ziele verfolgen. Sie macht Sie bei Freunden und Bekannten beliebt, gibt Vorteile. Sie werden
friedlich, versöhnlich. Sie verleiht Ihnen Ausdauer und
einen guten Überblick für Geschäftsangelegenheiten. Auch
in weltlichen Dingen werden Sie Glück und Erfolg haben.
Mit dieser kabbalistischen Formel können Sie sich von
Schüchternheit und allen Hemmungen befreien. Ihre Persönlichkeit wird gestärkt, Sie können sich besser durchsetzen.

„D-Sch"-Formel

Mit Hilfe dieser Formel haben Sie großen Erfolg, Sie
können Ihren Besitz vergrößern, Ihr Geld vermehren.
Wenn Sie sich auf die Schwingung konzentrieren, werden
Sie schnell vorankommen. Sie lernen einflußreiche Menschen kennen. Besonders beim anderen Geschlecht kommen Sie gut an, werden umworben.

„E-G"-Formel

Diese Buchstaben-Verbindung beseitigt Konzentrationsmangel, gibt Ruhe und Ausgeglichenheit. In materiellen
Angelegenheiten werden Sie Glück haben. Menschen, die
bisher viel Pech hatten, denen nichts so recht gelang, bringt
diese Buchstabenkombination großen Erfolg. Sie müssen
nur Ausdauer haben.

„E-O"-Formel

Mit dieser Formel können Sie Ihre beruflichen Fähigkeiten
besser einschätzen und erkennen. Dies gilt auch für Menschen, mit denen Sie zu tun haben. Sie sehen, wer da vor
Ihnen steht. Diese Buchstabenkombination gilt als Wahr-
heitsformel. Mit ihrer Hilfe kommt man jeder Lüge sofort

auf die Schliche. In geschäftlicher Hinsicht gibt sie Erfolg. Besonders bei den Berufen: Richter, Rechtsanwalt, Psychologe.

„E-R"-Formel

Mit Hilfe dieser Formel fühlen Sie sich frei und ungebunden – große geistige Freiheit und Durchsetzungskraft der Ideen sind damit verbunden. Die Formel hilft gegen jedes Unrecht und schenkt Ihnen Erfolg im Beruf. Auf dem Gebiet der Journalistik und Literatur verleiht sie Beharrlichkeit und Berühmtheit. Sie fördert die Inspiration und das Talent zu schreiben. Sie ist die sogenannte Bestseller-Formel.

Formeln für Ehe, Liebe, Erotik, Anziehungskraft

„C-J"-Formel

Durch diese Formel bekommen Sie eine große erotische Ausstrahlungskraft, Ihre Mitmenschen finden Sie sympathisch, die Liebe Ihres Partners wird größer. Sie wirkt auch gegen Impotenz und Gefühlskälte. Bei regelmäßiger Anwendung werden Sie vom anderen Geschlecht umschwärmt wie die Motten das Licht.

„E-D"-Formel

Sie bringt Ihnen die Gunst und die Sympathie hochgestellter Personen ein. Diese kabbalistische Formel verstärkt Ihre erotische Ausstrahlung. Sie verhilft zu Glück im Spiel und verschafft Ihnen materielle Vorteile.

„D-J"-Formel

Die „D-J"-Verbindung entwickelt wie die „C-J"-Formel den Geschlechtstrieb. Sie hilft gegen Impotenz und Störungen seelischer Art im erotischen Bereich. Wenn Sie diese Formel regelmäßig üben, werden Sie fruchtbarer, bekommen große Ausdauer bei der Liebe.

„D-M"-Formel

Sie verleiht seelische, geistige Frische, Ausdauer und Zähigkeit. Sie hilft Ihnen, wenn Sie jemanden lieben, diese Liebe aber nicht erwidert wird. Sie schenkt Ihnen mehr Einfühlungsvermögen. Sie werden Ihren Partner besser verstehen.

„D-P"-Formel

Wer gefühlskalt ist, wird durch diese Formel empfindsam und sensibel. Menschen, die Sexmuffel sind, bekommen durch sie wieder Lust auf die Liebe. Ihre erotische Ausstrahlung wird vergrößert. Menschen, die stolz und arrogant sind, werden umgänglicher.

„D-W"-Formel

Durch diese kabbalistische Formel können Sie Ihre Gefühle zum Partner intensivieren – und zwar nicht nur in bezug auf Erotik, sondern auch auf das reine Empfindungsvermögen und das Verständnis im zwischenmenschlichen Bereich. Besonders geeignet für Ehepaare, die schon jahrelang verheiratet sind und sich eigentlich nichts mehr zu sagen haben. Ihre Liebe wird einen neuen Frühling erleben. Sie wirken glaubhafter, man vertraut Ihnen.

„D-O"-Formel

Diese Formel macht Sie in der Liebe erfahren. Menschen, die sehr gehemmt sind, sich nicht so recht trauen, sexuell mal etwas Neues zu wagen, sollten diese Formel üben. Es wird Ihnen auch leichtfallen, Ihre Wünsche auf sexuellem Gebiet zu erkennen und auszusprechen. „Die „D-O"-Formel schenkt Ihnen mehr Glück und Zufriedenheit auf sexuellem Gebiet.

„D-N"-Formel

Diese kabbalistische Formel stärkt Sie im seelischen Bereich, fördert den Verstand. Sie eignet sich besonders für Menschen, die sich immer nur vom Gefühl leiten lassen. Bei regelmäßigem Üben werden das verstandesmäßige Denken und das gefühlsmäßige Erfassen sich die Waage halten. In der Liebe werden mit Hilfe dieser Formel alle Wünsche befriedigt. Sie wirkt verstärkend auf eine gute Ehe und Partnerschaft, festigt bestehende Beziehungen.

„D-K"-Formel

Diese kabbalistische Formel nimmt Ihnen alle Ängste und Unsicherheit in der Liebe. Sie eignet sich besonders für Menschen, die wenig Selbstsicherheit haben, ihren Wert gering beurteilen. Sie bekommen durch diese Formel mehr Anziehungskraft, Ihre Mitmenschen bringen Ihnen mehr Sympathie entgegen. Sie verhilft Ihnen zu mehr Wohlstand.

„D-I"-Formel – Formel gegen Untreue

Dies ist eine spezielle Formelverbindung gegen Untreue. Wenn Sie sie täglich üben, bekommen Sie Anziehungskraft, sexuelle Ausstrahlung. Diese Formel schützt Sie vor leichtfertigen Seitensprüngen. Wenn Ihr Partner fremdgeht, können Sie ihn zurückgewinnen. Sie stärkt auch die Potenz und die Liebesbereitschaft. Sie verhilft zu guten Freundschaften.

Formeln für die Gesundheit

Bei sämtlichen Gesundheitsformeln müssen Sie sich immer in den entsprechenden Bereich hineinversetzen. Das heißt, daß Sie sich voll auf das Körperorgan, für das die Formel ist, konzentrieren müssen. Zur allgemeinen Kraftschöpfung ist die Formel ganz normal zu sprechen. Wenn jedoch Schmerzen bzw. organische, seelische oder körperliche Probleme da sind, sollten Sie in einen richtigen Kontakt mit dem Körperorgan treten.

Je länger und je öfter wir unsere unsichtbaren Batterien aufladen, desto stärker werden die Wirkungen im Bedarfsfall sein. Am besten, Sie wählen für Ihre täglichen Übungen eine Formel für den Erfolg und vielleicht zwei bis drei für die Gesundheit und noch eins bis zwei für die Liebe, je nachdem was für ein Ziel Sie anstreben.

„D-C"-Formel

Sie reinigt und beruhigt das Nervensystem, klärt den Geist und macht ihn aufnahmebereit für die übrigen Formeln. Negative Eigenschaften, die man schon immer bekämpfen wollte, bekommen Sie dadurch leicht in den Griff. Gut für Menschen, die sich das Rauchen abgewöhnen wollen, eine Diät machen.

„A-B"-Formel

Sie beseitigt Angstgefühle, wirkt gegen Depressionen, verschafft Ihnen mehr Klarheit über Ihre Bedürfnisse. Diese Formel hilft im Lungen- und Bronchialbereich.

„A-F"-Formel

Diese Formel beseitigt Müdigkeit. Sie eignet sich für Autofahrer, die lange Strecken fahren müssen. Wenn Sie diese Formel vor sich hinsagen, werden Sie schnell wieder frisch und munter. Sie darf allerdings nicht mißbraucht werden, um Schlaf zu ersetzen. Auch wenn Sie müde und abgespannt nach Hause kommen und noch eingeladen sind, macht die kabbalistische Formel Sie wieder fit.

„A-N"-Formel

Dies ist die Formel der Regenerierung. Sie eignet sich für Menschen, die lange krank waren. Ihr Körper wird gestärkt. Sie wirkt auch gegen Erschöpfung und Müdigkeit.

„A-R"-Formel

Sie hilft gegen Depressionen und seelische Bedrückung. Menschen, die alles schwarzsehen, werden durch diese Formel zu einem positiveren Denken kommen.

„B-I"-Formel

Sie hilft gegen Gewissensbisse, schlechte Erinnerungen und Träume. Negative Erlebnisse und Erfahrungen, die Sie im Leben beeinflussen, können Sie mit dieser Formel auslöschen.

„B-L"-Formel

Durch diese kabbalistische Buchstabenverbindung werden Sie zufriedener und ausgeglichener. Bei regelmäßigem Gebrauch verlängert Sie Ihr Leben.

„C-A"-Formel

Diese Buchstabenverbindung ist eine spezielle Formel gegen Lungenleiden, Asthma, Brustbeklemmungen, Erkrankungen der Bronchien, Verschleimung.

„C-H"-Formel

Diese kabbalistische Buchstabenkombination ist die Grundformel für die Gesundheit. Sie gibt Ihnen körperliche Zähigkeit, Ausdauer, Heilung. Vor der Formel-Übung sollten Sie sich fest auf den Wunsch nach Heilung konzentrieren. Sie stärkt Ihr allgemeines Wohlbefinden und die Abwehrkräfte.

„C-Ch"-Formel

Sie gilt als spezielle Formel gegen Tuberkolose, Flechten, ist gegen Fieber und Entzündungen (ebenso auch „E-W" bei Entzündungen und Schmerzen). Außerdem verleiht sie große Widerstandsfähigkeit (Aussprache Tssee-Ch wie Buch).

„C-J"-Formel

Sie hilft gegen Impotenz. Männern, die Angst vor Versagen haben, wird diese Angst genommen. Diese Formel wirkt auch gegen frühzeitigen Samenerguß.

„C-K"-Formel

Sie hilft gegen Angst und Depressionen, gibt Ihnen Mut und Kraft. Menschen, die ihren Alltag nicht mehr meistern können, werden zuversichtlicher und tatkräftiger. Die Arbeit geht Ihnen leichter von der Hand.

„C-L"-Formel

Bei regelmäßiger Anwendung können Sie damit Ihre negativen Charaktereigenschaften ausmerzen. Diese Formel verleiht einen festen Charakter, gibt enorme Ausdauer, auch in körperlicher Hinsicht. Sie eignet sich besonders für Sportler. Bei regelmäßiger Anwendung können Sie auch das Altern hinausschieben.

„C-W"-Formel

Diese kabbalistische Form entspricht dem Wasser-Element. Sie hilft bei Wassersucht, heilt Darm- und Verdauungsprobleme.

„C-Z"-Formel

Sie verleiht Ihnen Ausdauer und Zähigkeit bis ins hohe Alter. Sie bleiben damit fit und leistungsfähig.

„E-F"-Formel

Diese kabbalistische Buchstabenkombination ist die Universal-Formel für das Nervensystem. Sie gibt Ruhe, Stärke, heilt Nervenschwäche. Sie werden ausgeglichen, zufrieden, alle innerlichen Disharmonien werden beseitigt. Sie können mit dieser Formel auch Ihre negativen Charaktereigenschaften hemmen.

„D-Ch"-Formel

Eine enorm starke Formel für das Leben. Sogar schwere Krankheiten können Sie mit dieser machtvollen Buchstabenkombination günstig beeinflussen. Vor allem bei Lungenkrankheiten, Herzstörungen (neben der ärztlichen Behandlung). Sie bekommen einen großen Lebenswillen, die Gesundheit wird gefestigt (Aussprache wie bei Buch).

„D-L"-Formel

Sie gibt Ihnen große Ausdauer, Zähigkeit. Ihr Körper bekommt eine enorme Kraft. Sie können mehr leisten. Sie eignet sich besonders für Menschen, die lange krank waren, sie werden dann schneller gesund und der Körper und die Organe gestärkt. Auch in Streßzeiten, in der der Körper sehr beansprucht wird, ist die Formel gut.

„D-M"-Formel

Wie die „C-W"-Formel ist diese Buchstabenkombination gut gegen Wassersucht, Darmleiden.

„E-C"-Formel

Diese Buchstabenkombination verjüngt den Körper und verhilft Ihnen zu einem besseren Aussehen. Sie ist die Schönheitsformel. Bei regelmäßiger Anwendung verlängert sie Ihr Leben.

„E-E"-Formel

Dies ist eine hervorragende Formel, damit Sie nicht so schnell betrunken werden. Menschen, die sich sinnlos betrinken, nicht wissen, wann sie mit dem Alkohol aufhören müssen, bekommen so etwas wie eine natürliche Trinkbremse. Diese Buchstabenkombination hat auch eine hervorragende Wirkung bei Bewußtseinsstörungen.

„E-G"-Formel

Sie beseitigt Konzentrationsmangel, schenkt Ihnen Ruhe und Zufriedenheit sowie ein positives Empfinden. Sie hilft gegen Blutarmut und Bleichsucht, ist gut für das gesamte Drüsensystem.

„E-H"-Formel

Sie ist gut bei Augenschwäche. Man muß sich beim Aussprechen ganz fest auf die Augen konzentrieren – auch gut für Menschen, die zu Bindehautentzündung neigen.

„E-Ch"-Formel

Sie hilft gegen Schwerhörigkeit, gegen Herzrhythmusstörungen. Sie gibt Ihnen innere Zufriedenheit. Sie lernen besser Ihre Bedürfnisse kennen, richten sich nicht nach anderen Leuten.

Formeln für künstlerische Begabung, Genialität, Intuition

„D-Z"-Formel

Durch diese Buchstabenkombination wird Ihr Verstand geschärft, Sie bekommen ein gutes Gedächtnis. Sie eignet sich besonders für Redner, Schauspieler, Studenten, für Menschen, die viel auswendig lernen müssen.

„E-R"-Formel

Sie verhilft zu größerem Erfolg im Beruf. Diese Buchstabenkombination eignet sich für Schriftsteller, Journalisten, Dichter. Sie ist die „Schreibformel".

„E-W"-Formel

Sie ist eine spezielle Formel gegen Schmerzen, Entzündungen, Fieber. Wenn Sie es sich im Beruf nicht leisten können, krank zu werden, zu Hause zu bleiben, dann sollten Sie diese Formel anwenden.

Formeln für religiöses Empfinden

„E-P"-Formel

Sie bewirkt Demut, starkes religiöses Empfinden. Sie ist gut für tiefe Meditation. Diese Buchstabenkombination verhilft Menschen zu geistiger Erkenntnis, Intuition. Sie verstehen den Zusammenhang zwischen Gott und dem Universum.

„D-W"-Formel

Sie verhilft zu starken Empfindungen, guter Konzentration. Diese Formel ist ein starkes Energiefeld für den seelischen Bereich. Sie bewirkt eine heilige Stimmung, die sogenannte „Tempel-Atmosphäre".

„D-P"-Formel

Sie verhilft zu Demut und Ehrfurcht im seelischen Bereich. Diese kabbalistische Formel eignet sich für gefühlskalte Menschen. Sie werden sensibler, können sich in andere mehr hineinversetzen.

Formeln für Frieden und Harmonie

„E-F"-Formel

Sie verleiht absolute Harmonie und Ausgeglichenheit. Diese Buchstabenkombination ist die Ehe-Formel, die alle Streitigkeit sofort aus der Welt räumt und innere Gelassenheit und Zufriedenheit schenkt. Sie eignet sich für alle Ehepaare, die Probleme miteinander haben. Die Beziehung festigt sich.

„E-G"-Formel

Diese Formel schenkt Ihnen inneren Frieden. Sie eignet sich für Menschen, die viel Streß haben, unruhig sind, unter Schlafstörungen leiden.

„B-G"-Formel

Mit dieser Buchstabenkombination können Sie den größten Streit mit dem Partner, dem Freund oder Kollegen beseitigen. Sie stiftet seelischen Frieden unter den Menschen.

Spezialformeln für den durchdringenden Blick

„B-N"-Formel

Durch diese Buchstabenkombination bekommen Sie die Fähigkeit, Gedanken zu lesen, also einem Menschen sozusagen hinter die Stirn zu schauen. Diese Formel übt unsichtbare Macht auf andere Personen aus. Sie erkennen, ob jemand Sie belügt, seine wahren Gedanken. Und Sie haben durch Ihren Blick die Macht, ihn zur Wahrheit zu zwingen. Vorsicht: Diese Formel darf nur für positive Einflüsse angewandt werden.

„A-T"-Formel

Diese Formel bietet Ihnen wirksamen Schutz gegen feindlich gesinnte Menschen. Sie können damit Intrigen erkennen und ausmerzen.

Formeln gegen schwarzmagische Angriffe und geistige Beeinflussung

„J-H-W"-Formel

Sie sprechen diese Formel Jood-Haaa-Weee-Jood-Haaa-Weee usw. aus. Sie bietet Ihnen einen wirksamen Schutz vor Menschen, die Sie geistig beeinflussen, Ihnen Ihre Ansichten aufzwingen wollen. Keine andere kabbalistische Buchstabenverbindung und Kraft kann diese Formel durchbrechen. Jeder würde die Kraft, die er gegen Sie einsetzt, sofort auf sich selbst zurückfließen lassen.

„J-Z-H"-Formel

Diese Formel ist ebenso wirksam wie die „J-H-W"-Formel. Sie sprechen Sie Jood-Zäät-Haa-Jood-Zäät-Haaa usw. Auch diese dreibuchstabige Formel müssen gleichmäßig, schnell, jeder Buchstabe gleich lang und mit der beschriebenen Schwingung gesprochen werden.
Auch die Formeln „Ja-Ha-We" und „Ju-Ha-We" bieten Ihnen ebenfalls Schutz vor negativen magischen Angriffen.

Suggestions-Formel

„D-H"-Formel

Sie eignet sich für Hellseher, Hypnotiseure. Mit dieser Formel können Sie – natürlich bei entsprechender Übung – jemandem in wenigen Augenblicken etwas suggerieren, ihn von Ihrer Meinung überzeugen. Diese Buchstabenkombination ist ideal für Redner.
Gerade bei den Suggestions-Formeln gibt es viele Möglichkeiten. Aber mit ihnen wird leider viel Mißbrauch getrie-

ben. Vor allem im Bereich der „Schwarzen Magie". Deshalb möchte ich von weiteren Ausführungen Abstand nehmen.

Gruppenübung für den Frieden auf der Welt

Die Friedens- und Harmonie-Formeln „E-F", „E-G", „BG" lassen sich gut in Gruppen üben. Das verstärkt Ihre Kraft. Es wäre gut, wenn Sie in Ihrer Familie, Ihrem Freundeskreis oder in Gruppen und Zirkeln diese Formeln gemeinsam sprechen würden. So könnten sich Frieden und Harmonie überall verbreiten. Wenn immer mehr Menschen diese wertvollen und mächtigen Formeln täglich üben würden, könnten wir auf unserer ganzen Erde Frieden bewirken. Diese Formeln beseitigen Disharmonie, schützen vor Krieg und Aufrüstung, gegen destruktive Politik. In Gruppen geübt, wird der Einfluß der Buchstabenkombination größer und mächtiger. Eine schöne Vorstellung, daß überall auf der Welt die Menschen in Frieden leben könnten.

Magie der Zahlen

Zahlen als Wegweiser

Im letzten Kapitel haben wir uns mit der Kraft der 22 hebräischen Buchstaben befaßt. Die Kabbala der Zahlen ordnet jedem Buchstaben einen Zahlenwert zu und auf diese Weise erhält jeder Name eine bestimmte charakteristische Bedeutung.

Wir gehen jeden Tag mit Zahlen um, aber nur die wenigsten können sich vorstellen, daß sie mehr als ein Mittel zum Zählen und Messen sind. Genau wie die Buchstaben haben sie geheime Eigenschaften, die uns einen Weg öffnen. Den Weg zu uns selbst und zu anderen.

Schon die alten Ägypter glaubten an die Macht und Bedeutung der Zahlen. Sie waren für sie Hilfsmittel, um die Zukunft zu deuten. Philosophen in Griechenland gingen davon aus, daß jede Ziffer ihre Macht hat. Pythagoras (570–496 v. Chr.), der griechische Philosoph und Mathematiker schuf eine Welt, die auf Zahlen basierte. Er sagte, daß die Natur Geometrie betreibe und die Zahl das Wesen der Wirklichkeit sei. Der Schweizer Philosoph Carl Gustav Jung (1875 –1961) war der Meinung, daß Zahlen aus unserem Unterbewußtsein entstanden. Es hat sie als Ordnungsfaktoren benutzt.

Die Deutung und Bedeutung der verschiedenen Zahlen ist so alt wie die Zeit selbst. Für das Ur-Kabbala-System legte man die Zahlen des hebräischen Alphabets zugrunde. Es würde zu weit führen, wenn ich Ihnen diese ganzen Zahlen erklären würde.

Ich will mich auf das Primärsystem beschränken, das von 1–9 geht. Man nennt sie auch die Charakter-Zahlen. Diese sind eine Hilfe im Alltag.

Die Charakterzahl – der magische Schlüssel zu uns selbst und anderen

Die 1

Planet: Sonne
Geburtstag: 1., 10., 19., 28.
Partner: Die Zahlen 2, 4 und 7

Die Eins ist das Symbol der Gottheit, der Einheit, des Weltalls. Sie gilt als Zahl des Erfolges.
Wenn Sie an einem 1, 10, 19, oder 28 Tag eines beliebigen Monats geboren worden sind, lieben Sie die Unabhängigkeit, sind sehr kreativ, können Großes leisten. Sie haben Mut und große Willenskraft. 1er-Menschen mögen sich nicht so gern unterordnen. Sie möchten immer die Nummer Eins sein, im Mittelpunkt stehen. Es ist aber nicht Machthunger, der sie nach oben treibt. Diese Menschen haben Führungsqulitäten, stecken voller bahnbrechender Ideen und haben den nötigen Schwung, diese Ideen auch durchzuführen.
Allerdings: Manchmal sind diese Menschen intolerant, lassen nur Ihre Meinung gelten und mögen es nicht, wenn man sie auf Fehler hinweist. Ihre Gefühle sind aufrichtig. Sie sehnen sich nach Romantik. Die Liebe soll ein Ausgleich zu Ihrem Arbeitsalltag sein.

Die 2

Planet: Mond
Geburtstag : 2., 11., 20., 29.
Partner: Zahl 1 und 7

Die Zahl 2 repräsentiert die Gegensätzlichkeit, das Recht, das Gleichgewicht, die Harmonie, die Bruderschaft. 1 und 2 ergänzen sich wie Pole. Die 2 ist die Zahl der Zusammenarbeit.
Menschen, die am 2., 11., 20., und 29. eines beliebigen Monats geboren sind, haben einen großen Gerechtigkeits-

sinn, sind sanft und diplomatisch. Sie lieben Ihr Heim, die Familie, Frieden und Harmonie. Sie lassen sich vom Gefühl leiten, sind manchmal launisch.

2er-Menschen können ohne andere Menschen nicht leben. Sie sind gute Teamarbeiter, wie geschaffen für eine Ehe, weil sie andere beschützen und für sie sorgen möchten. Veränderungen liegen ihnen nicht, sie sind auf Sicherheit bedacht. Erfolg ist diesen Menschen nicht so wichtig. Sie sind Idealisten. Sie brauchen zur Ergänzung einen Partner, der praktisch veranlagt und klug ist.

Die 3

Planet: Jupiter
Geburtstag: 3., 12., 21., 30.
Partner: Zahlen 6 und 9

Die Dreiheit wurde von den Weisen im Altertum als die vollkommene Zahl empfunden. Die ganze Schöpfungsgeschichte beruht auf dieser Dreiheit. Zum Beispiel: Gegenwart, Zukunft, Vergangenheit. Höhe, Länge, Breite. Sie wird durch das Dreieck symbolisiert, das bei den Ägyptern als heilig galt. Die 3 hat männlichen Charakter, sie symbolisiert den Ausdruck der Persönlichkeit.

Menschen die an einen 3.,12., 21., und 30. eines beliebigen Monats geboren sind, sind fröhlich, optimistisch, mutig und freiheitsliebend. Sie brauchen Kontakt zu anderen Menschen, wollen sie unterhalten. Sie sind immer auf der Suche nach Neuem. Geduld und Ausdauer liegen ihnen nicht so. Manchmal neigen sie zu Eitelkeit und Angeberei.

Ihren Partner lernen die meisten erst spät kennen. Das liegt daran, daß sie sich schnell für jemanden begeistern, leicht entflammt sind. Durch ihre Spontaneität gehen manche eine vorschnelle Bindung ein und merken erst in der Ehe, daß der Partner doch nicht zu ihnen paßt. Die Folge: Scheidung.

Geld ist für diese Menschen nicht so wichtig, lediglich Mittel zum Zweck, um sich das Leben schön zu gestalten.

Die 4

Planet: Uranus (Sonne negativ)
Geburtstag: 4., 13., 22., 31.
Partner: Die Zahlen 2 und 8

Diese Zahl wurde von den alten Griechen als die Wurzel aller Dinge betrachtet: die vier Elemente, die vier Jahreszeiten, die vier Himmelsrichtungen. Pythagoras gab ihr göttliche Eigenschaften, da Zeus, der Name des griechischen Göttervaters, aus vier Buchstaben bestand. Die Zahl 4 wird durch das Viereck dargestellt. Sie ist ein Symbol für den Willen.

Menschen, die an einem 4., 13., 22., und 31 geboren sind, haben viel Willenskraft. Sie sind treu, geduldig, ehrlich, beharrlich und sie nehmen Ihre Mitmenschen so, wie sie sind. Sie mögen keine Veränderungen in ihrem Leben. Sie sind verläßlich, hartnäckig und entschlossen. Ihnen liegen Routinearbeiten. Sie verlieren nie die Geduld, haben große Ausdauer. Manchmal neigen Sie zu Eigensinn. Weil sie ihre Denkweise und ihre Methoden kaum ändern, können sie andere Menschen, die Ideen haben, phantasievoll sind, nicht verstehen.

4er-Menschen fühlen sich zu starken, dominierenden Partnern hingezogen. Sie brauchen die Ehe. Aber oft sehen sie darin nur einen Weg, mehr Sicherheit zu bekommen, vor allem in finanzieller Hinsicht. Im Leben eines 4er-Menschen wird es nicht viele Affären geben. Er geht schon sehr früh eine Bindung ein, die dann auch Bestand hat. Im Gefühlsleben ist dieser Mensch kontrolliert.

Die 5

Planet: Merkur
Geburtstag: 5., 14., 23.
Partner: paßt zu allen Zahlen, am besten zur eigenen

Die fünf galt bei allen Völkern als Symbol für Gesundheit und Fruchtbarkeit. Bei den Ägyptern war sie das Zeichen für Wohlstand. Im antiken Rom brannten während der Hochzeitsfeier fünf Kerzen, als Zeichen für Heirat und Fortpflanzung. In vielen Religionen war die 5 eine heilige Zahl. Ihr Symbol ist die Pyramide, es ist die Zahl der Erfahrung und Veränderung.

Menschen, die an einem 5., 14., 23. eines beliebigen Monats geboren sind, lieben die Freiheit, Unabhängigkeit. Sie haben eine schnelle Auffassungsgabe, können gut reden, sind schlagfertig. 5er-Menschen haben ein Gespür für das Wesentliche eines Menschen oder einer Situation. Sie gehören zu den schöpferischen Menschen, brauchen den Austausch von Gedanken.

Reisen und Diskutieren gehören zu ihren Lieblingsbeschäftigungen. 5er-Menschen lieben das Leben und genießen jede Minute ihres daseins. Routine ist nichts für sie. Diese Menschen sehnen sich nach Abwechselung – das gilt auch für den Liebesbereich. Meist haben sie eine große Anziehung auf das andere Geschlecht. Manchmal neigen sie dazu, unzuverlässig, zerstreut und impulsiv zu sein.

Die 6

Planet: Venus
Geburtstag: 6., 15., 24.
Partner: Die Zahlen 6, 3 und 9

Das Siegel des Salomon, die zwei überlagerten Dreiecke, hatte sechs Seiten. Die Hebräer bertrachteten die Zahl 6 als heilig, da die Welt in sechs Tagen erschaffen wurde. Andere Völker benutzten das doppelte Dreieck, um üble Einflüsse abzuwehren. Die 6 ist eine der glücklichsten Zahlen. Sie steht für Harmonie und Vollendung.

Menschen, die an einem 6., 15., oder 24. eines beliebigen Monats geboren sind, haben ein starkes Verlangen nach Harmonie und Schönheit. Das bezieht sich auf alle Bereiche ihres Lebens. Sie sind künsterisch begabt, wollen alles verbessern.

Diese Menschen sind Spätentwickler. In der ersten Hälfte des Lebens sind sie scheu, schwanken, setzen ihre große

Intelligenz für viele Sachen ein, verzetteln sich. Aufgrund ihrer Ungeduld, gehen diese Menschen auch schnell unbedachte Verbindnungen ein. In der zweiten Hälfte ihres Lebens haben 6er-Menschen fast immer Erfolg, auch Partnerschaften haben in der zweiten Hälfte des Lebens mehr Bestand.

In Geld sehen sie nur den Mittel zum Zweck – anderen zu helfen, sich das Leben zu verschönen. Manchmal sind sie zu nachgiebig, gütig und hilfsbereit und werden von anderen ausgenutzt. In der Liebe sind sie treu, sie mögen Gesellschaft und sind extrovertiert.

Die 7

Planet: Neptun (Mond negativ)
Geburtstag: 7., 16., 25.
Partner: Die Zahlen 1, 2 und 4

Sie ist die geheimnisvollste Zahl. Die Philosophen des Altertums sahen in ihr ein Symbol der Weltregierung, der durch die sieben Planeten bestimmt wurde. Für die Griechen und Römer war sie eine Glückszahl, sie verbanden sie mit den Mondphasen. Auf den sieben Noten der Tonleiter basierte die Philosophie der Sphärenharmonie, in der das Weltall eine gigantische Tonleiter war. In vielen Religionen galt die 7 als heilig. Bei den Chaldäern: die sieben Welten, bei den Mohammedanern: die sieben Himmel, die sieben Höllen. Die Zahl 7 ist das Symbol der Weisheit.

Menschen, die an einem 7., 16., oder 25., eines beliebigen Monats geboren sind, lieben die Einsamkeit. Sie verfügen über starke Intuition, okkulte Kräfte. Alles Geheimnisvolle, Unerklärliche, Uralte zieht sie an. 7er-Menschen sind verschwiegen, wählerisch, diszipliniert. Immer möchten sie hinter die Dinge schauen, alles analysieren. Das führt manchmal zu einem Schubladendenken. Ihre Hobbys: Lesen, Studieren. Bücher gehen ihnen über alles. Oberflächliche Vergnügungen mögen sie nicht. Oft vergessen sie dabei, daß man Wissen auch erfahren muß. Sie bilden sich vorschnell ein Urteil.

7er-Menschen sind verträumt, sehen oft alles durch eine rosarote Brille. Sie machen sich gern Illusionen, wollen vor der Wirklichkeit flüchten. In der Liebe sind sie kritisch und wählerisch, suchen die Vollkommenheit. Sie leben in sich selbst, brauchen Frieden und Stille.

Die 8

Planet: Saturn
Geburtstag: 8., 17., 26.
Partner: Die Zahlen 2, 4

Im antiken Ägypten verehrte man das Achteck. Diese Deutung geht auf Noah zurück, der in seiner Arche acht Seelen vor der großen Flut retten durfte. Es ist das Symbol der Wirklichkeit und Stärke.

Menschen, die an einem 8., 17., und 26 geboren sind, sind Realisten, äußerst praktisch veranlagt, können gut organisieren. Sie sind kritisch und oft autoritär. Sie verlieren leicht die Geduld, wenn sie es mit faulen, untüchtigen Menschen zu tun haben. Geld spielt für diese Menschen eine große Rolle. Zwar ist ihnen die Liebe wichtig, aber mit dem Geld muß es auch stimmen. Alles Mittelmäßige lehnen diese Menschen ab. Sie streben auch nach Macht.

8er-Menschen sind klug und wollen dominieren. Sie haben wenig Vorstellungskraft und Vertrauen. Sie brauchen Liebe, haben aber Schwierigkeiten, ihre Gefühle auszudrücken. Sie suchen nach einem Partner, der geistig mit ihnen harmoniert, aber gut mit Geld umgehen kann. Leidenschaft ist den 8er-Menschen fremd, sie stößt sie sogar ab. Bei ihnen geht die Liebe über den Kopf.

Die 9

Planet: Mars
Geburtstag: 9., 18., 27.
Partner: Die Zahlen 3 und 6

Die Zahl 9 gilt als Symbol der Vollendung, weil die menschliche Schwangerschaft neun Monate dauert. Die

Römer hielten alle neun Tage ihre Märkte ab. Die Hebräer glaubten, daß Jehova neunmal zur Erde herabkam. Bei den Riten der Kabbala spielt die 9 eine wesentliche Rolle. Sie ist die Zahl der allumfassenden Liebe, des Dienstes am Menschen.

Menschen, die an einem 9., 18., oder 27. eines beliebigen Monats geboren sind, haben großen Verstand, verstehen es, ihr Wissen anzuwenden. Sie sind sehr tolerant, nie kleinlich oder engstirnig, suchen Kontakt zu ihren Mitmenschen. Immer setzen sie sich für andere ein. Sie haben Ideale, Geld ist für sie nicht unwichtig, denn sie brauchen es, um ihre Ziele zu erreichen.

9er-Menschen können andere gut führen. Sie finden immer einen Ausweg, selbst aus den schlimmsten Situationen. Sie wollen hoch hinaus, sehnen sich nach Ruhm.

Wer sie zum Freund hat, kann sich auf sie verlassen, sie helfen immer. In der Jugend fühlen sie sich zum Alter hingezogen, im Alter zu jüngeren Menschen. In der Liebe suchen diese Menschen nach einem Partner, der auch ein großes Herz für andere hat. Sie geben gern.

Die Zehn-Minuten-Astrologie

Sie lernen einen Menschen kennen, der Sie interessiert. Sie möchten gern mehr von ihm wissen. Oder Sie haben einen Chef, aus dem Sie nicht so recht schlau werden. Sie denken an Veränderung, beruflich und privat, aber Sie sind unsicher, ob das der richtige Zeitpunkt ist?
Meine „10-Minuten-Astrologie" hilft Ihnen, besser „durchzublicken". Mit dieser Schnellprognose können Sie

● sich selbst erkennen
● sehen, wann es einschneidende Veränderungen in Ihrem Leben gibt
● Ihre Mitmenschen besser einschätzen
● prüfen, ob Sie zueinander passen

Das alles geht kinderleicht. Sie müssen nur das Geburtsdatum eines Menschen kennen. Ihn genau anschauen, ein bißchen rechnen.

Schnellprognose nach dem Geburtsdatum

Als erstes die Schnellprognose anhand von drei Tabellen. Drei Faktoren sind wichtig:

1. An welchem Wochentag wurde ich geboren?
2. In welchem Planetenjahr wurde ich geboren?
3. Wie ist meine Schicksalszahl?

Probieren Sie es doch mal aus – bei Ihrem Partner, bei Freunden, bei Arbeitskollegen, beim Chef. Sie werden staunen, was Sie dabei herausbekommen. Zunächst also zu Punkt 1, dem Wochentag. Sie wissen nicht, ob Sie vielleicht ein Sonntagskind sind? Kein Problem, das herauszufinden. Dafür brauchen Sie die Tabelle auf S. 208.

Errechnen des Wochentages

Nehmen wir ein Beispiel: Herr „Unbekannt" ist am 18.1. 1942 geboren. Schauen Sie also in Tabelle A (Jahre) nach dem Geburtsjahr 42. Ziehen Sie eine gerade Linie nach

A. Jahre

1801–1900				1901–1980		
01	29	57	85		25	53
02	30	58	86		26	54
03	31	59	87		27	55
04	32	60	88		28	56
05	33	61	89	01	29	57
06	34	62	90	02	30	58
07	35	63	91	03	31	59
08	36	64	92	04	32	60
09	37	65	93	05	33	61
10	38	66	94	06	34	62
11	39	67	95	07	35	63
12	40	68	96	08	36	64
13	41	69	97	09	37	65
14	42	70	98	10	38	66
15	43	71	99	11	39	67
16	44	72		12	40	68
17	45	73		13	41	69
18	46	74		14	42	70
19	47	75		15	43	71
20	48	76		16	44	72
21	49	77	00	17	45	73
22	50	78		18	46	74
23	51	79		19	47	75
24	52	80		20	48	76
25	53	81		21	49	77
26	54	82		22	50	78
27	55	83		23	51	79
28	56	84		24	52	80

B. Monate

J	F	M	A	M	J	J	A	S	O	N	D
4	0	0	3	5	1	3	5	2	4	0	2
5	1	1	4	5	2	4	0	3	5	1	3
6	2	2	5	0	3	5	1	4	6	2	4
0	3	4	0	2	5	0	3	6	1	4	5
2	5	5	1	3	6	1	4	0	2	5	0
3	5	5	2	4	0	2	5	1	3	6	1
4	0	0	3	5	1	3	6	2	4	0	2
5	1	2	5	0	3	5	1	4	6	2	4
0	3	3	6	1	4	6	2	5	0	3	5
1	4	4	0	2	5	0	3	6	1	4	6
2	5	5	1	3	6	1	4	0	2	5	0
3	6	0	3	5	1	3	6	2	4	0	2
5	1	1	4	6	2	4	0	3	5	1	3
6	2	2	5	0	3	5	1	4	6	2	4
0	3	3	6	1	4	6	2	5	0	3	5
1	4	5	1	3	6	1	4	0	2	5	0
3	6	6	2	4	0	2	5	1	3	6	1
4	0	0	3	5	1	3	6	2	4	0	2
5	1	1	4	6	2	4	0	3	5	1	3
6	2	3	6	1	4	6	2	5	0	3	5
1	4	4	0	2	5	0	3	6	1	4	6
2	5	5	1	3	6	1	4	0	2	5	0
3	6	6	2	4	0	2	5	1	3	6	1
4	0	1	4	6	2	4	0	3	5	1	3
6	2	2	5	0	3	5	1	4	6	2	4
0	3	3	6	1	4	6	2	5	0	3	5
1	4	4	0	2	5	0	3	6	1	4	6
2	5	6	2	4	0	2	5	1	3	6	1

C. Wochentage

S	1	8	15	22	29	36
M	2	9	16	23	30	37
D	3	10	17	24	31	
M	4	11	18	25	32	
D	5	12	19	26	33	
F	6	13	20	27	34	
S	7	14	21	28	35	

rechts zur Tabelle B (Monate), bis Sie zu dem Monat Januar kommen. Die Monatsnamen (Gruppe B) sind abgekürzt: J für Januar, F für Februar usw. Im Schnittpunkt der Jahres- und der Monatsreihe steht die Zahl 4. Dazu addieren Sie nun die Zahl des Geburtstages 18, ergibt 22. Nun schauen Sie in der Tabelle C (Wochentage) nach, wo die Zahl 22 steht. Sie finden Sie unter einem Sonntag. Also ist unser Herr „Unbekannt" an einem Sonntag geboren.
So einfach geht das!

Errechnen des Planetenjahres

Sie müssen herausfinden, in welchem Planetenjahr Sie
geboren wurden. Das heißt, welcher Planet im Jahr Ihrer
Geburt herrschte. Er sagt viel über die Charaktereigenschaften eines Menschen aus. Ein Planetenjahr gilt immer
vom **21. März bis zum 20. März.** Das ist ganz wichtig! Um zu
sehen, unter welchem Planeten Sie geboren wurden, brauchen Sie die folgende Tabelle:

Planetenjahre (Jahres-Regenten) jeweils vom 20. 3. eines Jahres bis 21. 3. folgenden Jahres												
Mars	1904	1911	1918	1925	1932	1939	1946	1953	1960	1967	1974	1981
Sonne	1905	1912	1919	1926	1933	1940	1947	1954	1961	1968	1975	1982
Venus	1906	1913	1920	1927	1934	1941	1948	1955	1962	1969	1976	1983
Merkur	1907	1914	1921	1928	1935	1942	1949	1956	1963	1970	1877	1984
Mond	1908	1915	1922	1929	1936	1943	1950	1957	1964	1971	1978	1985
Saturn	1909	1916	1923	1930	1937	1944	1951	1958	1965	1972	1979	1986
Jupiter	1910	1917	1924	1931	1938	1945	1952	1959	1966	1973	1980	1987

Wieder ein Beispiel. Bleiben wir bei unserem Herrn „Unbekannt", der am 18.1.1942 zur Welt kam.
In dieser Tabelle suchen Sie das Jahr 1941, weil unser Herr
„Unbekannt" vor dem 21. März geboren wurde und deshalb
für ihn noch das Jahr 1941 maßgebend ist. Nun ziehen Sie
eine gerade Linie nach links. Unter dem Planetenjahr steht
„Venus". Nun wissen wir also, daß unser Herr „Unbekannt" unter dem Planeten der Venus geboren wurde.

Errechnen der Schicksalszahl

Als letztes brauchen Sie noch Ihre Schicksalszahl. Auch die
ist kinderleicht zu errechnen.
Beispiel ist wieder Herr „Unbekannt" mit dem Geburtsdatum 18.1.1942. Aus seinen Geburtszahlen errechnen wir die
Quersumme: Also: $1 + 8 + 1 + 1 + 9 + 4 + 2 = 26$. Auch
diese beiden Zahlen müssen Sie addieren. $2 + 6 = 8$. Die

Wochentage und Planetenbedeutungen			
Zahl	Wochentag	Planet	Entsprechung
1 + 4	Sonntag	Sonne	Die selbstsichere, strahlende Sonne. Ich will – ich kann. Ich bin stolz und stark. Es kommt auf mich an. Handeln aus eigener Kraft. Öffentlichkeit, hohe Ämter, Anerkennung
2 + 7	Montag	Mond	Ich bin gefühlvoll und romantisch. Bin voller Stimmungen und Wechsel. Ich bin beeindruckbar, sympathisch und anziehend. Ich liebe das Reisen und das Wasser.
9	Dienstag	Mars	Ich bin die Tatkraft, die Energie, der Erfolg. Ich kämpfe, halte durch und gewinne. Ich bin leidenschaftlich und begehrend.
5	Mittwoch	Merkur	Ich bin der „Götterbote", der Planet der Rede, Mimik und Gestik sowie der Redlichkeit. Ich bin intellektuell immer auf der Suche nach neuen Horizonten und Ideen.
3	Donnerstag	Jupiter	Ich bin das große Glück, der Erfolg, die Jovialität, die Gutmütigkeit, die sanfte Gewalt. Die Großzügigkeit, aber auch die Tatkraft und die Weisheit.
6	Freitag	Venus	Ich bin Liebe, Sympathie, Herz und Gefühl. Das Schauspiel, die Kunst sowie alles Schöne sind in mir vereint.
8	Samstag	Saturn	Ich bin das Schicksal, die Ruhe und Ausdauer. Meine Pläne sind auf lange Sicht. Ich bin ein Spätentwickler, bin der ehrgeizige Kletterer und erreiche hohe Ziele. Bin bis zur Lebensmitte verschlossen.

Schicksalszahl unseres Herrn „Unbekannt" ist also 8.
Für die Deutung der Schicksalszahl brauchen Sie die Tabelle auf dieser Seite. Unter der ersten Spalte Zahl sehen Sie, daß die 8 dem Planten „Saturn" zugeordnet ist. Herr „Unbekannt" wurde also unter dem Einfluß des Saturns geboren. Und dieser Planet stellt das Grundschicksal, den Grundtenor, die Schicksalsbasis, dar. Herr „Unbekannt" ist ausdauernd, beharrlich, pflichtbewußt, ehrgeizig. Er hat Ziele auf lange Sicht, nimmt sich alles sehr zu Herzen. Erst in der Lebensmitte wird es für ihn leichter. Dann ist er nicht mehr so verschlossen, erreicht seine Ziele, geht mehr aus sich heraus.
Ist doch schon ganz schön viel, was wir von unserem Herrn „Unbekannt" wissen. Wenn wir jetzt alle drei Positionen deuten, dann ist Herr „Unbekannt" kein Fremder mehr für uns. Wir können uns sehr gut einschätzen.
Wir wissen also:

● 1. Er untersteht der Sonne, (weil er an einem Sonntag geboren wurde)

● 2. Er untersteht der Venus (weil er im Jahre 1942 geboren wurde)

● 3. Er untersteht dem Saturn (weil seine Schicksahlzahl
   die 8 ist)

Das bedeutet: Dieser Mensch vereinigt also Sonne, Venus
und Saturn. Und: Er ist grundsätzlich verläßlich, ernst, treu,
pflichtbewußt und hat Ziele auf lange Sicht. Große Erfolge
werden sich erst in seiner zweiten Lebenshälfte einstellen.
Venus wirkt ausgleichend zum Saturn. Ihm ist es zu verdan-
ken, daß Herr Unbekannt alles leichter nimmt. Er kann
durchaus die schönen Seiten des Lebens genießen. Er ist
nicht nur ein Arbeitstier, sondern liebt auch die Liebe. Die
Sonne macht ihn fröhlich, sorgt für Sympathie und Ausstrahlung. Eigentlich eine ideale Verbindung, um im Beruf
viel zu erreichen, im Privatleben geliebt und begehrt zu sein.
Dies alles können Sie innerhalb von zehn Minuten über
einen unbekannten Menschen erfahren. Dafür müssen Sie
nur sein Geburtsdatum kennen.

Wann gibt es Veränderungen im Leben?

Sie können noch mehr feststellen.
Zum Beispiel: Wann ziehe ich um, wann wechsel ich meinen
Arbeitsplatz, gibt es eine Veränderung in der Partnerschaft?
Das passiert immer, wenn sich das eigene Planetenjahr
(Herr Unbekannt hatte die Venus) wiederholt. Dasselbe
gilt für für das Planetenjahr Saturn (von der Schicksalszahl 8
ausgehend). Die Sonne (für den Wochentag Sonntag) hat
keinen Einfluß. Sie bezieht sich auf das allgemeine Wesen.
Bei der Wiederholung des Planetenjahres Venus, das wäre
im Jahre 1990, hat Herr Unbekannt mit einer wichtigen,
aber angenehmen Veränderung im privaten oder beruflichen Bereich zu rechnen.
Bei der Wiederholung des Planetenjahres Saturn, das wäre
1993, kann man davon ausgehen, daß Herr Unbekannt mit
schwierigen Umstellungen oder Entscheidungen rechnen
muß.

Wer paßt zu wem?

Mit diesem System können wir auch schnell herausfinden, wer zu wem paßt. Je mehr Planetenübereinstimmungen gegenseitig vorhanden sind, desto besser werden Sie sich verstehen. Sind gar alle drei Planeten gleich: der Planet des Wochentags, der des Planetenjahres und der des Schicksalsplaneten, dann haben Sie es besonders gut getroffen. Doch schon zwei Gleichungen reichen, um harmonisch miteinander zu leben – sei es nun in der Ehe, der Partnerschaft, der Freundschaft oder im Kollegenkreis.

Zur Venus paßt am besten: Merkur, Mond, Sonne und Jupiter. Mit einem Saturnpartner wird's kompliziert. Der eine ist ein Gefühlsmensch, der andere bestimmt sein Handeln durch den Verstand. Mit einem Mars-Menschen . . .

Zum Jupiter paßt am besten: Mond, Venus, Sonne. Mit einem Merkur-Partner verläuft alles ohne Höhen und Tiefen. Mit einem Saturn- und Marspartner . . .

Zur Sonne paßt am besten: Merkur, Mond (interessant und vielseitig), Jupiter. Diese Planeten passen gar nicht zusammen oder sind sich sogar feindlich gestimmt.

Zum Saturn paßt am besten: Jupiter. Er harmoniert nicht mit Mars, Sonne, Venus, Merkur.

Zum Mars paßt am besten: Jupiter und Venus. Merkur und Mond sind ungünstig.

Zum Merkur paßt am besten: Sonne, Mond, Venus, Jupiter.

Zum Mond paßt am besten: Sonne, Jupiter, Venus, Merkur Natürlich kann es vorkommen, daß Sie dreimal denselben Planeten haben.

Kleine Prominenten-Studie

Anhand des Geburtsdatums von Prominenten können wir mit Hilfe der „10-Minuten-Astrologie" eine Charakteraussage machen.

Steffi Graf 14.6.1969

Geburtstag: Samstag/Saturn
Jahres-Planet: Venus
Schicksalszahl: 9/Mars

Unsere Steffi ist die Nummer eins in der Welt. Sie gewann 1988 sogar in Wimbledon. Viele meinen, daß sie zu ernst sei, daß es ihr an Leichtigkeit fehlt. Mit 19 hat sie noch nie einen Freund gehabt, keine Liebesaffäre. Saturn, Venus und Mars sind Steffis Schicksalsplaneten. Die Grundtendenz wird von Mars bestimmt. Er gibt ihr Energie, Tatkraft. Ich kämpfe, ich halte durch, ich gewinne. Saturn macht sie ausdauernd, beharrlich, pflichtbewußt. Er ist dafür verantwortlich, daß es Steffi an Leichtigkeit fehlt, daß sie ihre Ziele auf lange Sicht plant. Erst in der zweiten Lebenshälfte geht sie mehr aus sich heraus, wird offener. Venus ist ein guter Ausgleich zu Mars und Saturn. Er sorgt dafür, daß sie auch die schönen Dinge des Lebens genießen kann. Sie hat Herz und Gefühl. Liebe muß bei ihr wachsen. Sie ist Menschen gegenüber sehr mißtrauisch. Wenn sie sich mal verliebt, dann ist es etwas Ernstes.

Richard von Weizsäcker 15.4.1920

Geburtstag: Donnerstag/Jupiter
Jahres-Planet: Venus
Schicksalszahl: 4/Sonne

Unser Bundespräsident wird in der ganzen Welt geschätzt, seine Reden werden gelobt, man bewundert sein Einfühlungsvermögen, seine Intelligenz, sein Auftreten. Einen besseren Vertreter unserer Republik können wir uns nicht wünschen. Jupiter, Venus und Sonne sind seine Schicksalsplaneten. Die Grundtendenz wird von der Sonne bestimmt. Die Sonne verleiht Selbstsicherheit, ein fröhliches Wesen, starke Ausstrahlung. Ich will, ich kann. Ich bin stolz und stark. Es kommt auf mich an. Jupiter gibt ihm Tatkraft und Weisheit. Er sorgt für materiellen Erfolg. Venus steht für Herz und Liebe, für künstlerische Ambitionen. Bei diesem Mann halten sich Verstand und Gefühl die Waage.

Brigitte Nielsen 15.7.1963

Geburtstag: Montag/Mond
Jahre-Planet: Merkur
Schicksalszahl : 5/Merkur

Brigitte Nielsen wurde durch ihre Ehe mit Rambo, Sylvester Stallone, bekannt. Nach der Scheidung machte sie mehr durch ihre Skandale von sich reden als durch ihr Können. Die große Blondine mit der Wahnsinnsfigur, ließ sich ihren Busen vergrößern. Sie versteht es, sich ins Gespräch zu bringen. Ihre Schicksalsplaneten sind ein doppelter Merkur und der Mond. Die Grundtendenz wird von Merkur bestimmt. Merkur gibt Verstandesschärfe, intellektuelles Wesen, Ehrgeiz. Er ist der Planet der Mimik, der Rede, der Gestik. Menschen unter diesem Planeten wollen beeindrucken, sind ständig auf der Suche nach neuen Horizonten und Ideen. Da bei ihr der Planet eine zweifache Wirkung hat, sind diese Eigenschaften dominant. Der Mond sorgt für Gefühl. Er macht die Menschen, die unter seinem Einfluß stehen sympathisch, anziehend, romantisch. Diese Menschen sind Stimmungsschwankungen unterworfen, mal himmelhochjauchzend, mal zu Tode betrübt. Sie reisen gern, lieben das Wasser.

Boris Becker 12.11.1967

Geburtstag: Dienstag/Mars
Jahres-Planet: Mars
Schicksalszahl: 1/Sonne

Boris Becker war bis zum letzten Jahr die Nummer Eins im Herren-Tennis. Dann verliebte er sich, trennte sich von seinem Trainer, seine Leistungen ließen nach. Seine Schicksalsplaneten sind ein doppelter Mars und die Sonne. Die Grundtendenz wird von der Sonne bestimmt. Sie verleiht Selbstsicherheit, Stolz und Stärke, Handeln aus eigener Kraft. Ich will, ich kann, es kommt auf mich an. Mars gibt ihm Tatkraft, Energie, sorgt für Erfolg. Ich kämpfe, halte durch, gewinne. Und da Boris gleich zweifach von Mars beeinflußt wird, hat er alle Eigenschaften in doppelter Stärke. Mars macht aber auch leidenschaftlich. Wenn Menschen unter diesem Planeten einen Partner finden, der sie anzieht, können sie ihre Arbeit vergessen und nur noch für die Liebe leben. Doch so etwas dauert nie lange. Denn diese Menschen sind ehrgeizig, sehnen sich nach Erfolg.

Margaret Thatcher 13.10.1925

Geburtstag: Freitag/Venus
Jahres-Planet: Mars
Schicksalszahl : 4/Sonne

Die englische Premierministerin gilt als „Eiserne Lady". Was sie sich in den Kopf gesetzt hat, will sie durchführen. Man schätzt sie, aber sie hat auch Gegner. Ihre Schicksalsplaneten sind Venus, Mars und Sonne. Die Grundtendenz wird von der Sonne bestimmt. Sie gibt Humor, ein heiteres Wesen, Selbstsicherheit, starke Austrahlung. Ich will, ich kann. Es kommt auf mich an. Menschen unter diesem Planeten handeln aus eigener Kraft. Mars gibt Tatkraft, Energie, Erfolg. Ich kämpfe, halte durch, gewinne. Er sorgt aber auch für ein hitziges Temperament. Venus ist ein Ausgleich zu den Verstandes-Planeten. Sie verleiht Herz und Gefühl, Sympathie. Ein Mensch, der unter diesen drei Planeten geboren ist, kann sich glücklich schätzen. Er wird seine Ziele erfolgreich durchbringen, aber dabei nicht über Leichen gehen.

Sylvester Stallone 6.7.1946

Geburtstag: Samstag/Saturn
Jahresplanet: Mars
Schicksalszahl: 6/Venus

Sylvester Stallone hat durch seine Rambo-Filme Erfolg. Er trainiert seinen Körper jeden Tag mehrere Stunden in einem Body-Building-Studio. Frauen sehen in ihm einen Traummann. Er könnte ein idealer Partner für Steffi Graf sein, denn beide sind von denselben Planeten beeinflußt.

Die Schicksalsplaneten von Sylvester Stallone sind Saturn,
Mars und Venus. Die Grundtendenz wird von der Venus
bestimmt. Rambo ist gar nicht so hart, wie er sich in seinen
Filmen gibt. Herz, Gefühl, Sympathie, Sinn für die Kunst,
für alles Schöne im Leben sind die dominierendsten Eigenschaften. Mars gibt ihm Tatkraft, Energie, sorgt für Erfolg.
Saturn bremst. Ein Mensch, der von diesem Planeten
beeinflußt ist, plant seine Ziele auf lange Sicht. Ihm fehlt es
an Leichtigkeit, das Erreichte zu genießen. Erst in der
zweiten Lebenshälfte werden Saturn-Beeinflußte offener,
können mehr aus sich herausgehen.

Michael Jackson 29.8.1958

Geburtstag: Freitag/Venus
Jahresplanet: Sonne
Schicksalszahl : 6/Venus

Michael Jackson ist ein erfolgreicher, außergewöhnlicher
Pop-Star. Ein Mythos. Er hat zig Schönheitsoperationen
hinter sich, lebt ganz gesund, ist scheu, geht kaum unters
Volk. Seine Schicksalsplaneten sind eine doppelte Venus
und die Sonne. Die Grundtendenz wird von der Venus
bestimmt. Sie verleiht künstlerische Ambitionen, Sinn für
Formen und Farben, Liebe zum Schauspiel. Herz und
Gefühl dominieren. Diese Menschen lieben alles Schöne.
Da die Venus Michael Jackson gleich zweimal beeinflußt,
wird er sich mehr von seinen Gefühlen als von seinem
Verstand leiten lassen. Menschen mit einer doppelten Venus sind stark auf Äußerlichkeiten bedacht. Die Sonne gibt
ihm Selbstsicherheit. Ich will, ich kann, ich bin stolz und
stark. Es kommt auf mich an. Solche Menschen handeln aus
eigener Kraft.

Magische
Wunscherfüllung

Der einfache Weg für Erfolg,
Liebe und Gesundheit

Jeder Mensch hat Wünsche in seinem Leben. Man möchte etwas erreichen, sich etwas schaffen. Der eine wünscht sich, problemfrei zu leben, der andere möchte mehr Geld haben, und ein dritter träumt davon, alles zu wissen, zu können. Sie haben sich sicher auch schon mal gefragt, wieso einige Menschen alles spielend erreichen, was sie sich wünschen und andere nie. Liegt es wirklich am Glück?
Mit Glück umschreiben wir den Zufall. Aber es gibt keinen Zufall. Jeder ist für sein Leben und das, was er daraus macht, selbst verantwortlich. Jeder von uns hat es in der Hand, von einem Pechvogel zu einem Hans im Glück aufzusteigen.
Ein Beispiel: Ihr Nachbar, nennen wir ihn Herr Müller, hat Ihnen vor drei Jahren gesagt: Ich werde ein Haus bauen. Sie haben gelacht. Sicher, auch Sie hatten diesen Wunsch. Aber wie sollte man das schaffen? Der Verdienst reichte gerade für das, was die Familie zum Leben braucht, für ein Auto, eine Urlaubsreise. Herr Müller baut sein Haus. Und er verdient auch nicht mehr als Sie. Natürlich fragen Sie sich: Wie macht er das?
Die Lösung ist einfach: Herr Müller hat sich sein Haus ganz fest gewünscht. Für ihn gab es kein Wenn und kein Aber. Für ihn stand es fest, daß er das Haus baut. Das klingt für Sie vielleicht ein bißchen unglaubwürdig, aber ich werde versuchen, es Ihnen genau zu erklären.
In unserem Unterbewußtsein liegt eine große Kraftquelle. Gelingt es Ihnen, Ihre Wünsche in die richtige Beziehung zum Unterbewußtsein zu bringen, fließt Ihnen von selbst die

Kraft zu, diese Wünsche zu verwirklichen. Das Gesetz, daß jede Ursache ihre Wirkung hat und umgekehrt, erkannte schon Aristoteles. Es ist der wichtigste Grundsatz der menschlichen Erkenntnis und die Grundlage jeder Wissenschaft.

Bleiben wir bei dem Beispiel mit dem Haus. Herr Müller hat durch seinen Wunsch seine Begabungen und Kräfte aktiviert. Sie aber sind den Weg des geringsten Widerstandes gegangen. Sie haben sich gar nicht die Mühe gemacht, Ihren Wunsch zu realisieren, sondern ihn verdrängt. Ihre Wenns und Abers haben ihn getötet.

Werden Sie sich über Ihre Wünsche klar

Als erstes sollten Sie sich Zeit nehmen. Legen Sie sich ganz entspannt auf ein Sofa, lassen Sie Ihrem Unterbewußtsein freien Lauf. Denken Sie an Ihre Wünsche, aber unterdrücken Sie sie nicht durch Einwände.

Überlegen Sie: Was wünsche ich mir eigentlich? Die meisten Menschen wissen gar nicht, was sie wollen. Sagen Sie jetzt nicht vorschnell: Ich weiß es. Ich möchte reich sein, nicht mehr arbeiten, alles haben. Das sind keine Ziele. Sie müssen Ihren Wunsch klar formulieren. Ihr Wunsch ist es, reich zu sein. Aber wichtig ist, was Sie mit diesem Reichtum anfangen wollen. Zum Beispiel: Ich möchte ein Haus haben, mit Garten. Fragen Sie sich: Warum wünsche ich mir ein Haus? Wünsche müssen aus Ihnen selbst kommen. Sie sind nicht das, was andere wollen, oder von ihnen erwarten. Die Begründung, warum Sie sich ein Haus wünschen, sollte nie heißen: Weil die anderen auch eins haben. Sondern: Weil ich mich nicht mehr nach den anderen Mitmietern richten möchte, mir die Räume so gestalten will, wie ich es schön finde usw.

Sie wissen jetzt genau, daß Sie ein eigenes Haus wollen. Stellen Sie sich dieses Haus genau vor. Wie sieht es aus? Ist es ein Bungalow, ein Fachwerkhaus? Hat es ein oder zwei Stockwerke, einen Balkon, eine Terrasse, einen Garten? Gehen Sie durch die Zimmer, richten Sie sie im Geist ein.

Leben Sie in Ihrem Traumhaus. Ihre Vorstellung ist wie ein Film. Jeden Tag legen Sie sich zur selben Zeit aufs Sofa, lassen diesen Film vor Ihrem geistigen Auge ablaufen. So erträumen Sie sich Ihren Wunsch. Er wird sich bald verwirklichen.

Sicher können Sie sich daran erinnern, daß Sie mal an einen Menschen gedacht haben, von dem sie lange nichts hörten. Sie wünschten sich ihn im Unterbewußtsein herbei. Einige Stunden oder einen Tag später rief dieser Mensch Sie an. Auch das ist das einfache Gesetz von Ursache und Wirkung.

Allerdings: Wünsche müssen mit der Realität abgestimmt werden. Einen Lottogewinn bekommen Sie nicht, wenn er in Ihnen nicht vorbestimmt ist (das könnten Sie aus Ihrem individuellen Geburts-Horoskop feststellen). Mahatma Gandhi sagte: Wähle die richtigen Mittel und das Ziel wird sich wie von selbst einstellen.

Wenn wir wieder auf das Wunschhaus zurückkommen, so heißt das, daß wir ein Konzept brauchen, um auf den Wunsch hinzuarbeiten. Sie müssen Kräfte mobilisieren, aktiv werden, nach Wegen suchen. Schon diese Vorbereitung wird für Sie zu einer neuen Erfahrung.

Wünschen Sie sich nicht nur Materielles

Denken Sie bei Ihren Wünschen, daß materielle Werte nicht alles sind. Geistige Wünsche können oft mehr bewegen als materielle. Es sind Wünsche, die Sie weiterbringen, innerlich bereichern. Oft ebnen diese geistigen Wünsche überhaupt erst den Weg zum Erfolg, zu materiellem Reichtum.

Nehmen wir wieder ein Beispiel. Ein Mensch hat zu wenig Selbstbewußtsein. Er hat Angst, vor anderen Menschen zu reden, traut sich nicht, seine Meinung zu sagen, fühlt sich minderwertig. Von seiner Ausbildung, seinen Fähigkeiten bringt er alles mit, um einen gehobenen Posten zu bekommen. Aber er wird nicht befördert. Man nimmt einen Kollegen, der gar nicht so qualifiziert ist wie er. Warum?

Dieser Kollege hat sein Wissen verkauft, während der andere sich nicht traute, seinen Mund aufzumachen. In so einem Fall wäre es gut, sich mehr Selbstbewußtsein zu wünschen.

Auch dies ist eine einfache Übung. Sie legen sich wieder ganz entspannt hin. Spielen Sie Sachen durch, vor denen Sie Angst haben z.B. ein Gespräch mit dem Chef. Denken Sie, was Sie ihm schon immer sagen wollten. Sie werden sich wundern, was Ihnen plötzlich alles einfällt und wie fließend sie im Geiste mit ihm reden können. Sagen Sie jetzt nicht: Ja, im Geist, aber in der Wirklichkeit sieht alles anders aus. Da ist es wieder dieses „Aber", das Ihren Wunsch tötet, bevor er wahr wurde. Trennen Sie sich von negativen Gedanken. Sagen Sie sich: Ich schaffe es. Denn was Sie im Geist können, können Sie auch in der Wirklichkeit. Es ist in Ihnen. Lassen Sie also täglich vor Ihrem geistigen Auge den Film ablaufen, wie Sie selbstbewußt alle Situationen meistern. So etwas nennt man Suggestion. Es heißt, daß Sie die alten Bilder (nämlich die Bilder, die Ihnen ein mangelndes Selbstwertgefühl einbrachten) aus Ihrem Unterbewußtsein vernichten. Nur positive Gedanken können positive Kräfte auslösen. Unser Leben wird weniger von Tatsachen bestimmt, als viel mehr von Gedanken, die wir uns über Dinge machen. Da ist es wieder das Gesetz, daß jede Ursache ihre Wirkung hat.

Ein anderes Beispiel: Sie freuen sich auf das Rendezvous mit Ihrer neuen Liebe. Klar, daß Sie so schön wie nur möglich sein wollen. Sie haben Angst: Hoffentlich bekomme ich keinen Pickel. Und schwupp, genau an dem Tag des Rendezvous' sprießt da der dickste Pickel, den Sie sich „erträumt" haben. Im wahrsten Sinne des Wortes.

So ist es auch mit Krankheiten. Menschen, die Angst vor einer Krankheit haben, bekommen Sie mit größter Wahrscheinlichkeit. Warum? Weil Ihr Unterbewußtsein sich damit beschäftigt. Das haben Mediziner bewiesen. Sie sehen also, wie wichtig es ist, sich von negativen Gedanken zu befreien. Gleiches zieht gleiches an, deshalb Vorsicht vor negativen Gedankenbildern. Der Mensch ist die Summe seiner Gedanken und Emotionen.

Wege aus dem Unterbewußtsein

Ich habe Ihnen nahegebracht, daß Sie, um Ihre Wünsche zu verwirklichen, Mittel brauchen. Wer sich wünscht, seinen Doktortitel zu machen, der muß natürlich vorher lernen. Aber viele Entdeckungen sind nicht durch logische Schluß-folgerungen entstanden, sondern aus dem Unterbewußt-sein. Manchmal haben wir Scheuklappen vor den Augen, sehen den wahren Sachverhalt nicht. Wir handeln aus Gewohnheit, lassen uns zu sehr vom Verstand leiten.

Ein Beispiel: Frau Berger ist arbeitslos. Sie ging zum Arbeitsamt, aber man konnte ihr keine Stelle als Sekretärin vermitteln. Das Hobby dieser Frau war Blumenbinden. Sie hatte ein Händchen dafür. Eines Tages sah sie in einem Blumengeschäft ein Schild: Floristin gesucht. Ohne zu überlegen, fragte sie nach. Obwohl sie keine Ausbildung hatte, stellte man sie ein. Im Unterbewußtsein wünschte sich Frau Berger immer diesen Beruf. Sie hatte nur nie an die Möglichkeit gedacht, da sie nur eine Ausbildung als Sekretärin hatte. Durch das Schild wurde Ihr Unterbewußt-sein angesprochen. Ihr Wunsch wurde Wirklichkeit.

Ihr Unterbewußtsein arbeitet um so besser, je weniger angespannt Sie sind. Auch das möchte ich Ihnen wieder an einem einfachen Beispiel erklären. Sie wollen abnehmen. Sie denken negativ: Ich darf jetzt keine Süßigkeiten mehr essen, keine Spaghetti. Die Folge: An einem Tag siegen Sie, über Ihren Wunsch nach etwas Süßem, am nächsten Tag werden Sie schwach. Es ist ein ewiger Kampf – eine Anspannung.

Besser ist es, wenn Sie sich beobachten. Wann essen Sie Süßes? Warum essen Sie Süßes? Kontrolle und Disziplin sind keine Mittel zum Ziel eines Wunsches. Sie müssen den Wunsch in Ihrem Unterbewußtsein programmieren. Sagen Sie sich also einmal am Tag zur selben Zeit: Ich werde dünner. Dann fühle ich mich wohler. Dann paßt mir mein Lieblingskleid wieder. Prüfen Sie, ob es wirklich Ihr Wunsch ist, dünner zu werden. Oder wollen Sie es vielleicht nur, damit Sie anderen gefallen. Nur wenn es wirklich Ihr Wunsch ist, wird er sich erfüllen.

Wünsche erfüllen sich in jedem Alter

Wünsche hat man in jedem Alter. Und wenn sich einer erfüllt hat, ist schon ein neuer da. Wünsche sollten immer einen Sinn für den Menschen haben.

Selbst im hohen Alter können Sie sich etwas wünschen, was Ihrem Leben einen Sinn gibt. Das hängt nicht von ihrem Alter, von der Ausbildung, noch von sonst irgend etwas ab. Es liegt nur an Ihnen selbst, an Ihren Fähigkeiten, Talenten. George Bernard Shaw ging nur fünf Jahre in die Schule. Er arbeitete als Kassierer. Sein größter Wunsch war es, Romane zu veröffentlichen. Seine ersten Romane wollte niemand haben. Aber er gab nicht auf. 1925 erhielt er den Nobelpreis für Literatur.

Oder Julius Cäsar. Er war ein Schwächling, wurde von den Jungen verlacht. Vielleicht wuchs daraus seine Stärke. Er wurde der beste Reiter, der beste Schwimmer und Schwertkämpfer seines Heeres und schließlich der erste Kaiser im römischen Reich. Es war sein größter Wunsch, es den anderen zu zeigen.

So ging es auch Napoleon. An der Militärakademie hielten ihn alle für einen schlechten Offizier. Bonaparte studierte die Schlachtpläne berühmter Feldherren. Er schlief nur vier Stunden und wurde ein großer Stratege.

Manfred Köhnlechner war mit 35 noch hochbezahlter Wirtschaftsmanager und beschäftigte sich nur nebenbei mit medizinischen Fragen. Es war sein größter Wunsch die Menschen auf natürliche Art zu heilen. Er wurde ein bekannter Heilpraktiker. Der Maler Tizian malte noch mit 99 Jahren, weil es sein Wunsch war. Russel erhielt seinen Nobelpreis für Literatur mit 74.

Werden Sie egoistischer

Viele Menschen suchen immer nach Ablenkung und Zerstreuung und gehen damit Ihren eigentlichen Wünschen aus dem Weg. Wie oft haben Sie schon Ihre Zeit auf Partys oder mit Menschen verbracht, die Ihnen nichts bedeuten. Die

Zeit hätten Sie besser nutzen können, um ans Ziel Ihrer Wünsche zu kommen.

Denn Zeit müssen Sie sich dafür nehmen. Es ist sinnlos, wenn Sie sich von früh bis spät abrackern, ohne zur Ruhe zu kommen. Körper und Geist brauchen Erholung. Entspannung ist wichtig, damit Sie Ihre Wünsche erkennen. Sagen Sie nicht: Ich habe keine Zeit. Jeder Mensch hat Zeit, er muß sie sich nur nehmen. Werden Sie egoistischer. Lernen Sie „nein" zu sagen, wenn Menschen Ihnen pausenlos Ihre Zeit stehlen.

Das beste Beispiel ist die Hausfrau und Mutter. Von früh bis spät rackert sie sich für ihre Familie ab. Sie räumt den Kindern die Sachen weg, hält das Haus tipptopp in Ordnung. Für sie selbst bleibt kaum Zeit. Das liegt nur an ihr. Sie könnte es ändern. Ihrem Mann und den Kindern Pflichten übertragen. Aber sie hat Angst, daß sie dann weniger geliebt und gebraucht wird. Ein Teufelskreis. Je mehr sie ihrer Familie abnimmt, desto selbstverständlicher wird es. Nur die Frau kann sich selbst daraus befreien. Sie muß sich über ihren Wert klar werden. Und der heißt: Sie wird geliebt um ihrer selbst willen und nicht, weil sie sich für ihre Familie aufopfert. Egoistischer werden heißt: sich auf seine Wünsche besinnen.

Ich fasse noch einmal zusammen, wie Wünsche wahr werden:

1. Werden Sie sich über Ihre Wünsche klar.

2. Wünschen Sie sich nur etwas, was Sie auch wirklich wollen – also was aus Ihnen selbst kommt.

3. Träumen Sie diesen Wunsch jeden Tag zur selben Zeit wie einen Film.

4. Lassen Sie Ihr Unterbewußtsein wirken.

5. Stellen Sie sich den Anforderungen, die Ihr Wunsch voraussetzt.

6. Streichen Sie negative Gedanken aus Ihrem Leben. Dazu gehören die ganzen „Wenn" und „Aber". Sie töten Ihren Wunsch.

Nur, wenn Sie richtig handeln, haben Sie Erfolg. Wer Fehlschläge einsteckt, hat Fehler gemacht. Es ist nicht Pech, wenn Sie ein Ziel nicht erreichen, also ein Wunsch nicht wahr wird. Sie haben lediglich etwas falsch gemacht. Ursache und Wirkung! Dieses Gesetz gilt für die ganze Schöpfung. Die Kraft positiver Gedanken läßt Wünsche wahr werden. Dadurch, daß Sie sie jeden Tag denken, gehen Sie in Ihr Unterbewußtsein.

Die Geheimen Kräfte Unseres Lebens

Autor: Alexander Morin
Art-Direction: Mikael Flum
Illustrationen: Hermann Deck
Gesamtherstellung: Ebner Ulm
BILD-Gruppe Sonderproduktionen · Axel Springer Verlag AG
Kaiser-Wilhelm-Straße 6 · 2000 Hamburg 36 · Telefon (040) 347-42 00
Leitung: Matthias Scholz